现代真空工程系列教材
巴德纯 主编

# 现代干式真空泵

巴德纯 张世伟 王晓冬 刘 坤 编著

科学出版社
北京

## 内 容 简 介

干式真空泵是获得清洁真空环境的首选真空设备。本书针对干式真空泵设计与应用相关原理与方法进行系统介绍，并给出了干式真空泵的基本设计理论及模拟与实验验证结果，主要内容包括干式涡旋真空泵、干式螺杆真空泵、干式复合真空泵、干式多级真空泵的设计理论、技术与应用。

本书可作为高等院校应用物理、能源与动力工程、航空航天、材料和冶金、过程装备与控制工程、化工工程等相关专业本科生和研究生的教学用书，也可作为真空工程等领域科研人员和工程技术人员的参考书。

---

**图书在版编目（CIP）数据**

现代干式真空泵 / 巴德纯等编著. -- 北京：科学出版社，2025.9.（现代真空工程系列教材 / 巴德纯主编）. -- ISBN 978-7-03-080936-0

Ⅰ. TB752

中国国家版本馆 CIP 数据核字第 2024C0Z232 号

责任编辑：姜　红　郝　聪 / 责任校对：任云峰
责任印制：徐晓晨 / 封面设计：无极书装

科 学 出 版 社 出版
北京东黄城根北街 16 号
邮政编码：100717
http://www.sciencep.com

三河市春园印刷有限公司印刷
科学出版社发行　各地新华书店经销

\*

2025 年 9 月第　一　版　　开本：787×1092　1/16
2025 年 9 月第一次印刷　　印张：13 1/2
字数：320 000

**定价：68.00 元**
（如有印装质量问题，我社负责调换）

# "现代真空工程系列教材"编委会

主　　编：巴德纯

副 主 编：王晓冬

编　　委：张世伟　刘　坤　李建昌
　　　　　蔺　增　张志军　王　庆
　　　　　岳向吉　孙丽娜　谢元华
　　　　　杜广煜　巴要帅　韩　进
　　　　　孙　飞　郝　明

# 丛 书 序 一

真空工程被广泛应用于航空航天、半导体、新能源、新材料、核工业、大科学装置和生物医药等新兴产业,与许多"卡脖子"技术密切相关。东北大学作为我国最早开展真空方向学科建设的高校,多年来紧跟国家战略、聚焦科技前沿、强化人才培养、优化学科建设,为真空学科发展、科技进步和产业升级做出了突出贡献。

在全国上下深入学习"习近平给东北大学全体师生的回信",凝聚教育强国、科技强国磅礴力量之际,"现代真空工程系列教材"即将问世。这是以巴德纯教授为代表的真空学者为母校百年校庆献上的一份厚礼,也是贯彻落实科教兴国战略和创新驱动发展战略的现实体现,是我国真空工程领域高校、企业和科研院所工作者不可或缺的"专业食粮"。

随着时代发展和科技进步,真空工程的研究领域也在不断拓展和更新,真空基础学科、工程应用和交叉融合的图书也成为刚性需求。为了更好地满足学生、科研人员和工程技术人员的需求,"现代真空工程系列教材"应运而生,旨在帮助读者全面了解真空工程的基本理论和实际应用。这套教材体现了全面、系统、实用的特点。

首先,教材在内容上力求全面。通过深入浅出的方式,教材逐步介绍了真空工程的基本概念、真空获得设备的设计理念、真空测量与检漏的基本技能、真空系统的构成与设计、真空技术的应用等内容。这种编排方式有助于读者全面掌握真空技术各个方面的知识,提升其学习和研究的深度和广度。

然后,教材在系统性上优势突出。通过精心设计的章节安排,教材将真空工程的各个环节有机地串联起来,形成了一套完整的知识体系。从真空基础知识到真空设备的选择与使用,再到真空测量与测试的方法与技巧,将读者引导至不同层次的学习与研究中。这种系统设计使读者能够更好地理解和应用所学的知识,提升其在真空工程技术领域的实践能力。

最后,教材在实用性上独具特色。通过大量的实例、案例分析和实验操作指导,教材将真空工程与实际应用紧密结合起来,使读者不仅能够学到理论知识,还能够通过实际操作和案例分析,锻炼解决实际问题的能力。这种实用性的设计使教材更贴近实际需求,更符合真空工程人才培养的要求。

总之,"现代真空工程系列教材"内容全面、系统性强、实用性突出,是一套能够帮助读者全面了解和应用真空工程的重要工具书。相信通过学习和应用这套教材,读者能够获取新知、拓宽视野、提升能力,在真空工程进步和产业振兴的征途中大有作为,为实现真空工程高水平自立自强、为强国建设和民族复兴贡献智慧和力量。

中国工程院院士<br>
国际宇航科学院院士　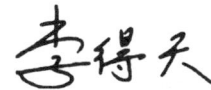<br>
2024 年 3 月

# 丛 书 序 二

现代真空工程作为一门综合性极强的工程技术，在现代工业、农业、国防、科技等诸多领域都有广泛的应用。它不仅是许多高科技产业的基础，也是国民经济持续发展的重要支柱。随着科技的进步和工业化进程的加速，真空工程将在未来的发展中发挥更加重要的作用。

在半导体领域，真空工程的应用无处不在，无论是单晶硅的生长、晶圆的加工，还是集成电路的制造，都离不开真空工程的支持。航空航天也是真空工程应用的重要领域，在飞机和火箭的制造过程中，真空工程被广泛应用于材料的焊接、热处理、表面处理等方面，同时在空间探索、飞行器在太空中的模拟实验等方面都备受关注。真空工程在新能源领域的应用也越来越广泛，例如，在太阳能光伏板制造中，真空涂层被用于提高光电转换效率。在核能领域，真空工程为核聚变反应制造低压真空环境。在冶金和化工领域中，真空工程也有着广泛的应用。例如，在冶金工业中，真空工程被用于炉外精炼、提取稀有金属和进行金属的热处理；在化工领域中，真空工程则被用于化学反应的控制和优化，以及废气的处理和回收利用等。总之，真空工程在各个工业领域具有广阔的应用前景。

1958年东北大学成立真空技术及设备本科专业，1985年获得真空工程硕士学位授权点，1993年获得真空工程博士学位授权点。2010年东北大学根据教育部学科规划将真空工程专业调整为过程装备及控制工程专业（真空工程特色专业）。据不完全统计，60多年来东北大学真空工程学科共培养了5000余名本科生、200余名硕士生和80余名博士生。他们当中涌现出一大批优秀人才，有的成为国内外著名的学者，有的成为上市公司高管。目前真空工程培养出的校友大部分在航空航天、半导体制造、新能源、冶金材料、精细化工与医药等领域辛勤地工作着，对中国真空行业的发展起到了重要的推动作用。

近年来，东北大学真空工程与过程装备系承担了国家重点研发计划、973计划、国家科技重大专项、国家重大科学仪器设备开发专项、国家自然科学基金委重点项目等国家级项目30余项，省部级项目30余项，重点企业项目50余项；出版10余部专著，在国内外期刊上发表关于真空工程方面的高水平学术论文500余篇；荣获多项国家、省部级科技奖励；获授权国内外发明专利100余项；多人次出国访问交流，与国外大学和国际重点研究机构建立了广泛的联系。

书是人类智慧的结晶，是知识的海洋，是人类进步的阶梯。加强真空工程人才培养从而支撑学科的高质量发展是本系列教材编撰的目的之一。本系列教材由东北大学真空工程与过程装备系发起，汇聚教学科研方面的精英力量共同撰写。教材内容全面、深入浅出、叙述精准、图文并茂，基本涵盖了现代真空工程科学技术与应用的知识框架、基础理论、技术体系、科研新进展及未来发展方向，包括现代真空工程理论基础、现代干式真空泵、现代真空获得设备、现代真空测量与检漏、现代真空系统设计、现代真空镀膜技术、现代真空冶金设备等。本系列教材的出版恰逢其时，相信会对推动我国真空工程事业的发展发挥重要作用，为新质生产力的发展和科技强国战略的实施做出新的贡献。

在此，向 60 多年来为我国真空工程事业奋斗、耕耘的教育科研工作者及工程技术人员表示深深的敬意！向参与本系列教材编撰、出版的所有人员表示由衷的感谢！

东北大学教授、博士生导师
第七届、第八届中国真空学会副理事长

2024 年 3 月

# 前　言

目前，新兴及高新技术领域的一些生产制造过程，需要采用能抽除腐蚀性气体、粉尘颗粒物和有毒气体等介质的无油真空系统。因此，传统依赖油封泵的真空系统已难以满足生产工艺要求。干式真空泵作为一种理想的泵种，凭借抽速范围宽、抽气腔内无油、能耗低、耐腐蚀性强等优点，已成为大规模集成电路、航空航天、新能源、精细化工和医药等行业首选的真空获得设备之一。本书系统阐述了多种干式真空泵的工作原理、结构特点、设计方法与运行维护知识，可为高校师生提供扎实的专业学习资料，助力相关领域人才培养。同时，本书也可作为行业技术人员的参考用书，帮助从业人员掌握前沿技术与操作规范，提升实践能力。此外，本书的出版将进一步推动学术交流与知识传承，加速新技术的推广应用，促进干式真空泵技术的持续创新与行业的高质量发展。

本书是作者的教学成果和作者所在课题组在干式真空泵领域研究成果的总结，主要针对干式真空泵研制中遇到的问题提出相应的解决方案，将理论与工程应用设计、实验验证有机结合。全书共 5 章：第 1 章简要介绍干式真空泵的基本知识，并从应用的角度介绍了干式真空泵的应用范围；第 2 章主要介绍干式涡旋真空泵型线设计理论、主要结构及其应用；第 3 章主要介绍干式螺杆真空泵的型线设计理论及等螺距和变螺距的差别问题；第 4 章围绕干式复合真空泵的抽气理论对涡轮叶片、螺旋抽气通道及排气级的旋涡抽气通道进行深入研究，提出一套相对完整的设计方法；第 5 章分别对罗茨真空泵和爪型真空泵的转子型线进行研究，并讨论多级罗茨、多级爪型及罗茨和爪型组合真空泵的抽气理论。

本书相关研究工作得到了国家科技重大专项（2009ZX02014-002、2017ZX02201005-001）、国家重大科学仪器设备开发专项（2013YQ1304290102、2013YQ24042101）、国家重点研发计划项目（2017YFF0105801）、国家自然科学基金区域创新发展联合基金重点项目（U22A20179）的资助。在此特向资助机构和背后默默支持我们科研工作的评审专家表示真诚的感谢，没有上述基金的长期稳定资助，就没有本书相关科研成果的积累。

本书由东北大学巴德纯、张世伟、王晓冬、刘坤教授合作撰写，巴德纯教授负责统稿，张世伟、王晓冬、刘坤教授负责定稿。其中，巴德纯教授负责撰写第 1 章、第 2 章；张世伟教授负责撰写第 3 章；王晓冬、刘坤、巴德纯教授负责撰写第 4 章；刘坤、巴德纯教授负责撰写第 5 章。在本书撰写过程中，岳向吉教授协助作者整理了第 2 章相关内容；博士生丁佳男、张英莉、孙坤、匡永麟、王桂鹏，以及硕士生宋雪鑫、张子旺、李换荣、程寅和佟英博做了大量文字和图片整理工作，特别是丁佳男帮助作者完成了排版工作，感谢他们的辛勤努力和热心帮助。

在本书撰写过程中，作者参考了一些学者的教学、科研成果，均列在了参考文献中，受益匪浅，在此向这些学者表示衷心感谢。

干式真空泵研究无论在理论与实践上都需要进一步完善，加之作者水平有限，本书内容难免会有不妥之处，在此权当抛砖引玉，希望能够引发更多学者在干式真空泵领域的思考与探索，同时也敬请读者批评指正。

作　者

2024 年 3 月

# 目 录

丛书序一
丛书序二
前言

第1章　绪论 ··················································································· 1
  1.1　干式真空泵的定义 ································································· 1
  1.2　干式真空泵的分类 ································································· 1
  1.3　干式真空泵抽出腐蚀颗粒物的方法 ············································ 2
  1.4　干式真空泵的选择与应用 ························································ 3
  1.5　国内干式真空泵的发展空间和面临的挑战 ··································· 5
  参考文献 ······················································································ 5

第2章　干式涡旋真空泵 ···································································· 7
  2.1　概述 ····················································································· 7
    2.1.1　干式涡旋真空泵的特点 ···················································· 7
    2.1.2　干式涡旋真空泵的发展现状 ·············································· 7
  2.2　干式涡旋真空泵的工作原理 ··················································· 10
    2.2.1　单腔干式涡旋真空泵的工作原理 ······································ 10
    2.2.2　双腔干式涡旋真空泵的工作原理 ······································ 13
  2.3　干式涡旋真空泵的型线 ·························································· 14
    2.3.1　干式涡旋真空泵的几种特殊型线 ······································ 14
    2.3.2　干式涡旋真空泵的典型型线 ············································ 17
  2.4　干式涡旋真空泵的主要结构 ··················································· 26
    2.4.1　典型干式涡旋真空泵的基本结构 ······································ 26
    2.4.2　干式涡旋真空泵的密封 ·················································· 36
  2.5　干式涡旋真空泵的应用 ·························································· 38
    2.5.1　干式涡旋真空泵在薄膜工程中的应用 ································ 38
    2.5.2　干式涡旋真空泵在医疗设备上的应用 ································ 40
    2.5.3　干式涡旋真空泵在大科学工程和先进仪器上的应用 ············· 42
  参考文献 ···················································································· 46

第3章　干式螺杆真空泵 ·································································· 49
  3.1　概述 ··················································································· 49
  3.2　干式螺杆真空泵的工作原理与特点 ·········································· 49
    3.2.1　干式螺杆真空泵的工作原理 ············································ 49

3.2.2　干式螺杆真空泵的特点 ·········································································· 50
3.3　干式螺杆真空泵的结构设计与计算······································································· 51
　　3.3.1　干式螺杆真空泵的结构组成与布局······························································· 51
　　3.3.2　螺杆转子的支撑方式 ·············································································· 52
　　3.3.3　干式螺杆真空泵的驱动方式······································································· 53
　　3.3.4　干式螺杆真空泵中的动密封······································································· 55
　　3.3.5　冷却系统与温度控制 ·············································································· 56
　　3.3.6　抽速与压缩比计算 ················································································· 58
3.4　螺杆转子的型线设计························································································ 59
　　3.4.1　螺杆转子型线的三种表征·········································································· 60
　　3.4.2　常用端面型线的基本构成·········································································· 61
　　3.4.3　梯形齿转子端面型线概述·········································································· 62
　　3.4.4　梯形齿转子端面型线方程·········································································· 63
　　3.4.5　梯形齿转子端面型线的有效抽气面积···························································· 64
　　3.4.6　端面型线的实用化修正 ············································································ 65
3.5　螺杆转子的螺旋展开与动平衡············································································ 68
　　3.5.1　等螺距转子·························································································· 68
　　3.5.2　一段渐变式变螺距转子············································································· 69
　　3.5.3　二段突变式变螺距转子············································································· 72
　　3.5.4　二段渐变式变螺距转子············································································· 73
　　3.5.5　三段式变螺距转子 ················································································· 74
　　3.5.6　变截面螺杆转子····················································································· 75
　　3.5.7　螺杆转子的动平衡 ················································································· 77
3.6　干式螺杆真空泵抽气过程的热力分析···································································· 80
　　3.6.1　干式螺杆真空泵抽气过程的分解·································································· 80
　　3.6.2　干式螺杆真空泵抽气过程的热力参数···························································· 83
　　3.6.3　干式螺杆真空泵的性能指标······································································· 89
3.7　干式螺杆真空泵的工程应用··············································································· 92
　　3.7.1　干式螺杆真空泵在医药化工领域的应用························································· 92
　　3.7.2　干式螺杆真空泵在钢铁冶金领域的应用························································· 93
　　3.7.3　干式螺杆真空泵在空间环境模拟领域的应用··················································· 94
　　3.7.4　干式螺杆真空泵在油气回收技术中的应用······················································ 97
　　3.7.5　干式螺杆真空泵在新能源领域的应用···························································· 98

参考文献··············································································································101

# 第4章　干式复合真空泵 ···················································································102
4.1　概述············································································································102
4.2　干式复合真空泵的工作原理···············································································105
　　4.2.1　涡轮级的工作原理 ·················································································105

4.2.2　牵引级的工作原理 ………………………………………………… 114
　　4.2.3　旋涡级的工作原理 ………………………………………………… 127
4.3　干式复合真空泵的基本结构 ………………………………………………… 133
　　4.3.1　涡轮级的基本结构 …………………………………………………… 133
　　4.3.2　牵引级的基本结构 …………………………………………………… 140
　　4.3.3　旋涡级的基本结构 …………………………………………………… 144
4.4　干式复合真空泵的应用 ……………………………………………………… 148
参考文献 ……………………………………………………………………………… 149

# 第5章　干式多级真空泵 ………………………………………………………… 152
5.1　概述 …………………………………………………………………………… 152
5.2　干式多级真空泵的工作原理及主要参数计算 ……………………………… 152
　　5.2.1　干式多级罗茨真空泵的工作原理及主要参数计算 ………………… 153
　　5.2.2　干式多级爪型真空泵的工作原理及主要参数计算 ………………… 159
5.3　常见转子型线及其方程 ……………………………………………………… 164
　　5.3.1　罗茨转子型线及其方程 ……………………………………………… 164
　　5.3.2　爪型转子型线及其方程 ……………………………………………… 174
5.4　干式多级真空泵的结构特点与应用 ………………………………………… 184
　　5.4.1　干式多级罗茨真空泵的结构 ………………………………………… 184
　　5.4.2　干式多级爪型真空泵的结构 ………………………………………… 187
　　5.4.3　干式多级复合型真空泵的结构 ……………………………………… 192
　　5.4.4　干式多级真空泵的产品与应用 ……………………………………… 194
参考文献 ……………………………………………………………………………… 200

# 第1章 绪　　论

在近半个世纪的高真空系统中，由高真空油扩散泵和作为前级泵的油封式机械真空泵组成的排气系统[1]，在各个工业部门得到了普遍应用。但在这样的真空系统中不可避免地会发生油蒸气的返流，使真空系统遭受污染，而且在真空容器中作业所用的工艺气体会在油蒸气中溶解，致使工艺过程反应生成的颗粒状副产物也会在泵油中积聚，使油变质劣化。

近年来，半导体、航空航天、光伏、新能源、精细化工与制药工业的飞速发展对真空系统的清洁程度提出了更高的要求，迫使人们不得不在改进油封式机械真空泵上下功夫，例如尝试将传统的泵油改成全氟聚醚（perfluoropolyethers，PFPE）油、加上过滤装置等，虽然解决了一些问题，但是大大增加了维修费用和时间，人们不得不再去研制新型的前级干式真空泵。1984年以前有学者研制过一些实验室和专门用途的干式真空泵，但价格昂贵，运转间隙过小，加工精度得不到保证，很难在商业上推广应用。1984年日本首先研制了半导体工业上应用的干式真空泵，这种泵将罗茨抽气级进行六级串联，可以达到1Pa的极限真空，能向大气直接排气。由此，各国先后推出了干式往复真空泵、干式涡旋真空泵、干式多级爪型真空泵，之后又出现罗茨和爪型转子组合起来的干式多级真空泵以及干式复合真空泵。这些干式真空泵的推出为大规模集成电路、新能源等产业提供了高效、清洁、绿色的真空装备。

## 1.1　干式真空泵的定义

干式真空泵（也称干式无油机械真空泵）是指真空泵能从大气压下开始抽气，并能将被抽气体直接排到大气中去，泵腔内无油或其他工作介质，泵的极限压力低于大气压。

## 1.2　干式真空泵的分类

现在市场上提供的干式真空泵种类很多，但就其基本原理大致分为两类：一类是容积式的干式真空泵，如干式涡旋真空泵[2]、干式螺杆真空泵[3]、干式多级罗茨真空泵、干式多级爪型真空泵[4]以及干式往复式活塞真空泵等，这类干式真空泵的极限压力一般为0.1～10Pa，抽速为500m³/s；另一类是动量传输式的干式真空泵[5,6]，如干式复合真空泵，排气侧与大气相接，在连续流状态下压缩比较高，可从大气压抽到$10^{-4}$Pa极限真空，抽速可达500m³/h。干式复合真空泵可采用径向流和周向流泵的复合式结构将涡轮级、豪里威克（Holweck）牵引级和旋涡级多级串联抽气。

这些干式真空泵有的能达到油封式机械真空泵同样的极限压力,而干式复合真空泵能达到 $10^{-4}$ Pa 的极限压力。与油封式机械真空泵相比,其残余气体成分全然不同,分析结果表明,油封式机械真空泵的残余气体以碳氢化合物气体为其主要成分,而干式真空泵的残余气体为空气的组成成分。这就证实了干式真空泵的抽气不再有油的污染。

有些干式真空泵在结构设计上(如泵的传动齿轮和轴承等)仍使用润滑油,也有的使用合成油(如 PFPE 油及油脂等),并采取一定的措施使泵腔内不存在油蒸气,严格来说不是全无油的泵,但分析认为这种合成油的成分在泵吸气口处是微乎其微的,对真空系统影响甚微。

## 1.3 干式真空泵抽出腐蚀颗粒物的方法

以半导体产业为主要应用对象的干式真空泵会因许多工艺过程的抽气而出现一些颗粒物。以前用 PFPE 油的油封式机械真空泵,成了颗粒物的捕集器,人们需要将混在油里的颗粒物过滤除掉,造成维护工作量加大,运行成本提高。

在半导体工业中使用的气体和反应生成物都要通过真空泵,这些物质与空气和湿气混合,能形成氧化物,有些能自燃引起爆炸,因此在半导体工艺中使用的真空泵要通过这些恶劣环境的考验。

一般来说,在真空泵中出现颗粒物有以下三种情况:①有时泵内压力增高,而引起气固变态过程的发生;②在泵内气体成分的反应生成物;③抽气过程混入的颗粒物。选择最佳的真空度和温度是防止颗粒物产生的最好措施,一般物质的升华由压力和温度确定,若简单调整泵的温度也能避免气固变态过程的发生。例如,在 Al 刻蚀过程中的反应生成物 $AlCl_3$,在某一恒定蒸气压下,温度<80℃时 $AlCl_3$ 就挥发了,如果能控制泵温,$AlCl_3$ 的沉积就可以避免。由此可见,不是泵温越低越好。

单位时间形成颗粒物的数量用反应率 $r$ 来表示,即

$$r = K_0 e^{-E/(RT)} \prod C_i^{n_i} \tag{1.1}$$

式中,$K_0$ 为常数;$E$ 为激活能;$R$ 为气体常数;$T$ 为热力学温度;$C_i$ 为成分 $i$ 的浓度;$n_i$ 为 $C_i$ 的指数。

由式(1.1)得知,降低浓度是降低生成颗粒物的最有效方法,而且充入惰性气体也是最容易实现的,改变式中的 $E$ 和 $T$ 是有局限性的。这种反应在高压下容易发生,因此在泵的压缩开始之前就要充入惰性气体。

这种方法也可以防止化学气相沉积过程中出现爆炸,引入惰性气体 $N_2$,使其浓度降低到低于起火极限,在这种条件下,反应率很低,不会有爆炸发生。

截至目前,干式真空泵还不能完全阻止颗粒物在泵腔内的生成。为了保证颗粒物处于悬浮状态,防止沉积,气体的流动速度必须大于颗粒的临界速度(即最大的降落速度)。

颗粒的临界速度与压力的关系如图 1.1 所示,颗粒尺寸对其临界速度的影响很大,要保证小的临界速度,颗粒也要很小,才能很好地被抽走。

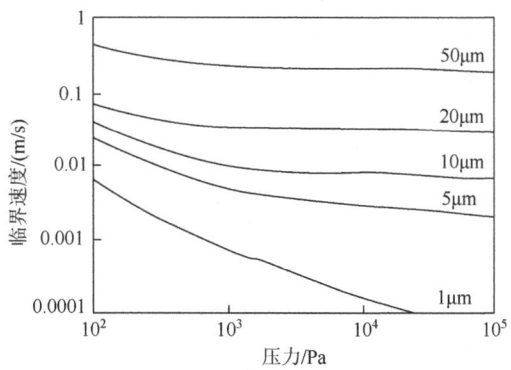

图 1.1 颗粒的临界速度与压力的关系

泵内压缩过程中气流速度 $V_{gas}$ 可由式（1.2）计算：

$$V_{gas} = \frac{Q_{pv}}{pA} \tag{1.2}$$

式中，$Q_{pv}$ 为气流量；$p$ 为压力；$A$ 为流道的断面积。

若压力 $p$ 增大，则会引起气流速度下降。随着压力的增大，气流速度达到或大于临界速度，可使颗粒物处于悬浮状态。颗粒物的形成也多半在压力增大时发生。若向泵内极早充入气体，颗粒尺寸变小，使其有尽可能小的临界速度，充入的气体量要大，使气流速度大于临界速度，保证了颗粒物实现气力输送，这样每级都要充入气体，充入的气体量与压力成正比，以保证有足够的气流速度。充入气体量对泵的性能有影响，需要满足性能要求。

若泵在极限压力下运行，则

$$S_{th} p_c - q_{pv} = 0 \text{ 或 } p_c = \frac{q_{pv}}{S_{th}} \tag{1.3}$$

式中，$S_{th}$ 为泵的几何抽速；$p_c$ 为极限压力；$q_{pv}$ 为内部返流泄漏量。

若想得到一定的极限压力 $p_c$，就必须减少泵内部高压侧向低压侧的返流泄漏量。为了抽除颗粒物，充入气体增加了内部返流泄漏量，因此要将充入的气体量达到对极限压力影响最小的程度为好。

## 1.4 干式真空泵的选择与应用

如今国内外市场上出现了各种各样的干式真空泵，但都是一些动态式的真空泵，可将气体从 1Pa 压缩到大气压，有的干式复合泵可以从 $10^{-4}$Pa 压缩到大气压，将气体排出泵外。图 1.2 是干式真空泵的典型抽气曲线。

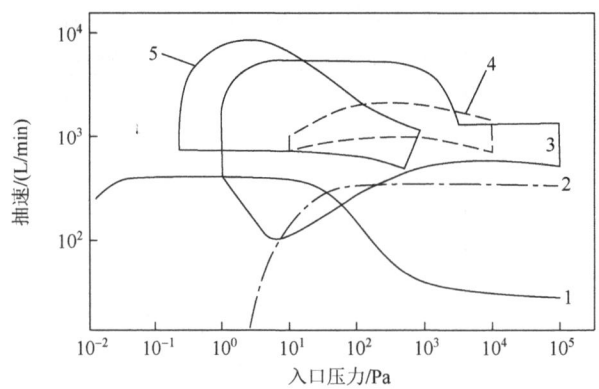

图 1.2 干式真空泵的典型抽气曲线

1-分子牵引泵机组的抽气曲线；2-干式往复式活塞真空泵的抽气曲线；3-干式多级罗茨真空泵的抽气曲线；
4-干式多级爪型真空泵的抽气曲线；5-干式螺杆真空泵的抽气曲线

一般对干式真空泵的要求包括清洁、安全、耐磨、造价低、维修方便、性能稳定、振动噪声低，只有这样的泵才有使用推广的价值。

对于清洁的要求，用油润滑的真空泵都有一个潜在的油蒸气污染源问题，而干式真空泵才能被认为是无油、无尘、真正清洁的真空泵。

对于安全的要求，非干式真空泵在抽出一些活泼气体时，可能会产生一些副产物沉积在泵腔内，严重时会干扰泵的正常工作，降低泵的使用寿命，而干式真空泵对抽出活泼气体是安全的。

干式真空泵真的无油吗？由前边的定义得知，抽气腔是无油的，而机械传动部分还需油类润滑，如干式涡旋真空泵、干式多级罗茨真空泵、干式多级爪型真空泵和干式螺杆真空泵等，其传动齿轮的轴承都需要润滑，利用迷宫式密封结构，去隔离泵腔和齿轮箱等部位，最简单的方法是在泵腔和需要润滑的部位之间充入干燥的惰性气体或安装密封圈，特别是干式多级真空泵一定要有良好的防返流措施才行。

大部分干式真空泵在低压下使用迷宫式密封结构能防止干式真空泵润滑油进入泵腔，也有可能使气体通过，因为齿轮箱中的气体压力不受限制，如果齿轮箱内的气体压力大于泵腔内的压力，有压力梯度存在就会出现齿轮箱内油蒸气向泵腔内扩散的可能。因此，要对干式真空泵的结构设计很好地进行考虑，在齿轮箱中的油池面上进行减压预抽，控制齿轮箱中的气体压力，并通过唇形密封圈或骨架密封圈将油池与泵腔隔离，这样就可以说是干式无油的真空泵了。

对于半导体集成电路工艺，灰尘和颗粒物沉积在基片上所造成的灰尘污染和油的返流污染的危害是相同的。因此，要找出一种办法来防止灰尘落到所要研究的表面上来提高产品的质量。微细颗粒物在空气中的运动是很复杂的，受一些因素影响，如空气的速度、温度梯度、分子间的碰撞、颗粒物与器壁的相互作用、静电场等。

如果气体密度很大，可产生气动力，这个力能使黏附在内表面上的沉积物碰撞出来，灰尘和固体颗粒物就会被这股气流携带运动起来，当真空泵开始向大气中排气时，这种现象就会发生。在实践中发现，当压力降到几百帕量级时，灰尘和颗粒物几乎就不会漂移了。因此，在抽空时要小心控制气流的速度，即降低粗抽时的抽速，当压力下降到 4000~5000Pa 时，泵的吸气口全部打开抽气，如分子牵引泵和干式隔膜真空泵机组就能满足这一要求。

众所周知，任何真空泵的压缩比都与其间隙的大小和压缩的级数有关。间隙越小，级数越多，真空泵的最大压缩比就越高。对于动态真空泵，都存在内部间隙的泄漏，都会造成泵的抽速下降和压缩比降低。这种内部泄漏对抽轻的气体的影响比抽空气时还大。例如，抽 $H_2$ 时，内部泄漏较大，而且抽 $H_2$ 时的压缩比比抽 $N_2$ 时的下降明显。由于泵对抽 $H_2$ 和抽空气的热特性不同，因此泵内的间隙影响也不同。当容积泵抽 $H_2$ 时，气镇充入干燥的 $N_2$ 或空气，使被抽的混合气体的黏滞性增加，干泵的高压段压力和压缩段压力就一样了，这样泵抽 $H_2$ 的抽速就可能与抽 $N_2$ 或抽空气的抽速一样。用干式多级泵抽 $H_2$ 而无气镇时，$H_2$ 与 $N_2$ 的抽速比为 30%~35%，而有气镇时，抽速比为 95%~100%。

## 1.5 国内干式真空泵的发展空间和面临的挑战

近年来，集成电路产业已成为国民经济中基础性、关键性和战略性的产业。政府在科研、产业、财税、金融等方面出台多项政策支持集成电路产业的发展，在为集成电路装备制造企业的发展创造良好市场与政策环境的同时，也对产业发展制定了目标与规划。

目前中国市场已成为全球最大的集成电路市场。与此同时，物联网、大数据、人工智能、5G 通信、智能驾驶等新型基础设施和新型应用领域将带来巨大的芯片增量需求，为干式真空泵产品提供广阔的市场空间。

近年来，国内干式真空泵相关生产制造企业在干泵的研发和制造方面已经取得了长足的进步，但是产品能够进入头部半导体集成电路制造企业的还不多，占总需求量的 2%~5%，在运行的可靠性和综合竞争力上与国外知名厂商还具有一定的差距，主要原因在于资金投入、技术与相关人才储备上相对不足。干式真空泵的研发制造对科研人才的要求较高，一方面产品的研发、设计、制造需要真空、机械、材料、电子、自动控制、软件等多学科领域的复合型人才；另一方面，由于产品应用领域广泛，可用于集成电路、太阳能光伏、发光二极管（light emitting diode，LED）、平板显示、锂电池、医药、精细化工等行业，因而要求研发、设计人员对产品下游应用领域及应用场景有较为深刻的理解和认识。由于我国大规模集成电路制造和光伏产业起步较晚，发展历程较短，产业基础相对薄弱，国内企业在产品性能、产品种类、研发投入、业务规模、技术积累等多方面与发达国家企业仍存在一定的差距。如果要在干式真空泵领域实现弯道超车，国内的企业还要继续加大投入，在产学研结合上下功夫，加强人才的培养，研制出国际一流的干式真空泵。

## 参 考 文 献

[1] 杨乃恒. 干式真空泵的原理、特征及其应用[J]. 真空，2000，37（3）：1-9.

[2] 巴德纯,岳向吉. 涡旋真空泵理论与实践[M]. 北京:科学出版社,2022.

[3] 张世伟,赵凡,张杰,等. 无油螺杆真空泵螺杆转子设计理念的回顾与展望[J]. 真空,2015,52(5):1-12.

[4] 刘坤,巴德纯,杨乃恒,等. 特殊爪型干式真空泵的容积利用系数[J]. 真空,2003,40(5):12-15.

[5] 巴德纯,王晓冬. 分子真空泵的理论与实践[M]. 北京:科学出版社,2021.

[6] 刘坤,巴德纯,杨乃恒,等. 高真空直排大气干泵的最新进展[J]. 真空科学与技术学报,2008,28(1):21-25.

# 第 2 章 干式涡旋真空泵

## 2.1 概 述

### 2.1.1 干式涡旋真空泵的特点

随着半导体、生物医药、新材料制备等行业的飞速发展，传统的真空获得技术与设备已经不能满足实际工况的要求。从 20 世纪 80 年代开始，为了满足清洁无油的需求，干式真空泵开始出现在各种应用领域。

干式真空泵适用于清洁无油真空获得工艺过程中存在腐蚀性气体、有毒气体、含有颗粒等影响泵油工作性能的工况[1]。

干式涡旋真空泵是在涡旋压缩机基础上演化而来的一种新式真空干泵，属于气体输送泵中的容积式真空泵。作为容积式流体机械，内部气体的流动过程决定了真空泵的性能特征。

干式涡旋真空泵具有以下特点。

（1）清洁无油，干式涡旋真空泵是在中低真空范围获得洁净真空的优秀泵种，同时也是分子泵、低温泵等超高真空系统获得洁净真空的理想前级配泵；

（2）体积小、振动小、噪声小、结构简单、零部件少；

（3）间隙小、泄漏量少，具有较高的压缩比；

（4）能在大气压下启动，工作压力范围宽，能在较宽的压力范围内有稳定的抽速；

（5）由于干式涡旋真空泵内压缩腔容积的变化是连续的，相邻各封闭空间内压差较小，因而驱动扭矩变化小，功率变化小；

（6）可靠性高[2]。

干式涡旋真空泵以其结构简单、体积小、清洁度高、极限压力高、噪声小等特点而备受青睐，尤其在欧美和日本等发达国家和地区中，干式涡旋真空泵已经越来越多地替代了油封式机械真空泵。

### 2.1.2 干式涡旋真空泵的发展现状

20 世纪初法国工程师 Leon[3]以涡旋膨胀机申请美国专利，开创了涡旋机械领域的先河，1925 年 Nordi[4]申请了涡旋液体泵的专利，但由于其中涡旋型线处精密加工技术不足等[5]，涡旋机械未应用于生产实践。

由于能源危机以及温室效应，人们对节省能源和环境保护的要求日益提高，涡旋机械以其效率高、振动噪声小、结构简单和运转平稳等显著优点[6]满足了人们对节能和环保的要求；同时，高精度数控铣床的涌现，给涡旋技术的发展带来了机遇。1972 年，美国 Arthur D. Little（阿瑟·D. 利特尔）公司开发了应用于远洋海轮的涡旋压缩机，标志着涡旋机械的实用化。由于涡旋压缩机具有效率高、噪声振动小等优点，涡旋机械的应用范围不断扩大。Coffin[7]于 20 世纪 80 年代初首次将涡旋机械应用于真空系统。1987 年，日本三菱公司成功研制了回转型涡旋真空泵，径向间隙固定的设计使其密封和控制比公转型涡旋真空泵更容易[8]，其结构如图 2.1 所示，从而揭开了涡旋真空泵研制的新篇章。

人们在半导体、制药等行业上对清洁无油真空环境的需求不断提升，伴随着涡旋机械的不断发展，干式涡旋真空泵应运而生，并逐渐成为涡旋真空泵中的研究热点。与原有油润滑涡旋真空泵相比，干式涡旋真空泵的泵腔中不存在润滑油或润滑脂等介质，限制干式涡旋真空泵发展的关键问题就是泵腔内被抽气体的冷却与密封。1990 年，Kushiro 等[9]研制出了水冷卧式涡旋真空泵，其结构如图 2.2（a）所示，泵腔内气体的冷却和润滑等问题得到了有效解决，但是由于水冷回路带来的结构复杂性，对其结构仍需进行简化。1998 年，整机结构更为简化的风冷式涡旋真空泵由 Sawada 等[10]研制成功，其通过位于静涡盘端部的冷却风扇达到冷却效果，设计结构如图 2.2（b）所示，这种设计方案已经被后续产品广泛使用。

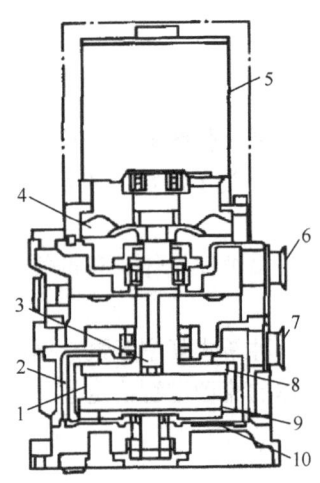

图 2.1 立式油润滑涡旋真空泵结构图
1-真空腔；2-大气压腔；3-止回阀；4-风扇；5-直流电机；
6-排气口；7-吸气口；8-驱动涡盘；9-被驱动涡盘；
10-十字滑环

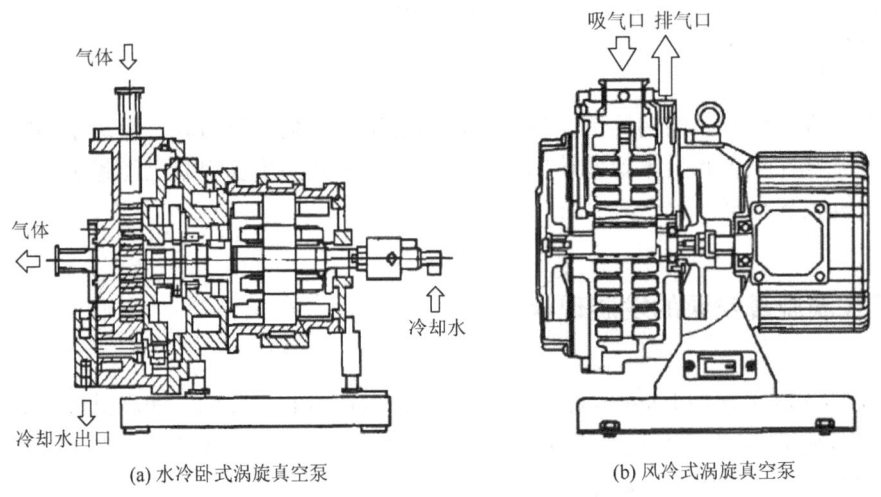

(a) 水冷卧式涡旋真空泵　　　　　　(b) 风冷式涡旋真空泵

图 2.2 系列干式涡旋真空泵结构图

美国 Varian（瓦里安）公司通过技术改进开发了一款两级设计的涡旋真空泵（现涡旋真空泵产品已被美国 Agilent（安捷伦）公司收购），如图2.3所示。它的动涡盘两面的涡旋齿为非对称设计，一面的涡旋齿为三头涡旋齿，另一面的涡旋齿为单头涡旋齿，三头涡旋齿面与单头涡旋齿面同时工作[11]。当吸气压力较高（约高于 $5.5\times10^4\text{Pa}$）时，被抽气体经第一级压缩后经由中间排气阀排出泵体，当吸气压力较低（约低于 $5.5\times10^4\text{Pa}$）时，被抽气体经第一级压缩后未达到

图 2.3　TriScroll 300 型干式涡旋真空泵

排气压力，进入第二级继续压缩后从位于第二级中心侧的排气口排出，实现了两个涡旋工作腔的串联。一、二级同时工作，三头涡旋齿侧的多齿设计可以提高泵的抽速，单头涡旋齿保证了极限压力，是一款真正的（从压力角度区分的）两级干式涡旋真空泵[12]。

此外，英国 Edwards（爱德华）公司生产的 nXDS 干式涡旋真空泵采用了创新的泵体结构，利用金属波纹管实现了动涡盘与机架之间的密封，如图2.4所示，这款全封闭干式涡旋真空泵的极限压力可达到1Pa左右。德国 Leybold（莱宝）公司将阿基米德型线应用于 Scrollvac Plus 系列涡旋真空泵中。以上两个系列产品均适用于半导体行业。

同时，日本 ANEST IWATA（阿耐斯特岩田）还推出了专门面向含水蒸气等特殊工况的系列产品，如图2.5所示。

图 2.4　nXDS 干式涡旋真空泵

图 2.5　DVSL-100 涡旋真空泵

图 2.6　WXG-4 干式涡旋真空泵

国内对干式涡旋真空泵的研发起步比其他国家晚，对干式涡旋真空泵的研发与生产仍处在发展阶段。2001年，东北大学与中国科学院沈阳科学仪器股份有限公司合作研制了 WX 系列风冷式干式涡旋真空泵[13, 14]。截至目前，双方已经研发推出了 WXG 系列无油双侧干式涡旋真空泵，如图2.6所示。

干式涡旋真空泵作为清洁真空获得设备中的代表性产品，适用于大量需求清洁真空的应用领域。现在干式涡旋真空泵在科学仪器、大科学工程、半导体、航空航天、生物医药、液晶显示等领域得到了广泛应用。

随着理论分析、技术研究以及生产工艺的不断进步，通过解决设计、加工、装配调试等各个阶段中的技术问题，更加精细化、集成化、系列化的干式涡旋真空泵成熟商业产品将得到更广泛的应用。

## 2.2　干式涡旋真空泵的工作原理

干式涡旋真空泵具有间隙小、泄漏量少、压缩比较高的特点，可以在较大的压力范围内有稳定的抽速；其结构组成简单，具有较少的零部件，产生的振动噪声小，可靠性高；并且由于干式涡旋真空泵压缩腔容积变化是连续的，因此驱动扭矩变化小、功率变化小。根据结构的不同，干式涡旋真空泵分为单腔干式涡旋真空泵和双腔干式涡旋真空泵。

### 2.2.1　单腔干式涡旋真空泵的工作原理

干式涡旋真空泵主要由动涡盘、静涡盘、防自转机构和壳体支架等零部件组成，其基本结构如图 2.7 所示[15]。动、静涡盘相对旋转 180°，并相对错开一定距离（该距离为曲轴半径）相互对插，随着曲轴自转带动动涡盘平动，实现动、静涡盘涡旋齿的啮合。涡旋齿啮合会产生多个啮合点，形成多个月牙形封闭的工作腔。啮合随着曲轴的转动沿涡旋齿壁由外向内运动，从而实现月牙形工作腔由大逐渐变小形成周期性变化的工作腔容积，同时工作腔内的气体压力随着曲轴转动不断增大，最后从静涡盘中心处的排气口排出，从而实现气体的吸入、压缩和排出，实现干式涡旋真空泵的排气过程。

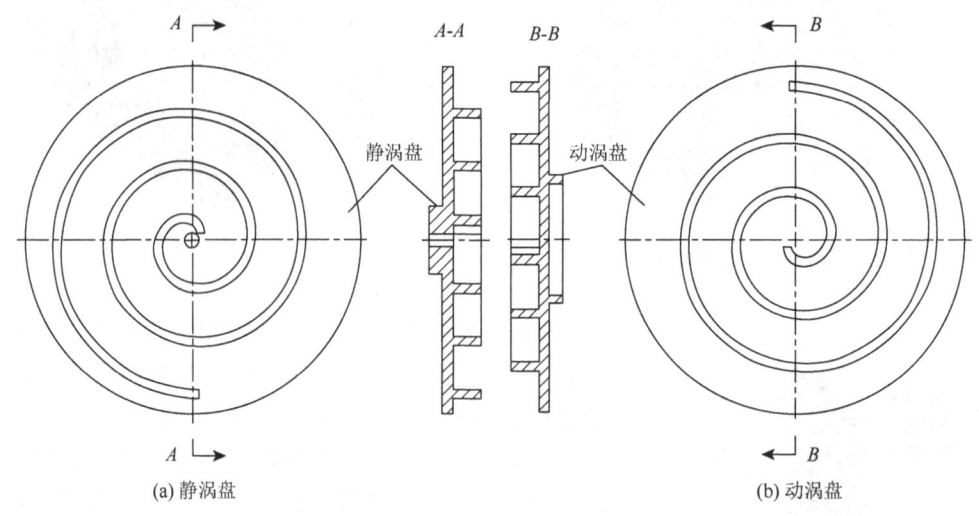

图 2.7　干式涡旋真空泵基本结构

干式涡旋真空泵的抽气过程是依靠动、静涡盘时刻啮合运动而实现的，因此涡旋盘的设计是干式涡旋真空泵研发中最重要的步骤之一，决定了干式涡旋真空泵的抽气性能。涡旋盘最主要的设计就是涡旋型线的设计，一般情况下动、静涡盘的涡旋型线是相同的。

## 1. 工作腔的变化过程

动、静涡盘的涡旋型线一般情况下是完全相同的，只是相对错开180°，对插在一起。动涡盘以半径$R_{or}$（主轴偏心量）绕静涡盘中心做平动运动，进而啮合成月牙形工作腔[16-18]。图 2.8 表示动涡盘围绕静涡盘中心按逆时针方向每回转 90°做平动运动时的四个啮合状态。当主轴转角 $\theta=0°$时，工作腔闭合完成吸气过程；当主轴转角 $\theta=90°$时，动涡盘逆时针做平动运动，啮合点由外向内运动，工作腔容积逐渐变小，腔内气体压力逐渐升高；当主轴转角 $\theta=180°$和 $\theta=270°$时，工作腔继续向内部移动，工作腔容积进一步缩小，腔内气体压力进一步升高，当 $\theta=360°$时，与图 2.8（a）相同，完成一次工作循环。

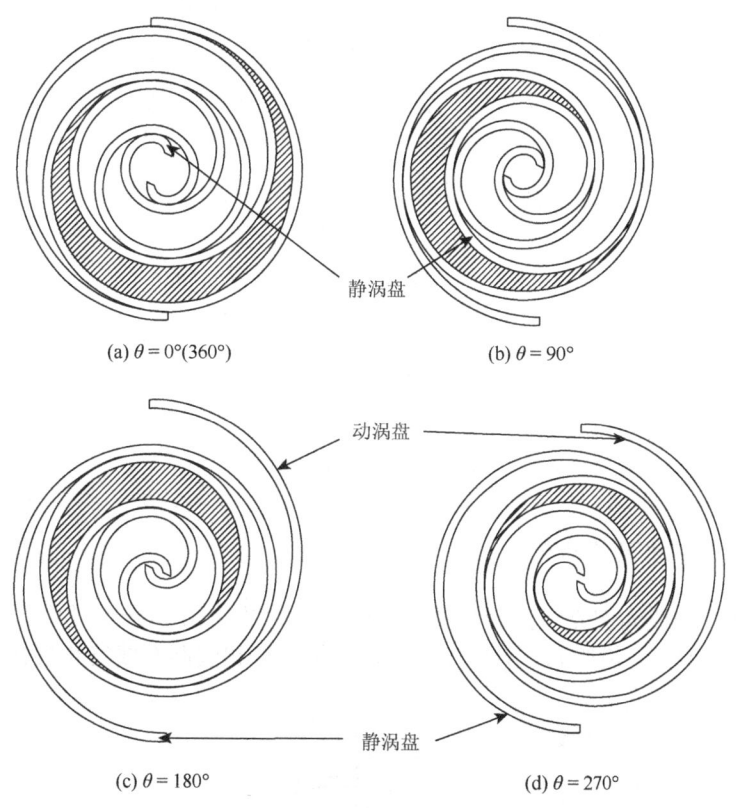

(a) $\theta=0°(360°)$  (b) $\theta=90°$

(c) $\theta=180°$  (d) $\theta=270°$

图 2.8 两涡旋盘之间的公转平动

## 2. 涡旋齿各部分型线的划分

干式涡旋真空泵在抽气过程中，动、静涡盘存在不参与啮合的部分，并且涡旋齿中心区域存在齿头修正，因此明确划分各部分涡旋型线可以为以后干式涡旋真空泵的研究计算、性能分析提供便利。图 2.9 为涡旋型线的划分。

（1）按照涡旋型线的内外位置，可以将其分为内型线和外型线，内型线位于涡旋齿的内侧，外型线位于涡旋齿的外侧，动涡盘的外型线与静涡盘的内型线啮合，动涡盘的内型线与静涡盘的外型线啮合。

（2）涡旋齿的形成过程是由中心延伸到四周，因此起始位置的涡旋齿称为涡旋齿头，终止位置的涡旋齿称为涡旋齿尾。

（3）由于动、静涡盘相互成 180°对插，并平移一段距离形成相互啮合，因此在涡旋盘啮合过程中总是存在非啮合部分，将参与啮合的部分称为啮合型线，不参与啮合的部分称为非啮合型线。

（4）涡旋流体机械往往需要对其齿头或者齿尾的型线进行修正，将修正的型线称为齿头修正或齿尾修正，当只存在齿头或齿尾一种修正时统称为修正型线。

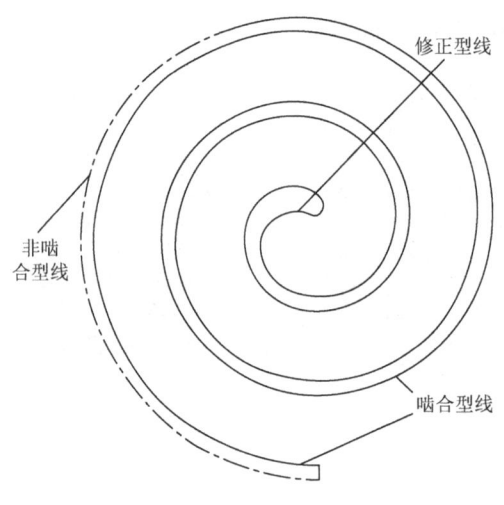

图 2.9　涡旋型线的划分

### 3. 涡旋盘的基本结构参数

以圆渐开线型线为例介绍涡旋盘的基本结构，如图 2.10 所示。其中，涡旋齿的主要参数有涡旋齿齿高 $h$、齿厚 $t$、节距 $P_t$、涡旋盘直径 $D$ 和圆渐开线终止展角 $\phi_e$。

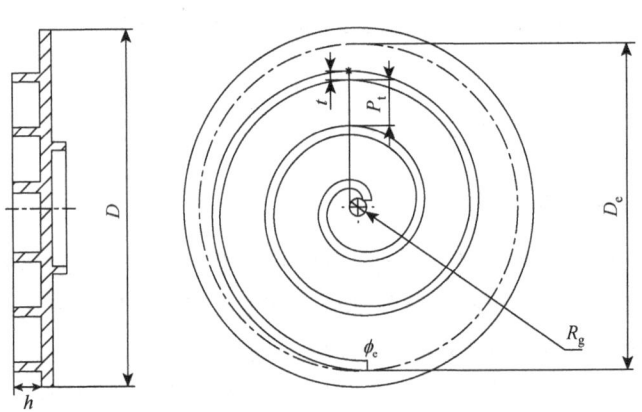

图 2.10　涡旋盘基本结构

圆渐开线基本结构参数包括基圆半径 $R_g$、渐开线起始角 $\alpha$（为了研究方便，本节默认内外型线的起始角相同）、圆渐开线的终止展角 $\phi_e$。因此，根据渐开线基本参数可以推出涡旋齿等参数。涡旋齿的齿厚 $t$、节距 $P_t$、主轴偏心量 $R_{or}$ 如下：

$$t = 2\alpha R_g \tag{2.1}$$

$$P_t = 2\pi R_g \tag{2.2}$$

$$R_{or} = \frac{1}{2}(P_t - 2t) = \pi R_g - 2\alpha R_g \tag{2.3}$$

完成啮合时主轴所转过的角度 $\theta_e$ 为

$$\theta_e = \phi_e - \frac{\pi}{2} \tag{2.4}$$

涡旋齿终端所在的圆直径为

$$D_e = 2R_g\sqrt{\phi_e^2 + 1} \tag{2.5}$$

涡旋盘直径 $D$ 可估算为

$$D = D_e + 2\delta_0 \tag{2.6}$$

式中，$\delta_0$ 为工作中动、静涡盘边缘处的缝隙。

## 2.2.2 双腔干式涡旋真空泵的工作原理

双腔干式涡旋真空泵是以单腔干式涡旋真空泵工作原理为基础，在结构上有所区别的一种干式涡旋真空泵。双腔干式涡旋真空泵相较于单腔干式涡旋真空泵在抽速、压缩比等性能上有所提升，在提升工作效率的同时，可以达到更高的真空度，根据双腔结构可以将其分为串联式和并联式两种。

### 1. 串联式

干式涡旋真空泵性能的主要技术参数为抽速和极限压力[19]。作为容积式真空泵的一种，干式涡旋真空泵的抽气性能主要由工作腔的几何尺寸和主轴转速决定，在选定电机的情况下，其抽速只受定、转子形成的最外侧月牙形工作腔容积大小的影响。为了提高在一定外接圆尺寸下的抽气性能，双腔串联干式涡旋真空泵应运而生。双腔串联干式涡旋真空泵又称双级干式涡旋真空泵，主要结构包括电机、曲拐轴、涡旋动盘、左涡旋定盘和右涡旋定盘，如图 2.11 所示。左涡旋定盘和右涡旋定盘与涡旋动盘之间分别形成的配合腔为涡旋工作腔，所述涡旋工作腔包括第一级涡旋工作腔和第二级涡旋工作腔，涡旋动盘内设置气流通道使第一级涡旋工作腔和第二级涡旋工作腔相通。

双腔串联干式涡旋真空泵的基本抽气原理与单腔干式涡旋真空泵相同，工作流程如下：电机 1 带动曲拐轴 2 转动，进而带动涡旋动盘 4 运动，气体由吸气口 16 进入泵内，气体首先进入左第一级涡旋工作腔 9 和右第一级涡旋工作腔 10 的外圆周侧，经过连续压缩并逐渐运行到第一级涡旋工作腔的中心侧，通过气流通道 12 进入第二级涡旋工作腔 11，然后气体继续被压缩逐渐运行到第二级涡旋工作腔的中心侧，压缩后的高压气体进入排气通道 15，最终由排气口 17 排出泵外。

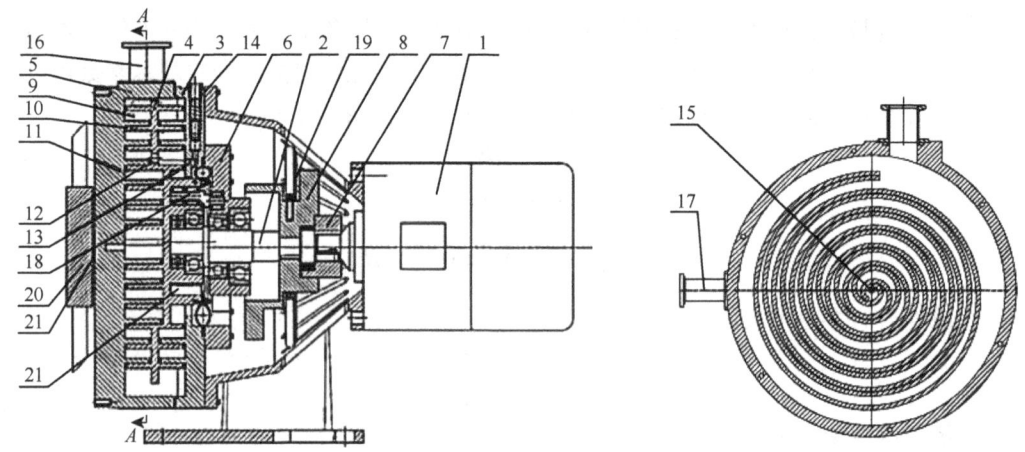

图 2.11 双腔串联干式涡旋真空泵结构图

1-电机；2-曲拐轴；3-右涡旋定盘；4-涡旋动盘；5-左涡旋定盘；6-壳体；7-联轴器；8-配重；9-左第一级涡旋工作腔；10-右第一级涡旋工作腔；11-第二级涡旋工作腔；12-气流通道；13-辅助排气孔；14-辅助排气阀；15-排气通道；16-吸气口；17-排气口；18-橡胶密封胶圈；19-扇叶；20-电动风扇；21-半导体制冷片

第一级涡旋工作腔为涡旋动盘与左、右涡旋定盘相配合形成的第一级压缩工作腔，该腔为双侧吸气腔，提高了干式涡旋真空泵的抽速；第二级涡旋工作腔为涡旋动盘与一侧涡旋定盘相配合形成的第二级压缩工作腔，该腔为单侧吸气腔，涡旋型线可以延展至泵体几何中心，提高干式涡旋真空泵的压缩比和极限压力；第一级压缩工作腔经由涡旋动盘上设置的气流通道与第二级压缩工作腔相连，达到两级连续压缩的工作过程。

2. 并联式

双腔并联干式涡旋真空泵的两个工作腔并联，气体由吸气口进入泵腔后，通过气体分流通道分别进入每个腔体，通过涡旋齿的平面啮合运动将气体压缩至涡旋中心，并通过集气通道汇集气体并排出泵体。由于双腔干式涡旋真空泵相当于两个单腔干式涡旋真空泵同时工作，因此增大了抽速，提升了工作效率。

## 2.3 干式涡旋真空泵的型线

### 2.3.1 干式涡旋真空泵的几种特殊型线

1. 多边形渐开线

由多边形所生成的渐开线可以作为涡旋齿啮合型线，通常有线段渐开线、正四边形渐开线、正六边形渐开线、平行四边形渐开线、菱形渐开线等，边数为偶数的正多边形渐开线都可以作为涡旋型线，多边形渐开线与圆渐开线一样形成等壁厚涡旋齿，圆渐开线即是当边数趋近于无穷大时的特殊情况。图 2.12 为几种多边形渐开线形成的涡旋齿。

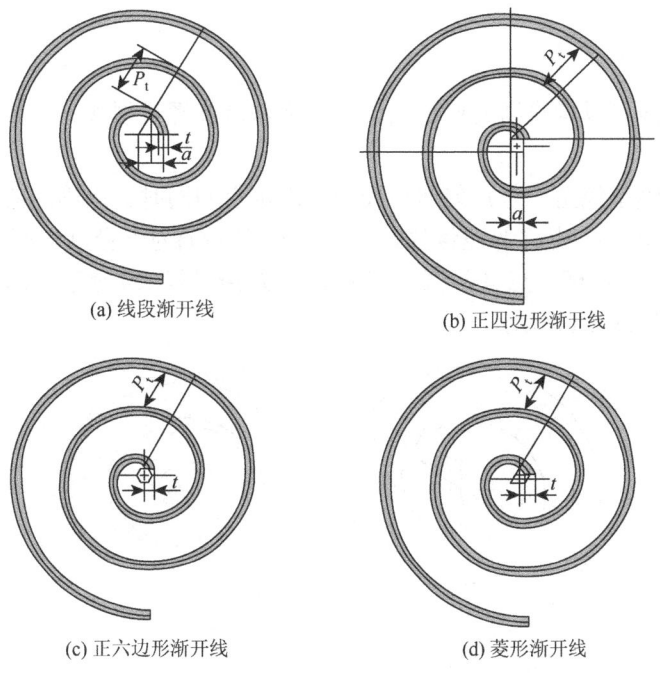

(a) 线段渐开线　　　　　　　(b) 正四边形渐开线

(c) 正六边形渐开线　　　　　　(d) 菱形渐开线

图 2.12　几种多边形渐开线形成的涡旋齿

**2. 组合型线**

组合型线以各种常用的型线为基础，在同一涡旋齿上将多段不同类型的型线光滑连接，以发挥不同型线的优势。与修正型线相比，它是修正型线的拓展，兼顾吸气、压缩、排气全过程，是常用型线的综合运用。常用的组合型线有基圆渐开线-一般曲线-基圆渐开线组合型线、基圆渐开线-高次曲线-基圆渐开线组合型线。

图 2.13 为不同圈数的圆渐开线-圆弧组合型线，被替代的渐开线整圈数越大，组合型线的壁厚越大，型线长度减少的程度越大。组合型线相比于其原来渐开线型线在长度上有很大的缩短，这会使泄漏线的长度相应缩短，提高效率改善工作性能，但由于涡旋型线长度的减小会使工作腔对数减少，工作腔之间压差增大，这又会使泄漏量增大，但气体与壁面热交换时间大大缩短，气体驻留在涡旋体内部的时间大大缩短，使高温气体的热量来不及扩散就被排出腔体，有利于排气温度的降低，提高运行效率。

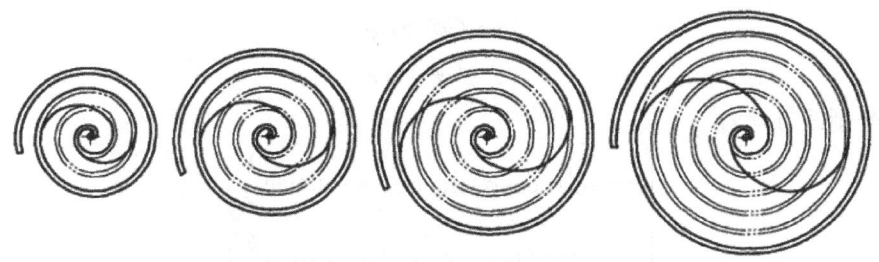

图 2.13　不同圈数的圆渐开线-圆弧组合型线（由左至右依次增大）

### 3. 渐变壁厚涡旋型线

变基圆渐开线可以构成渐变壁厚涡旋齿，阿基米德螺线型线、代数螺线也可以构成渐变壁厚涡旋齿。

阿基米德螺线型线是一个点匀速离开一个固定点的同时又以固定的角速度绕该固定点转动而产生的轨迹，也称等速螺线，以适当长度($OA$)为半径画一圆；作一射线 $OA$，$P$ 为射线 $OA$ 上一点；模拟点 $A$ 沿圆 $O$ 移动，点 $P$ 沿射线 $OA$ 移动；画出点 $P$ 的轨迹，即可得到螺线。如图 2.14 所示。

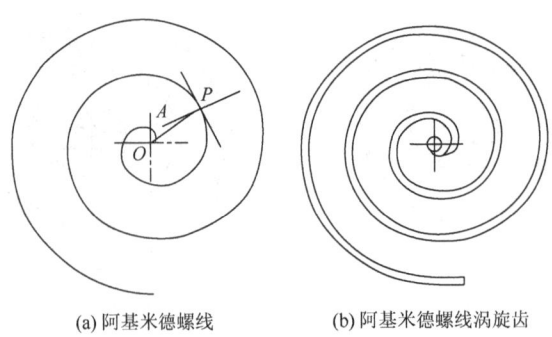

(a) 阿基米德螺线　　　(b) 阿基米德螺线涡旋齿

图 2.14　阿基米德螺线及其形成的涡旋齿

阿基米德螺线的方程为

$$\begin{cases} x = C\phi\cos\phi \\ y = C\phi\sin\phi \end{cases} \tag{2.7}$$

式中，$C$ 为极径；$\phi$ 为极角。

共轭型线方程为

$$\begin{cases} x = -C\phi\cos\phi - R_{or}\cos\left(\phi - \arctan\dfrac{1}{\phi}\right) \\ y = -C\phi\sin\phi - R_{or}\sin\left(\phi - \arctan\dfrac{1}{\phi}\right) \end{cases} \tag{2.8}$$

代数螺线与阿基米德螺线的构成方式相同，只是代数螺线引入一个多变指数 $k$ 来修正螺线的节距。当 $k=1$ 时，代数螺线与阿基米德螺线形式相同，即阿基米德螺线为代数螺线的特殊形式。因此，可得代数螺线的方程为

$$\begin{cases} x = C\phi^k\cos\phi \\ y = C\phi^k\sin\phi \end{cases} \tag{2.9}$$

共轭型线方程为

$$\begin{cases} x = -C\phi^k\cos\phi - R_{or}\cos\left(\phi - \arctan\dfrac{k}{\phi}\right) \\ y = -C\phi^k\sin\phi - R_{or}\sin\left(\phi - \arctan\dfrac{k}{\phi}\right) \end{cases} \tag{2.10}$$

4. 通用型线

近年来，涡旋齿通用型线的研究成为一个重要课题，通用型线不仅涉及性能，而且会对加工成本造成很大的影响。通用型线不仅包含涡旋齿常用的典型型线，而且易于扩展出新的型线和便于建立优化的统一数学模型。通用型线的三种基本形式如下。

$$\begin{aligned} & \text{I}: R_g(t') = C_0 + C_1 t' \\ & \text{II}: R_g(t') = C_0 + C_1 \cos(t' + C_2) \\ & \text{III}: R_g(t') = C_0 + C_1 t' + C_2 t'^2 + C_3 t'^3 \end{aligned} \quad (2.11)$$

式中，$C_0$、$C_1$、$C_2$、$C_3$ 为待定系数，根据设计进行选择；$t'$ 为参数变量。

## 2.3.2 干式涡旋真空泵的典型型线

1. 圆渐开线

1) 圆渐开线的基本特点

在平面上，一条动直线 $BC$（发生线也称为展开线）沿着一个半径为 $R_g$ 的固定圆（基圆）做纯滚动的过程中，直线 $BC$ 上任意一点的轨迹称为基圆的一条渐开线，即圆渐开线，如图 2.15 所示。以基圆圆心 $O$ 为原点建立坐标系，$\angle xOB$ 为渐开线在 $C$ 点的展开角 $\phi$，线段 $BC$ 的长度等于该线段滚过基圆的弧长，因此线段 $BC$ 的长度为

$$\rho_{BC} = l_{AB} = R_g \phi \quad (2.12)$$

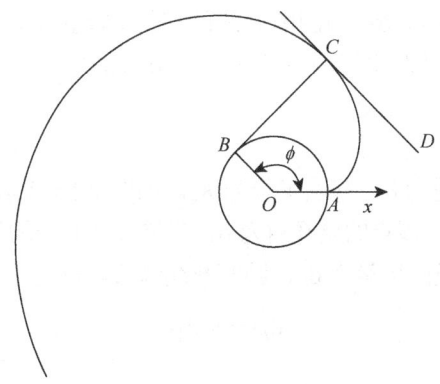

图 2.15　圆渐开线

圆渐开线上任意一点 $C$，其发生线对基圆的切点为 $B$ 点，则向量 $OC$ 为

$$OC = OB + BC \quad (2.13)$$

当 $x$ 轴方向的单位向量为 $i$，$y$ 轴方向的单位向量为 $j$ 时，有

$$OB = R_g \cos\phi\, i + R_g \sin\phi\, j \quad (2.14)$$

$$BC = R_g\phi\cos\left(\phi-\frac{\pi}{2}\right)i + R_g\phi\sin\left(\phi-\frac{\pi}{2}\right)j$$
$$= R_g\phi\sin\phi i - R_g\phi\cos\phi j \tag{2.15}$$

因此向量 OC 为

$$OC = (R_g\cos\phi + R_g\phi\sin\phi)i + (R_g\sin\phi - R_g\phi\cos\phi)j \tag{2.16}$$

则点 C 的坐标以参数方程表示，即圆渐开线方程为

$$\begin{cases} x = R_g\cos\phi + R_g\phi\sin\phi \\ y = R_g\sin\phi - R_g\phi\cos\phi \end{cases} \tag{2.17}$$

由图 2.15 可知，基圆在点 B 处的切线 BC 的斜率为

$$\frac{dy_B}{dx_B} = \frac{R_g\cos\phi}{-R_g\sin\phi} = -\cot\phi \tag{2.18}$$

而圆渐开线在点 C 处的切线 CD 的斜率为

$$\frac{dy_C}{dx_C} = \frac{\cos\phi - (\cos\phi - \phi\sin\phi)}{-\sin\phi + (\sin\phi + \phi\cos\phi)} = \tan\phi \tag{2.19}$$

由此可得

$$\frac{dy_B}{dx_B}\frac{dy_C}{dx_C} = -1 \tag{2.20}$$

综上，圆渐开线的发生线 BC 与圆渐开线的切线 CD 正交，即圆渐开线的发生线为圆渐开线在 C 点处的法线，且发生线增量等于基圆弧长的增量，这是渐开线的一般性质。

2）圆渐开线型线的几何理论

（1）圆渐开线的几何理论。

圆渐开线 DE 的起始角为 $\alpha$，基圆半径为 $R_g$，如图 2.16 所示。圆渐开线 DE 上任意一点 B，该点的发生线为 AB，该点的展开角为 $\phi$，当展开角有一增量 $d\phi$ 时，圆渐开线上的点由点 B 运动到点 C，发生线的增量为 $d\rho$，圆渐开线弧长增量为 dL，面积增量为 dS，则有

$$d\rho = R_g d\phi \tag{2.21}$$

$$\rho = \int_\alpha^\phi R_g d\phi = R_g(\phi - \alpha) \tag{2.22}$$

圆渐开线弧长增量为

$$dL = \rho d\phi = R_g(\phi - \alpha)d\phi \tag{2.23}$$

由发生线、圆渐开线和基圆所围成的面积增量为

$$dS = \frac{1}{2}\rho dL = \frac{1}{2}\rho^2 d\phi = \frac{1}{2}R_g^2(\phi - \alpha)^2 d\phi \tag{2.24}$$

因此,当展开角为 $\phi$ 时,则有

$$S = \int_\alpha^\phi dS = \int_\alpha^\phi \frac{1}{2}R_g^2(\phi-\alpha)^2 d\phi = \frac{1}{6}R_g^2(\phi-\alpha)^3 \tag{2.25}$$

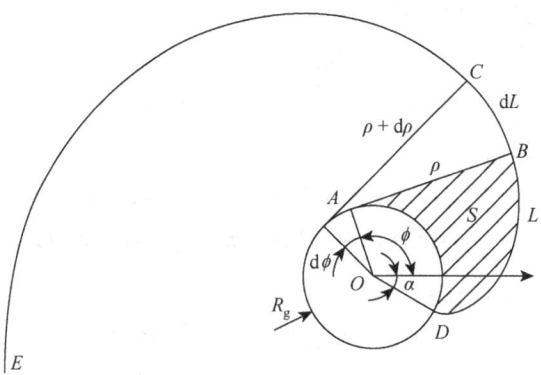

图 2.16 圆渐开线围成的面积

(2) 内、外型线。

涡旋齿是由内、外型线组成的,且型线具有起始角,如图 2.17 所示。在本节中为了方便表示型线方程,令外型线的起始角为 0°,内型线的起始角为 $\alpha_{in} + \alpha_{ou}$,则有

$$\rho_{ou} = \int_0^\phi R_g d\phi = R_g \phi \tag{2.26}$$

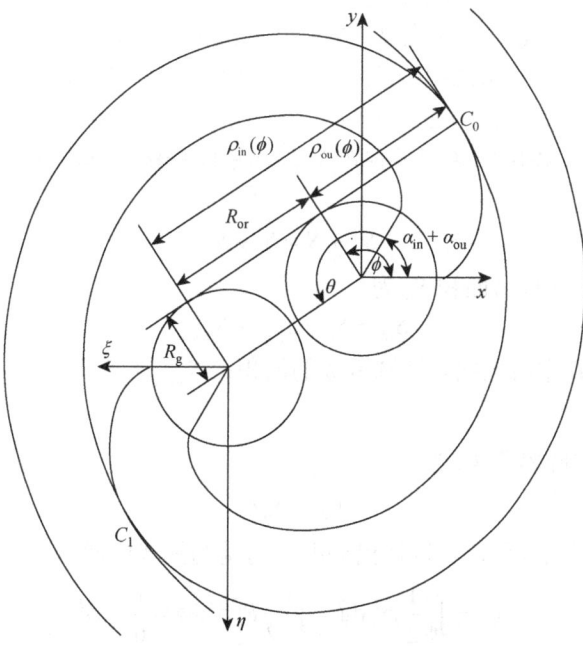

图 2.17 圆渐开线形成的内、外型线

根据圆渐开线方程的形式，可以得出平面 $\Pi_f$ 中外型线方程为

$$\begin{cases} x_{f,ou} = R_g \cos\phi + R_g \phi \sin\phi \\ y_{f,ou} = R_g \sin\phi - R_g \phi \cos\phi \end{cases} \quad (2.27)$$

由平面啮合原理可知，相互啮合的曲线在啮合点 $C_1$ 处具有相同的基圆半径。在平面 $\Pi_m$ 中存在内型线展开角 $\phi' = \phi - (\alpha_{in} + \alpha_{ou}) + \pi$，则有

$$\rho_{in} = \int_0^{\phi'} R_g d\phi' = R_g \phi' \Big|_0^{\phi'=\phi-(\alpha_{in}+\alpha_{ou})+\pi} = R_g(\phi + \pi - \alpha_{in} - \alpha_{ou}) \quad (2.28)$$

则平面 $\Pi_f$ 中内型线方程为

$$\begin{cases} x_{f,in} = R_g \cos(\phi+\pi) + R_g(\phi + \pi - \alpha_{in} - \alpha_{ou})\sin(\phi+\pi) \\ y_{f,in} = R_g \sin(\phi+\pi) - R_g(\phi + \pi - \alpha_{in} - \alpha_{ou})\cos(\phi+\pi) \end{cases} \quad (2.29)$$

由平面啮合原理可知，在啮合点 $C_0$ 处有

$$\begin{cases} x_{f,ou} = x_{m,in} = -x_{f,in} + R_{or}\cos\theta \\ y_{f,ou} = y_{m,in} = -y_{f,in} + R_{or}\sin\theta \end{cases} \quad (2.30)$$

式中，$\theta$ 为主轴转角。由平面曲线啮合原理可知，式（2.30）的雅可比行列式为

$$J = \frac{\partial(x_{f,ou}, y_{f,ou})}{\partial(\phi,\theta)} = \begin{vmatrix} \dfrac{\partial x_{f,ou}}{\partial \phi} & \dfrac{\partial y_{f,ou}}{\partial \phi} \\ \dfrac{\partial x_{f,ou}}{\partial \theta} & \dfrac{\partial y_{f,ou}}{\partial \theta} \end{vmatrix} = -\rho_{in}(\cos\phi\cos\theta + \sin\phi\sin\theta) = 0 \quad (2.31)$$

由式（2.31）可知，$\theta = \phi + (\pi/2)$，则根据式（2.26）可得主轴偏心量方程为

$$R_{or} = R_g(\pi - \alpha_{in} - \alpha_{ou}) \quad (2.32)$$

3）圆渐开线涡旋齿的工作腔容积

月牙形工作腔容积是由一涡旋盘（静涡盘）的内型线和另一涡旋盘（动涡盘）的外型线形成的封闭容积。由于涡旋齿始终垂直于涡旋盘表面，将涡旋齿轴向投影于涡旋盘，工作腔投影面积记为 $S_w$，如图 2.18 所示。将动涡盘平移到公转中心的位置（即静涡盘基圆中心），形成的工作腔容积是等厚度的，其轴向投影为 $S_1$，$S$ 为中间非阴影部分面积，则有

$$S_w + S = S_1 + S \quad (2.33)$$

月牙形工作腔轴向投影面积 $S_w$ 为

$$S_w = S_1 = S_{f,in} - S_{m,ou} \quad (2.34)$$

式中，$S_{f,in}$ 为平面 $\Pi_f$ 中内型线与基圆围成的面积；$S_{m,ou}$ 为平面 $\Pi_m$ 中外型线与基圆围成的面积。

封闭月牙形工作腔容积 $V_w$ 为

$$V_w = S_w h \quad (2.35)$$

根据圆渐开线型线方程，可以得出外型线与基圆围成的面积为

$$S_{ou} = \int_0^\phi \frac{1}{2}\rho_{ou}^2 d\phi = \int_0^\phi \frac{1}{2}R_g^2 \phi^2 d\phi = \frac{1}{6}R_g^2 \phi^3 \quad (2.36)$$

内型线与基圆围成的面积为

$$S_{\text{in}} = \int_{\alpha_{\text{in}}+\alpha_{\text{ou}}-\pi}^{\phi} \frac{1}{2}\rho_{\text{in}}^2 \mathrm{d}\phi = \int_{\alpha_{\text{in}}+\alpha_{\text{ou}}-\pi}^{\phi} \frac{1}{2}R_{\text{g}}^2(\phi+\pi-\alpha_{\text{in}}-\alpha_{\text{ou}})^2 \mathrm{d}\phi \tag{2.37}$$
$$= \frac{1}{6}R_{\text{g}}^2(\phi+\pi-\alpha_{\text{in}}-\alpha_{\text{ou}})^3$$

当啮合点的主轴转角为 $\theta$ 时,有 $\phi = \theta-(\pi/2)$,因此月牙形工作腔轴向投影面积 $S_{\text{w}}$ 为

$$S_{\text{w}} = S_{\text{in}} - S_{\text{ou}}\big|_{\phi-2\pi}^{\phi} = \frac{1}{6}R_{\text{g}}^2\left[(\phi+\pi-\alpha_{\text{in}}-\alpha_{\text{ou}})^3 - \phi^3\right]\Big|_{\theta-\frac{5\pi}{2}}^{\theta-\frac{\pi}{2}}$$

$$= \frac{1}{6}R_{\text{g}}^2\left\{\left[\left(\theta+\frac{\pi}{2}-\alpha_{\text{in}}-\alpha_{\text{ou}}\right)^3 - \left(\theta-\frac{\pi}{2}\right)^3\right]\right. \tag{2.38}$$
$$\left. -\left[\left(\theta-\frac{3\pi}{2}-\alpha_{\text{in}}-\alpha_{\text{ou}}\right)^3 - \left(\theta-\frac{5\pi}{2}\right)^3\right]\right\}$$

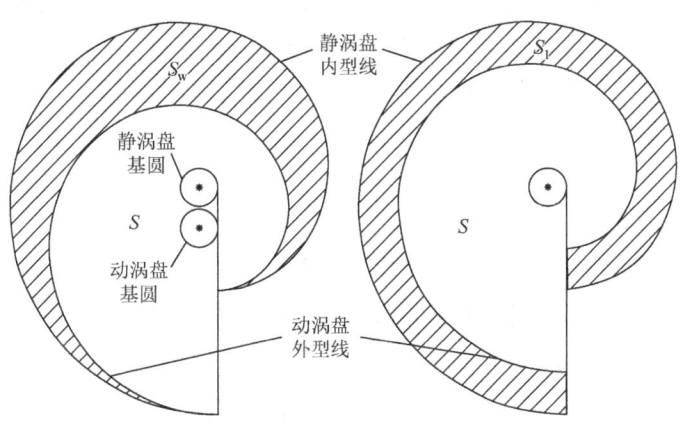

图 2.18 工作腔容积

**2. 变基圆渐开线**

**1)变基圆渐开线的基本特点**

在平面上,当一条直线 $AP$ 沿着一半径不断变化的圆周做纯滚动时,直线上任意一点 $P$ 的轨迹 $BP$ 称为变基圆渐开线,如图 2.19 所示。其基圆由无数个半径不断变化的圆组成,曲线 $\varGamma$ 仅为半径的变化规律,直线 $AP$ 垂直于线段 $OA$,但不是曲线 $\varGamma$ 在点 $A$ 处的切线,而是半径为 $l_{OA}$ 的圆上点 $A$ 处的切线。以 $O$ 为原点建立坐标系,$\phi$ 为变基圆渐开线在点 $P$ 的展开角,$AP$ 为变基圆渐开线的发生线。

当基圆半径变化率为 $\delta$、基圆初始半径为 $a_0$ 时,变基圆半径为

$$a = a_0 + \delta\phi \tag{2.39}$$

发生线 $AP$ 的长度等于滚过变基圆曲线 $\varGamma$ 的弧长,即

$$\rho_{AP} = l_{AB} \tag{2.40}$$

同理,根据前面,变基圆渐开线方程形式为

$$\begin{cases} x = a\cos\phi + \rho\sin\phi \\ y = a\sin\phi - \rho\cos\phi \end{cases} \tag{2.41}$$

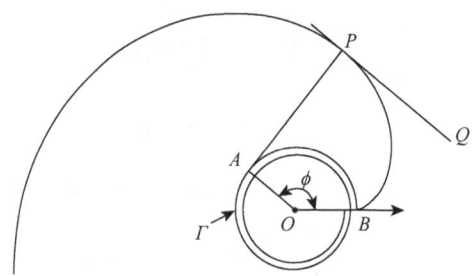

图 2.19 变基圆渐开线

2）变基圆渐开线的几何理论

（1）变基圆渐开线。

如图 2.20 所示，渐开线 $DP$ 的基圆初始半径为 $a_0$，基圆半径变化率为 $\delta$，圆渐开线 $DP$ 上任意一点 $B$，该点的发生线为 $AB$，该点的展开角为 $\phi$，当展开角有一增量 $\mathrm{d}\phi$，圆渐开线上的点由点 $B$ 运动到点 $C$ 时，发生线的增量为 $\mathrm{d}\rho$，变基圆渐开线弧长增量为 $\mathrm{d}L$，变基圆渐开线、发生线和变基圆围成的面积为 $S$，面积增量为 $\mathrm{d}S$。

由变基圆定义可知，变基圆半径方程为

$$a = a_0 + \delta\phi \tag{2.42}$$

对于发生线，则有

$$\mathrm{d}\rho = a\mathrm{d}\phi \tag{2.43}$$

$$\rho = \int_0^\phi a\mathrm{d}\phi = \int_0^\phi (a_0 + \delta\phi)\mathrm{d}\phi = a_0\phi + \frac{1}{2}\delta\phi^2 \tag{2.44}$$

变基圆渐开线弧长增量为

$$\mathrm{d}L = \rho\mathrm{d}\phi = \left(a_0\phi + \frac{1}{2}\delta\phi^2\right)\mathrm{d}\phi \tag{2.45}$$

由变基圆渐开线、发生线和基圆围成的面积增量为

$$\mathrm{d}S = \frac{1}{2}\rho\mathrm{d}L = \frac{1}{2}\left(a_0\phi + \frac{1}{2}\delta\phi^2\right)^2\mathrm{d}\phi \tag{2.46}$$

当展开角为 $\phi$ 时，则有

$$S = \int_0^\phi \mathrm{d}S = \int_0^\phi \frac{1}{2}\left(a_0\phi + \frac{1}{2}\delta\phi^2\right)^2\mathrm{d}\phi = \frac{1}{2}\left(\frac{a_0^2}{3}\phi^3 + \frac{a_0\delta}{4}\phi^4 + \frac{\delta^2}{20}\phi^5\right) \tag{2.47}$$

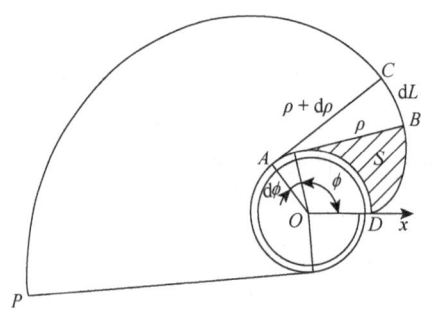

图 2.20 变基圆渐开线的面积增量

（2）内、外型线。

变基圆渐开线形成的涡旋齿是变壁厚的，为了方便表示内、外型线方程，同样令外型线的起始角为 $0°$，内型线起始角为 $\alpha_{in}+\alpha_{ou}$，如图 2.21 所示。

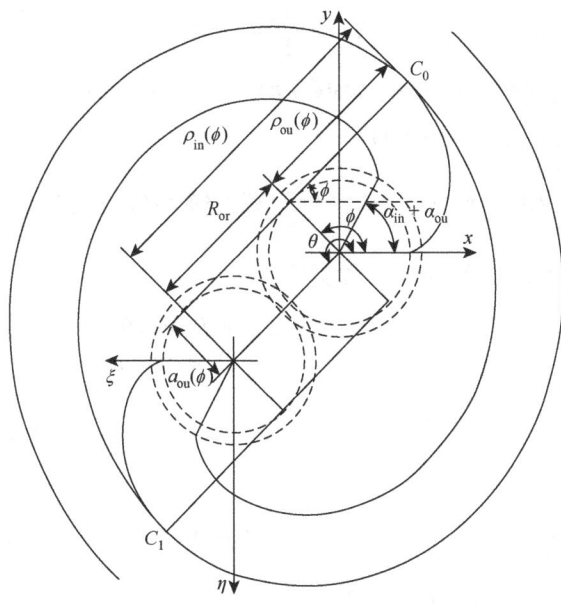

图 2.21 变基圆渐开线形成的内、外型线

当基圆初始半径为 $a_0$、基圆半径变化率为 $\delta$、展开角为 $\phi$ 时，外型线的基圆半径和发生线的长度可以表示为

$$a_{ou} = a_0 + \delta\phi \tag{2.48}$$

$$\rho_{ou} = \int_0^\phi (a_0 + \delta\phi)\mathrm{d}\phi = a_0\phi + \frac{1}{2}\delta\phi^2 \tag{2.49}$$

根据变基圆渐开线方程形式，可以得出变基圆渐开线外型线方程为

$$\begin{cases} x_{ou} = (a_0 + \delta\phi)\cos\phi + \left(a_0\phi + \dfrac{1}{2}\delta\phi^2\right)\sin\phi \\ y_{ou} = (a_0 + \delta\phi)\sin\phi - \left(a_0\phi + \dfrac{1}{2}\delta\phi^2\right)\cos\phi \end{cases} \tag{2.50}$$

由平面啮合原理可知，相互啮合的曲线在啮合点 $C_1$ 处具有相同的基圆半径，在平面 $\Pi_m$ 中存在内型线展开角 $\phi' = \phi - (\alpha_{in}+\alpha_{ou}) + \pi$，则有

$$a_{in} = a_0 + \delta\phi = a_0 + \delta[\phi' - \pi + (\alpha_{in}+\alpha_{ou})] \tag{2.51}$$

$$\begin{aligned}
\rho_{in} &= \int_0^{\phi'} \{a_0 + \delta[\phi' - \pi + (\alpha_{in}+\alpha_{ou})]\}\mathrm{d}\phi \\
&= \left\{a_0\phi' + \frac{\delta_0}{2}[\phi' - (\pi - \alpha_{in} - \alpha_{ou})]^2\right\}\Big|_0^{\phi'=\phi+\pi-(\alpha_{in}+\alpha_{ou})} \\
&= a_0(\phi + \pi - \alpha_{in} - \alpha_{ou}) + \frac{\delta_0}{2}\left[\phi^2 - (\pi - \alpha_{in} - \alpha_{ou})^2\right]
\end{aligned} \tag{2.52}$$

则平面 $\Pi_f$ 中内型线方程为

$$\begin{cases} x_{f,in} = a_{f,in}\cos(\phi+\pi) + \rho_{f,in}\sin(\phi+\pi) \\ \quad = (a_0 + \delta_0\phi)\cos(\phi+\pi) \\ \quad\quad + \left\{ a_0(\phi+\pi-\alpha_{in}-\alpha_{ou}) + \dfrac{\delta_0}{2}\left[\phi^2 - (\pi-\alpha_{in}-\alpha_{ou})^2\right]\right\}\sin(\phi+\pi) \\ y_{f,in} = a_{f,in}\sin(\phi+\pi) - \rho_{f,in}\cos(\phi+\pi) \\ \quad = (a_0 + \delta_0\phi)\sin(\phi+\pi) \\ \quad\quad - \left\{ a_0(\phi+\pi-\alpha_{in}-\alpha_{ou}) + \dfrac{\delta_0}{2}\left[\phi^2 - (\pi-\alpha_{in}-\alpha_{ou})^2\right]\right\}\cos(\phi+\pi) \end{cases} \quad (2.53)$$

由平面啮合原理可知，在啮合点 $C_0$ 处有

$$\begin{cases} x_{f,ou} = x_{m,in} = -x_{f,in} + R_{or}\cos\theta \\ y_{f,ou} = y_{m,in} = -y_{f,in} + R_{or}\sin\theta \end{cases} \quad (2.54)$$

式中，$\theta$ 为主轴转角。由平面曲线啮合原理可知，式（2.54）的雅可比行列式为

$$J = \frac{\partial(x_{f,ou}, y_{f,ou})}{\partial(\phi,\theta)} = \begin{vmatrix} \dfrac{\partial x_{f,ou}}{\partial \phi} & \dfrac{\partial y_{f,ou}}{\partial \phi} \\ \dfrac{\partial x_{f,ou}}{\partial \theta} & \dfrac{\partial y_{f,ou}}{\partial \theta} \end{vmatrix} = -(\delta + \rho_{in})(\cos\phi\cos\theta + \sin\phi\sin\theta) = 0 \quad (2.55)$$

由式（2.55）可知，$\theta = \phi + (\pi/2)$，则根据式（2.49）可得主轴偏心量方程为

$$R_{or} = a_0(\pi - \alpha_{in} - \alpha_{ou}) - \frac{\delta}{2}(\pi - \alpha_{in} - \alpha_{ou})^2 \quad (2.56)$$

3）变基圆渐开线涡旋齿的工作腔容积

图 2.22 为变基圆渐开线形成的月牙形工作腔容积的轴向投影，令工作腔面积为 $S_1$，动涡盘外型线与变基圆围成的面积为 $S_2$，动涡盘外型线变基圆面积为 $S_b$，静涡盘内型线围成的面积为 $S_z$，则有

$$S_z = S_1 + S_2 + S_b \quad (2.57)$$

一对相互啮合的渐开线，在啮合点处具有相同的基圆半径，并且啮合点处的法线共线，因此将动涡盘外型线沿啮合点法线方向平移 $R_{or}$ 的距离，如图 2.22（b）所示，此时静涡盘内型线围成的面积为

$$S_z = S_1' + S_2 + S_b + S_s \quad (2.58)$$

因此，工作腔面积为

$$S_1 = S_1' + S_s \quad (2.59)$$

式中，$S_1'$ 为静涡盘内型线和动涡盘外型线与变基圆围成的面积之差，即

$$S_1' = S_{m,in} - S_{f,ou} \quad (2.60)$$

根据式（2.46），则有

$$S_{\text{m,in}} = S_{\text{in}}(\phi_{\text{m,in},1}) - S_{\text{in}}(\phi_{\text{m,in},2})$$

$$= \frac{1}{2}\left[ R_{\text{or}}^2\left(\phi_{\text{m,in},1} - \phi_{\text{m,in},2}\right) + a_0 R_{\text{or}}\left(\phi_{\text{m,in},1}^2 - \phi_{\text{m,in},2}^2\right) + \frac{a_0^2}{3}\left(\phi_{\text{m,in},1}^3 - \phi_{\text{m,in},2}^3\right) \right.$$

$$\left. + \frac{2R_{\text{or}}\delta_0}{(k+1)(k+2)}\left(\phi_{\text{m,in},1}^{k+2} - \phi_{\text{m,in},2}^{k+2}\right) + \frac{2a_0\delta_0}{(k+1)(k+3)}\left(\phi_{\text{m,in},1}^{k+3} - \phi_{\text{m,in},2}^{k+3}\right) \right. \quad (2.61)$$

$$\left. + \frac{\delta_0^2}{(2k+3)(k+1)^2}\left(\phi_{\text{m,in},1}^{2k+3} - \phi_{\text{m,in},2}^{2k+3}\right) \right]$$

同理，对于动涡盘外型线与变基圆围成的面积 $S_{\text{f,ou}}$，可得

$$S_{\text{f,ou}} = S_{\text{ou}}(\phi_{\text{f,ou},1}) - S_{\text{ou}}(\phi_{\text{f,ou},2})$$

$$= \frac{1}{2}\left[ \frac{a_0^2}{3}\left(\phi_{\text{f,ou},1}^3 - \phi_{\text{f,ou},2}^3\right) + \frac{2a_0\delta_0}{(k+1)(k+3)}\left(\phi_{\text{f,ou},1}^{k+3} - \phi_{\text{f,ou},2}^{k+3}\right) \right. \quad (2.62)$$

$$\left. + \frac{\delta_0^2}{(2k+3)(k+1)^2}\left(\phi_{\text{f,ou},1}^{2k+3} - \phi_{\text{f,ou},2}^{2k+3}\right) \right]$$

那么 $S_1'$ 为

$$S_1' = \frac{1}{2}\left\{ R_{\text{or}}^2\left[\left(\theta - \frac{\pi}{2}\right) - \left(\theta - \frac{5\pi}{2}\right)\right] + a_0 R_{\text{or}}\left[\left(\theta - \frac{\pi}{2}\right)^2 - \left(\theta - \frac{5\pi}{2}\right)^2\right] \right. \quad (2.63)$$

$$\left. + \frac{2R_{\text{or}}\delta_0}{(k+1)(k+2)}\left[\left(\theta - \frac{\pi}{2}\right)^{k+2} - \left(\theta - \frac{5\pi}{2}\right)^{k+2}\right] \right\}$$

对于面积 $S_s$，由图 2.22 可知

$$S_s = R_{\text{or}} l_1 = R_{\text{or}}\left[a(\phi_{\text{f,ou},2}) - a(\phi_{\text{f,ou},1})\right] = R_{\text{or}}\left\{\left[a_0 + \delta_0\left(\theta - \frac{5\pi}{2}\right)^k\right] - \left[a_0 + \delta_0\left(\theta - \frac{\pi}{2}\right)^k\right]\right\}$$

$$= R_{\text{or}}\delta_0\left[\left(\theta - \frac{5\pi}{2}\right)^k - \left(\theta - \frac{\pi}{2}\right)^k\right] \quad (2.64)$$

由上述可知，变基圆渐开线型线的工作腔面积 $S_1$ 为

$$S_1 = S_1' + S_s = \frac{1}{2}\left\{ R_{\text{or}}^2\left[\left(\theta - \frac{\pi}{2}\right) - \left(\theta - \frac{5\pi}{2}\right)\right] + a_0 R_{\text{or}}\left[\left(\theta - \frac{\pi}{2}\right)^2 - \left(\theta - \frac{5\pi}{2}\right)^2\right] \right.$$

$$\left. + \frac{2R_{\text{or}}\delta_0}{(k+1)(k+2)}\left[\left(\theta - \frac{\pi}{2}\right)^{k+2} - \left(\theta - \frac{5\pi}{2}\right)^{k+2}\right] \right\} \quad (2.65)$$

$$+ R_{\text{or}}\delta_0\left[\left(\theta - \frac{5\pi}{2}\right)^k - \left(\theta - \frac{\pi}{2}\right)^k\right]$$

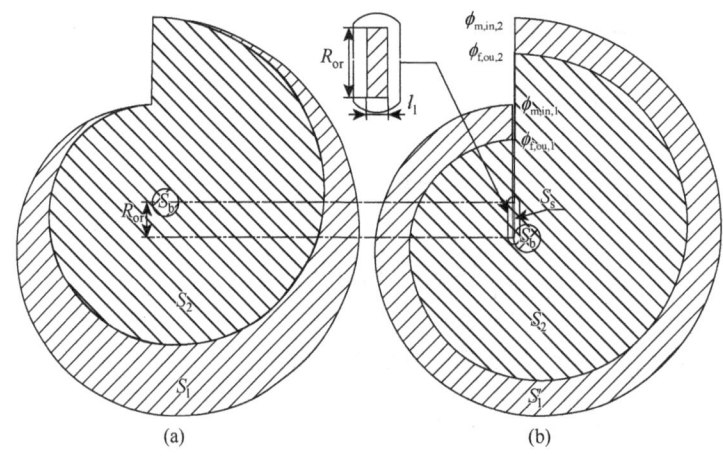

图 2.22 变基圆渐开线形成的内、外型线

## 2.4 干式涡旋真空泵的主要结构

干式涡旋真空泵多采用涡旋体公转型结构,其中一个不动的涡旋盘为静涡盘,另一个绕静涡盘公转平动的涡旋盘为动涡盘,在结构上还包括保证动涡盘绕静涡盘做公转平动的传动机构(轴系传动机构和防自转机构)、驱动装置、支架体以及附件等。

### 2.4.1 典型干式涡旋真空泵的基本结构

作为容积式真空泵的一种,干式涡旋真空泵通过工作腔容积变化来达到抽气目的。干式涡旋真空泵是在涡旋压缩机的基础上研究发展出的一种涡旋式流体机械。在涡旋压缩机的结构中,常采用单侧结构,压缩部分由涡旋转子与定子组成,不论是转子还是定子,均只有一侧有涡旋体。单侧结构适用于转矩较大、抽速较小的工况,在真空泵应用中,通常转矩需求较小而抽速要求较大。因此,在转速一定的前提下,干式涡旋真空泵需要增加压缩腔的容积以满足提高抽速的要求。由于涡旋体高度和涡旋体圈数的增大均不能很好地满足真空泵使用要求,现代干式涡旋真空泵常使用双侧结构的转子。

图 2.23 为某典型干式涡旋真空泵的结构示意图[1],主要包括曲轴、静涡盘(左静涡盘、右静涡盘)、动涡盘、防自转机构、吸气口及排气口几部分,零部件数量少,结构较为简单。

干式涡旋真空泵的核心是由动、静涡盘啮合组成的涡盘副,如图 2.24 所示。涡旋盘是由一条或几条渐开线构成的一个涡旋型盘状结构体,动、静涡盘相互以 $\Phi = \pi/n_0$($n_0$ 为渐开线条数)的相位差组成一对涡盘副机构。其中,静涡盘固定于机架上,位于转子两侧,动涡盘安装于曲轴的偏心部分,受防自转机构的限制随曲轴的旋转以主轴偏心量 $R_{or}$ 绕静涡盘中心做平动运动。一般由三个主轴偏心量同为 $R_{or}$ 的小曲轴构成防自转机构,均布在涡旋体的外圆周侧,小曲轴一端与动涡盘相连,另一端与静涡盘相连。

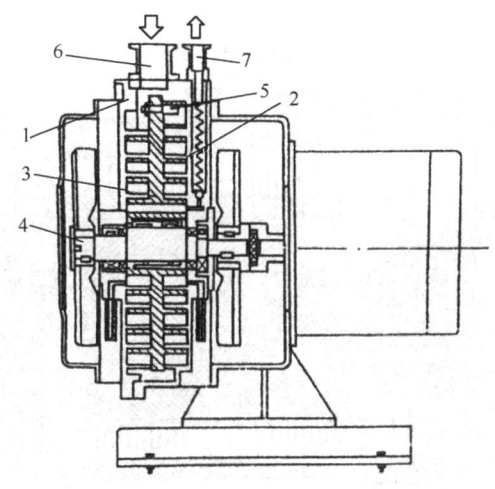

图 2.23 干式涡旋真空泵结构示意图

1-左静涡盘;2-右静涡盘;3-动涡盘;4-曲轴;5-防自转机构;6-吸气口;7-排气口

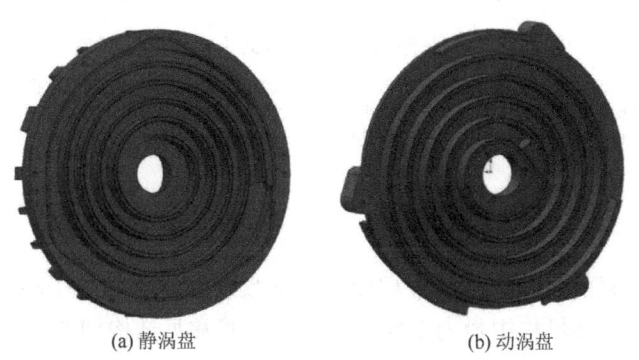

(a) 静涡盘　　　　　　　　(b) 动涡盘

图 2.24 干式涡旋真空泵涡旋盘结构示意图

### 1. 驱动与传动结构

干式涡旋真空泵的传动机构分为以下两种：一是主轴旋转机构，用于传递动力；二是防自转机构，用于保证动涡盘保持平动。

在面对不同应用场景时，涡旋压缩机可分别采用电机直联（全封闭式结构或开启式结构）或带传动（汽车空调用涡旋压缩机）方式，但干式涡旋真空泵一般都采用电机直联驱动。

干式涡旋真空泵通常设计为开启式结构，即电机被隔离在泵体以外，主轴伸出端与电机转子上伸出的短轴直联。这种情况下，一般取弹性连接方式以缓和电机转子中心线与主轴中心线装配时造成的同轴度误差[20]。干式涡旋真空泵较少设计为全封闭结构，通常只有采用波纹管密封电机（图 2.25）时[21]才采用电机转子与压缩机曲轴直接套装连接。这种情况下，电机转子与主轴通过键或过盈配合方式相连接，也可以是键与过盈配合同时使用。电机转子内孔和主轴外径的过盈量与电机功率大小有关，传递较大功率时选取较大的过盈量，传递功率较小时选取较小的过盈量，一般过盈量取 0.015~0.05mm[20]。

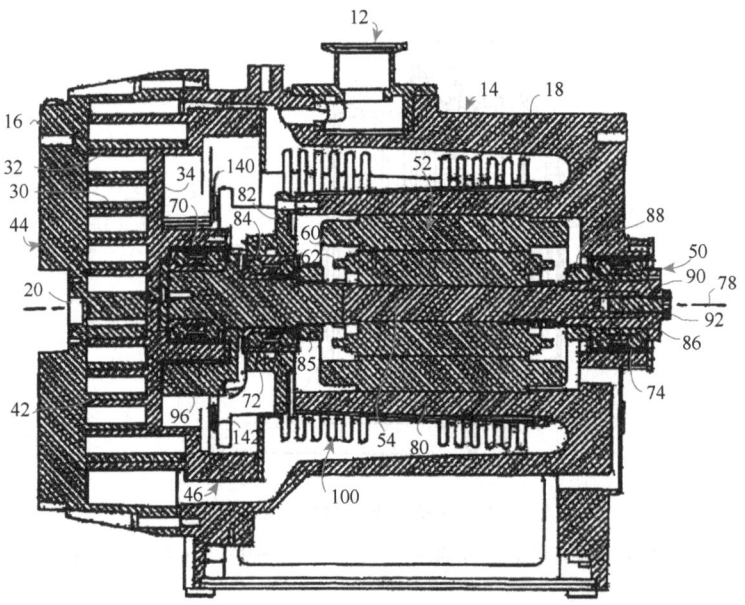

图 2.25 一种采用波纹管密封的干式涡旋真空泵

12-吸气口；14-泵壳；16-静涡盘底；18-框架；20-排气口；30-定涡旋齿；32-动涡旋齿；34-动涡盘底；42-密封件；44-静涡盘；46-动涡盘；50-驱动机构；52-电机；54-主轴；60-电机定子；62-电机转子；70-轴承；72、74-主轴承；78-回转轴线；80-中心毂部；82-环；84-孔；85、88-螺母；86-轴承套；90-螺栓；92-锁紧螺母；96-配重；100-波纹管组件；140、142-曲柄

## 2. 主轴机构

干式涡旋真空泵的吸气、排气过程通过动涡盘绕静涡盘中心平动实现，偏心主轴成为干式涡旋真空泵传动机构中最为重要的一部分，其常见结构如图 2.26 所示。

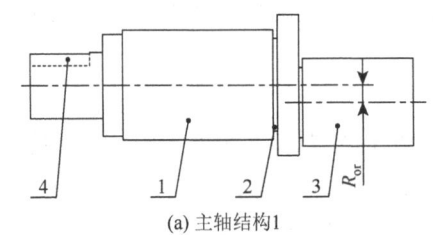

(a) 主轴结构1

1-主轴；2-退刀槽；3-偏心段；4-键槽

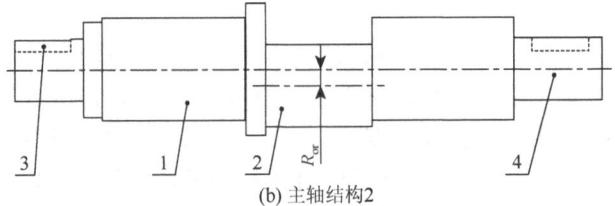

(b) 主轴结构2

1-主轴；2-偏心段；3-键槽；4-主轴风扇段

图 2.26 偏心主轴结构

图 2.26 中 $R_{or}$ 为主轴偏心量,即曲轴偏心段中心线偏离主轴中心线的距离,也是动涡盘平动转动半径。

偏心主轴通常为钢件,常见牌号有 40Cr、45 钢等,可利用调质、渗碳或高频淬火等处理手段提高主轴硬度。特殊情况下也可以使用 60Mn、Gr15 等作为主轴材料,来提高主轴的强度。

不同设计结构的干式涡旋真空泵的涡旋盘工作原理是相同的,但其传动机构的具体结构随设计结构变化而不同。

当干式涡旋真空泵设计为典型结构,即双侧涡旋盘、双侧散热风扇时(图 2.23),其主轴结构通常如图 2.26(b)所示;当干式涡旋真空泵设计为单侧涡旋盘或单侧散热风扇时,其主轴结构通常如图 2.26(a)所示。

当主轴与电机外伸轴采用弹性联轴器连接或主轴通过键直接连接电机转子时,干式涡旋真空泵主轴可采用图 2.26(a)所示的结构;当采用电机转子与真空泵曲轴直接套装连接结构时,主轴电机侧轴段应设计为较长轴段,此轴段与电机转子间为过盈配合,过盈量与主轴传递的转矩大小相关,转矩越大过盈量越大。

一般情况下,主轴偏心段并不直接驱动动涡盘运动,而是依靠动涡盘内部的滚动轴承驱动,轴承的外表面才是动涡盘的真正驱动面。

作为一种干式真空泵,其主轴上应设置相应密封、隔油结构,如可以设置用于安装 O 形密封圈的密封槽等。考虑不同结构的需求与加工工艺,主轴上可以留有砂轮越程槽、螺纹退刀槽等。

#### 3. 防自转机构

当公转式涡旋流体机械运转时,动、静涡盘需要保证在任一时刻二者均以一定的主轴偏心量 $R_{or}$、相位差 $2\pi/n_0$($n_0$ 为渐开线条数)啮合,即相对公转平动,才能形成月牙形工作腔,达到吸气、压缩、排气的工作过程。防自转机构的主要作用是防止动涡盘绕自身中心的旋转运动。由于压缩气体切向力作用,动涡盘产生公转阻力矩和自转力矩,防自转机构即用于克服自转力矩。防自转机构的结构形式与性能好坏直接影响转子的运动特性,进而影响干式涡旋真空泵的性能。

从机构学角度分析[5],所有防自转机构的工作原理都相同,即平行四连杆机构原理,如图 2.27 所示,转子的运动规律与平动连杆 2 的运动规律相同。驱动连杆 1、随动连杆 3 的长度与定、转子间的偏心量 $R_{or}$ 相同,也就是主轴偏心量。驱动连杆 1 相当于同电机相连的偏心曲轴,随动连杆 3 随曲轴一起运动,且不论运动到什么位置,二者的瞬时角速度均相等。

常见的防自转机构如下。

1)十字滑环

十字滑环由一对完整的有凹凸槽的环装配在一起,其常用结构如图 2.28 所示,十字滑环不在同一方向的四个键(每个方向各两个)应绝对垂直,

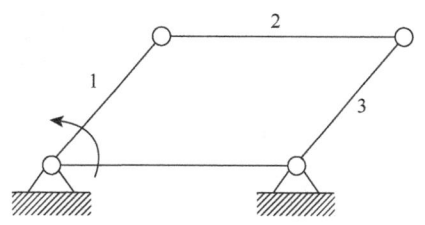

图 2.27 平行四连杆机构

1-驱动连杆;2-平动连杆;3-随动连杆

四个键又分别与动涡盘、支架上的滑槽构成摩擦面。因此，对十字滑环有一定的刚度和硬度要求，十字滑环的硬度不能与动涡盘及支架的硬度相差太多，否则摩擦副的磨损会加剧。

十字滑环具有刚性好、结构简单、便于润滑以及工艺性好、易装配等特点，常用于涡旋压缩机中。但由于其运动时存在往复惯性力，以及结构尺寸较大时易引起振动噪声等，同时考虑十字滑环机构的润滑问题，较少应用于干式涡旋真空泵。

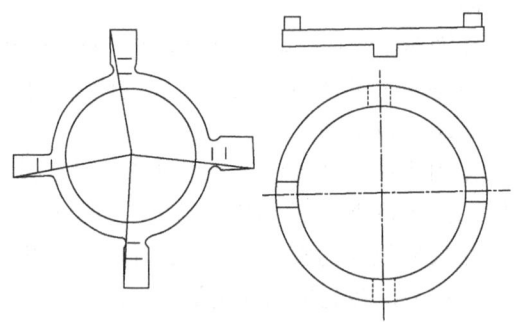

图 2.28　常见的十字滑环结构

2）球形联轴节

球形联轴节又称滚珠防自转机构，如图 2.29 所示，其结构类似于推力球轴承，由两块主要几何参数相同的带孔板以一定中心距将钢球卡在孔中组合而成，一块带孔板固定在动涡盘背面，另一块带孔板一般固定于支架上。球形联轴节既具有轴向推力轴承可以承载动涡盘上轴向气体作用力的特点，又可以防止动涡盘自转。但其结构较为复杂，制造、装配要求较高，同时单个钢球容易受力不均，常用于汽车空调用涡旋压缩机中，不适合应用在双侧结构的干式涡旋真空泵上。

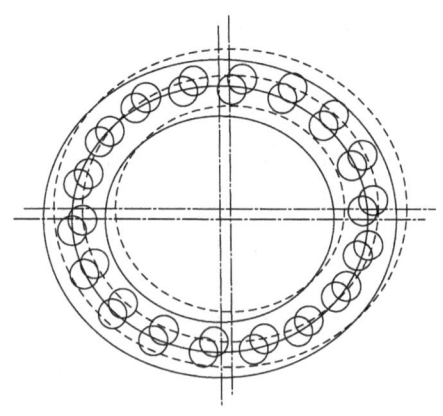

图 2.29　球形联轴节结构

3）圆柱销

圆柱销防自转机构利用固定在动涡盘背面圆周上的三个均布圆柱销配合定子外圆周

的三个孔，可以防止动涡盘的自转运动，其结构如图 2.30 所示。这种防自转机构具有结构简单、易于装配、便于润滑等优点，但它的最大缺点是三个圆柱销与相应的三个圆柱槽的加工精度要求很高，特别是位置精度不能满足时，会造成圆柱销与圆柱槽之间产生很大挤压力，严重时可能导致涡旋流体机械无法工作。因此，在涡旋压缩机的实际应用中，很难见到用三个圆柱销作为防自转机构的实例，为了调整圆柱销的瞬时受力，一般都设计为均匀分布的六个圆柱销。

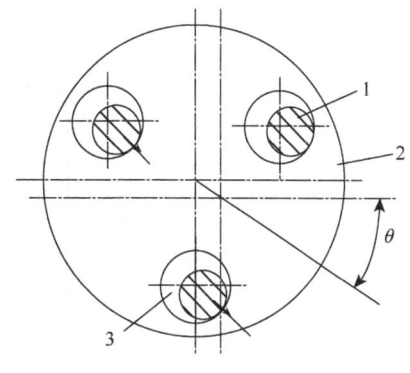

图 2.30　圆柱销结构
1-销；2-动涡盘；3-孔

4) 曲柄销

曲柄销的一端插入转子背面的销孔中，另一端插入静涡盘或支架上的销孔中，均匀分布的三个或三个以上数量的曲柄销组成涡旋流体机械的曲柄销式防自转机构，如图 2.31 所示。每一个曲柄销运动中始终保持与曲轴相同的相位。其实，任一曲柄销都是一个小曲轴，它的偏心量与主轴偏心量 $R_{or}$ 保持一致，转动时保持与主轴同步。

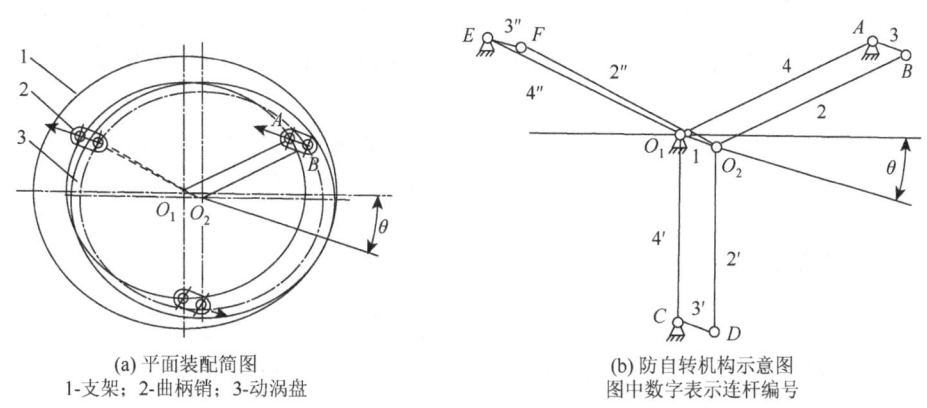

(a) 平面装配简图
1-支架；2-曲柄销；3-动涡盘

(b) 防自转机构示意图
图中数字表示连杆编号

图 2.31　曲柄销结构

由三个曲柄销组成的防自转机构可以简化为仅有一个驱动轴的三个四连杆机构[22]。与十字滑环结构相比，由移动副变为转动副，减少了摩擦损失；与圆柱销结构相比，受力减少一半。

曲柄销具有结构简单、体积小、质量轻、易于装配、转动灵活等优点，但在实际应用中需要保证曲柄销的偏心量与主轴偏心量尺寸一致。同时，实际应用中为了改善润滑等问题，可在销孔中设置滚针轴承、微型球轴承等提高运行稳定性与寿命。

5) 波纹管

英国 Edwards 公司推出的一款风冷式全封闭干式涡旋真空泵，如图 2.32 所示，其最大特点在于动涡盘与壳体之间通过金属波纹管进行连接，这种波纹管连接结构不仅提供了密封作用，还能防止动涡盘自转。

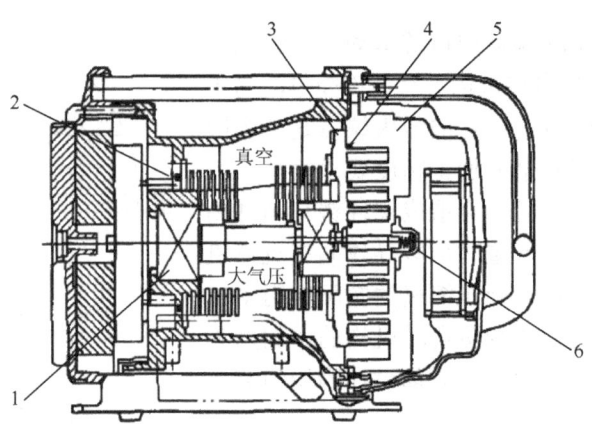

图 2.32 风冷式全封闭干式涡旋真空泵
1-轴承;2-静密封;3-动涡盘;4-密封条;5-静涡盘;6-排气阀

波纹管结构将泵内的真空环境与泵内轴承和外界环境进行了隔离,使密封真空腔的密封圈为静密封,这样达到了泵腔内完全无油的目的;波纹管结构提供了防止动涡盘自转的作用,替代了常用的小曲轴防自转机构,使结构更紧凑;波纹管结构可以根据动涡盘受力的变化提供轴向和径向的补偿;波纹管的扭动,增大了扭矩,增加了电机功率。

除了上述几种防自转机构,涡旋流体机械还可以利用零齿差齿轮达到防止动涡盘自转的目的,但由于加工装配精度要求较高,很少有应用的实例。

4. 轴承与支撑

干式涡旋真空泵一般采用卧式结构,可以避免主轴及电机转子等零部件的重力引起主轴的轴向窜动。考虑不同设计结构,干式涡旋真空泵有多种支撑布局方案,如图 2.33 所示。

封闭式干式涡旋真空泵由于主轴与电机转子直联,所以可以设置两组支撑,这两组支撑跨过电机转子,轴向距离较远,如图 2.33(a)所示。开启式干式涡旋真空泵依据散热风扇个数不同可分为双侧风扇和单侧风扇。转子双侧均设置散热风扇的两组支撑跨过涡旋转子,设置在两静涡盘的中心,如图 2.33(b)所示;只在电机侧设置散热风扇的干式涡旋真空泵由于主轴不穿过前方的涡旋定子,只在电机侧的涡旋定子中心或机架上布置轴向距离很近的两组支撑,如图 2.33(c)所示。

干式涡旋真空泵中轴承一般选用滚动轴承,依据功能的不同可选用不同类型的轴承。为主轴提供支撑位置的轴承一般选用深沟球轴承或角接触球轴承,驱动动涡盘运动的一般可以选择深沟球轴承,防自转机构中为改善性能可以选用滚针轴承或微型深沟球轴承。

卧式支撑的主轴仍然有轴向窜动问题,一般可以通过增加波形弹簧在对滚动轴承进行预紧的同时限制主轴的轴向窜动。

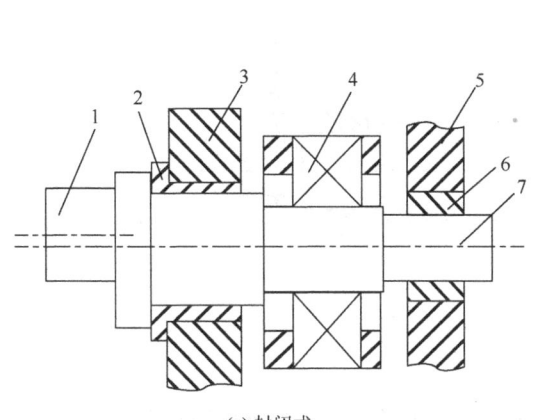
(a) 封闭式

1-曲柄销；2-主轴承；3-支架；4-电机；5-轴承座；
6-辅助支撑；7-主轴

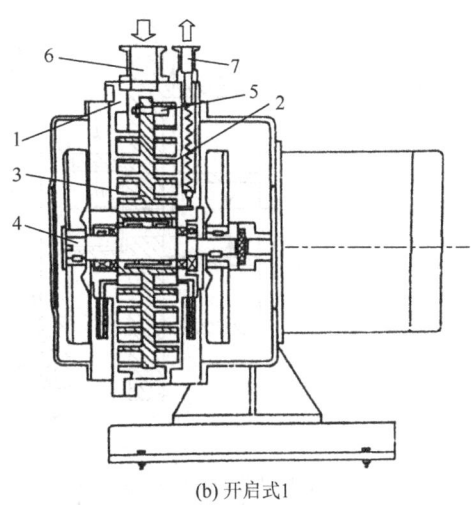
(b) 开启式1

1-左静涡盘；2-右静涡盘；3-动涡盘；4-曲轴；
5-防自转机构；6-吸气口；7-排气口

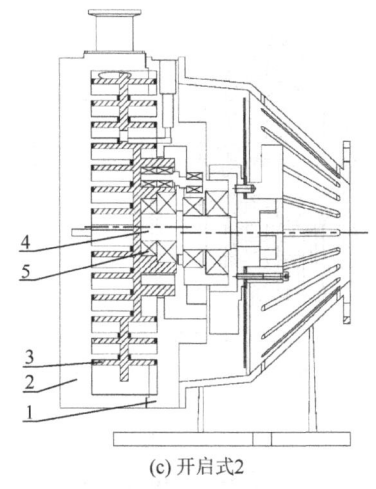
(c) 开启式2

1-右静涡盘；2-左静涡盘；3-动涡盘；4-曲轴；5-轴承

图 2.33 干式涡旋真空泵的支撑示意图

## 5. 动平衡

涡旋流体机械的转子受偏心曲轴驱动做平动运动，工作时产生的离心力作用在曲轴偏心段上会引起主轴受力的不平衡。因此，需要在主轴上设计平衡块对主轴进行离心力平衡。

动涡盘的质心与小平衡块的质心同处于主轴的偏心方向，即曲柄销一侧，而大平衡块的质心方向与其相反。受结构设计的限制，为平衡转动惯性力，涡旋流体机械均需设立两个平衡块。

平衡块的安装位置和方式视轴的具体结构形式而定。对于主轴只穿过单侧静涡盘的干式涡旋真空泵，其平衡块的安装位置类似于涡旋压缩机。根据具体结构的不同，两个平衡块可以分别设置在电机转子两侧，也可以都设计在电机与静涡盘间，如图 2.34 所示。此种平衡块提供离心力的部分一般设计为如图 2.35 所示的形式。

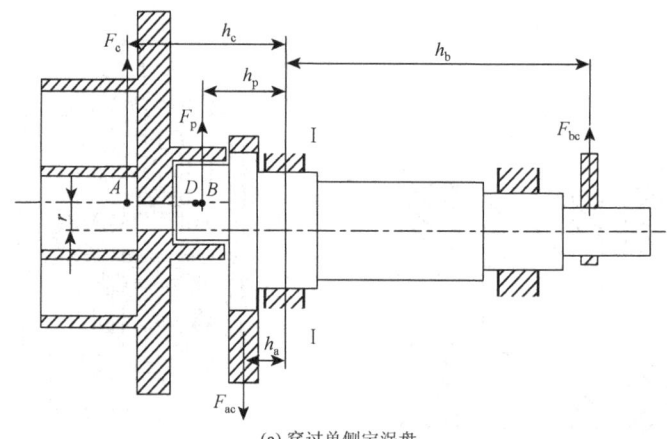

(a) 穿过单侧定涡盘

$r$-偏心量；$F_c$-动涡盘惯性力；$F_p$-曲柄销惯性力；$F_{ac}$-主平衡重产生的惯性力；$F_{bc}$-副平衡重产生的惯性力；$h_a$-主平衡重离主轴支撑点Ⅰ-Ⅰ平面的距离；$h_b$-副平衡重离主轴支撑点Ⅰ-Ⅰ平面的距离；$h_p$-曲柄销中心离主轴支撑点Ⅰ-Ⅰ平面的距离；$h_c$-动涡盘质心离主轴支撑点Ⅰ-Ⅰ平面的距离

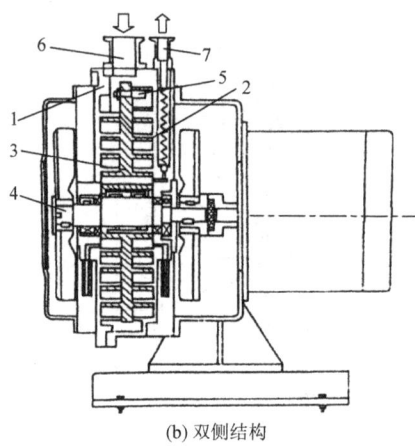

(b) 双侧结构

1-左静涡盘；2-右静涡盘；3-动涡盘；4-曲轴；5-防自转机构；6-吸气口；7-排气口

图 2.34 平衡块位置

如图 2.34（b）所示，主轴穿过两个静涡盘的干式涡旋真空泵，只要在主轴偏心段的两端分别添加质量块就可以平衡转子和主轴偏心段产生的离心力，图中平衡块由冷却风扇兼做。

6. 排气阀与气镇

1）排气阀

排气阀是真空泵的主要易损件之一，同时也影响泵的抽气性能与气动噪声。干式涡旋真空泵的排气阀为逆止阀，其主要有以下几种结构。

（1）阀片类。

阀片类排气阀的结构如图 2.36（a）所示，可以采用橡胶垫或弹簧钢片作为阀片，在阀上设置限位板。当腔内气体压力达

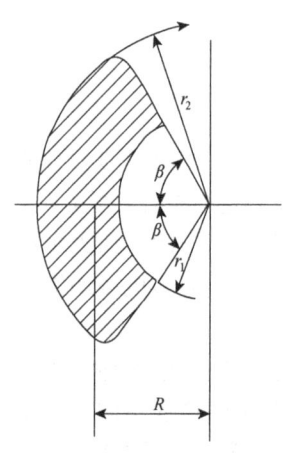

图 2.35 平衡块形状

到排气压力时,压缩气体推开阀片,排入大气。

(2) 活塞类。

活塞类排气阀的结构如图 2.36(b) 所示,由上至下依次设有相互抵接的排气适配器、排气弹簧、阀导向块、阀内弹簧及阀,其中阀抵接于连接在月牙形工作腔上的排气通道。排气通道越短,越可以减少压缩气体的残留并降低气流脉动冲击,减小噪声。

由于干式涡旋真空泵实际工作时泵口处的气体压力变化较大,一般均在泵上设置一个或多个辅助排气阀。辅助排气阀的作用是在吸气口压力较高、被抽气体在未达到位于压缩终了处的排气通道已被压缩达到排气压力时,辅助排气阀打开,部分高压气体经由辅助排气阀排出,剩余气体继续压缩通过排气阀排出泵内。合理设置辅助排气阀的数量与位置可以有效地改善干式涡旋真空泵的过压缩现象,减少功率损失。

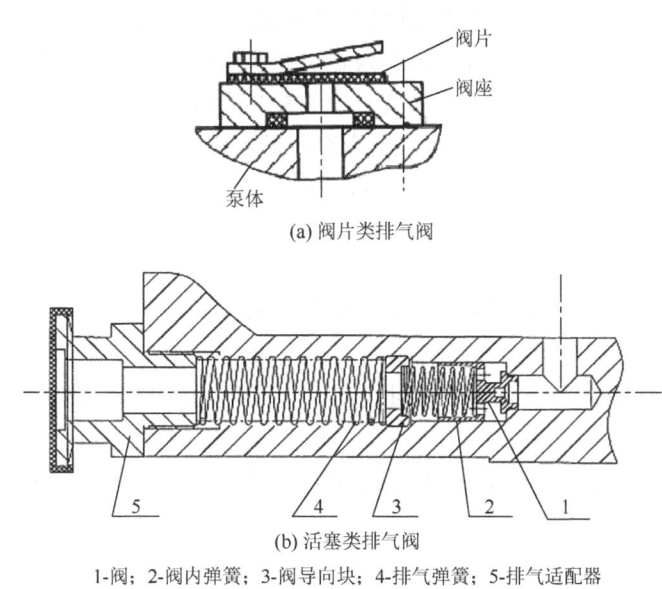

1-阀;2-阀内弹簧;3-阀导向块;4-排气弹簧;5-排气适配器

图 2.36 排气阀结构

2) 气镇原理与结构

通常,泵抽除的气体多为永久性气体和可凝性气体的混合物。泵上可以设置气镇阀用于抽除可凝性气体。在压缩与排气过程中,当可凝性气体的气体分压超过泵温下该气体的饱和蒸气压时,可凝性气体将凝结并滞留在泵腔内,随月牙形工作腔的变化而反复蒸发、凝结。特别是在即将开始排气的终了工作腔,当后一工作腔中的气体冲击到凝结在壁面的液体时,容易对泵造成冲击和损害,降低泵的抽气性能。

此时,可以选用气镇法(或称掺气法)防止可凝性气体的凝结,即在压缩过程中将经过控制的永久性气体(通常为室温下干燥空气)经由气镇孔掺入被压缩气体中,使可凝性气体分压达到泵温时的饱和蒸气压之前,被抽气体就已经达到排气压力,排气阀或辅助排气阀打开,将可凝性气体与永久性气体一同排出。

气镇阀(掺气阀)结构如图 2.37 所示。节流阀控制掺入气体量,逆止阀防止泵内气体高于掺气压力时出现返流。

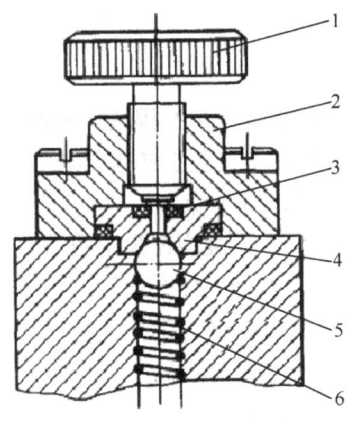

图 2.37 气镇阀结构
1-调节阀；2-气镇阀座；3-密封垫；
4-挡块；5-钢球；6-弹簧

为改善泵的润滑条件，提高苛刻抽气条件下泵的性能，扩大泵的应用范围，干式涡旋真空泵还可以选配多种配件，如油雾捕集器、尘粒过滤器、消声器等。随着技术进步与工艺要求的提高，干式涡旋真空泵的结构将更加完善，性能将进一步提高，应用将更加广泛。

### 2.4.2 干式涡旋真空泵的密封

由于干式涡旋真空泵气流通道中没有油类或密封液体作为介质，主要依靠涡旋盘间相对运动形成的月牙形工作腔将被抽气体排出，从而完成一个工作过程。因此，密封问题成为影响干式涡旋真空泵极限压力的最主要问题。干式涡旋真空泵的密封主要有齿顶密封和径向啮合间隙处的密封，即齿侧密封[23]。由于干式涡旋真空泵的工作腔容积是连续变化的，相邻月牙形工作腔之间的压差较小，从而降低了密封的难度。

1. 轴向间隙和齿顶密封

轴向间隙包括动、静涡盘的齿顶与端面之间形成的间隙。通常在动、静涡盘齿顶开设密封槽，嵌入由特殊密封材料制成的密封条来实现轴向密封，其结构如图 2.38 所示。由于涡旋盘底面与密封条存在相对运动，因此要求材料具有较好的耐磨性与耐高温性。对于双侧干式涡旋真空泵，动涡盘两侧工作腔的压力差也会导致运转过程中轴向间隙的改变，同时泵运转中密封条在磨损后也需要补偿，因此对密封材料还有弹性上的要求。

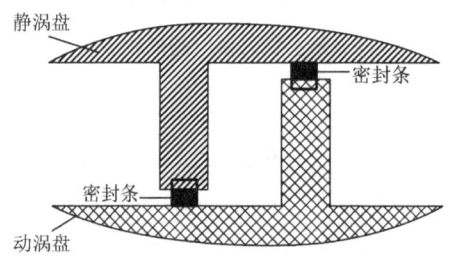

图 2.38 齿顶密封结构

目前的密封条多为单根聚四氟乙烯（polytetrafluoroethylene，PTFE）材料，其失效可能性较大，杨广衍[24]提出一种复合型密封条，该密封条由工程塑料与弹性材料复合而成，可以同时满足对弹性及耐磨性的要求。一种用于干式涡旋真空泵的密封条结构如图 2.39 所示[25]，这种密封结构由 3~5 条纵向薄片弯曲成型组合在一起。巴德纯等[26]也提出一种密封方式，在密封槽中设置弹簧或弹性元件，来达到提高密封效果的目的。

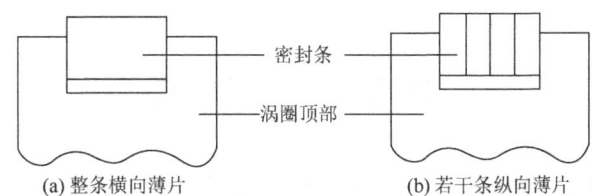

图 2.39 密封条结构

### 2. 径向间隙和齿侧密封

径向间隙指的是动、静涡盘侧壁面间的间隙。齿侧密封通常直接采用间隙密封的方法，因此啮合间隙的大小直接影响径向密封效果，进而影响干式涡旋真空泵的工作性能，如图 2.40 所示。间隙过大会严重影响泵的抽速与极限压力，同时间隙过小可能发生运行过程中由形变导致的卡死现象，因此合理选择间隙大小对干式涡旋真空泵的设计十分重要，既要尽量减小间隙泄漏，又要保证泵能正常运转，还可以通过修正涡旋齿厚[27, 28]控制实际运行间隙，使泵在运转过程中涡旋齿发生变形后的实际径向间隙达到最优间隙。

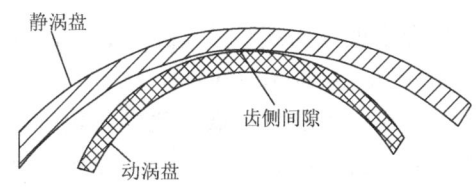

图 2.40 齿侧密封结构

### 3. 轴上动密封

大部分干式涡旋真空泵主轴均穿过转子中心，为了防止涡旋工作腔与外界大气间的泄漏，需要在主轴上设置动密封装置。

主轴上的动密封最常用的为 O 形橡胶圈或 V 形聚四氟乙烯圈，或者选用波纹管结构（图 2.32）。波纹管结构将泵内的真空环境与泵内轴承和外界环境进行了隔离，使密封真空腔的密封圈为静密封，这样达到了泵腔内完全无油的目的。

### 4. 其他结构间隙和密封

双侧结构干式涡旋真空泵两静涡盘间、单侧结构干式涡旋真空泵静涡盘与壳体间、吸排气口与泵体间等机械结合面间由于加工精度、装配精度等会有一定的间隙，这些间隙的密封效果会直接影响干式涡旋真空泵的性能。

由于这些间隙处的密封一般都为静密封，实际应用中一般采用设置密封垫、密封圈的方式进行密封，其静密封的结构设计可以参考有关真空工程设计中的静密封设计方案。

## 2.5 干式涡旋真空泵的应用

半导体、新材料和生物医药等行业的飞速发展对真空获得设备提出了两个新的要求，极限压力要高，同时要获得无油污染的清洁真空环境。为了获得更清洁的真空环境，机械无油真空泵应运而生，目前应用的无油真空泵主要有多级罗茨真空泵、干式螺杆真空泵、爪型真空泵和涡旋真空泵[23]。涡旋真空泵的研制始于20世纪80年代末，1987年三菱电机公司首次成功开发涡旋真空泵，在结构和性能上显示了独特的优势。之后，日本日立、日本岩田、英国Edwards、美国Varian等公司也相继推出了无油涡旋真空泵样机[29,30]。其他机械式真空泵单级泵的极限压力往往较低，因此常采用多级串联的形式，以达到较高的真空度，而涡旋真空泵无须采用多级串联的形式就能达到较高的真空度，因此它在干式真空泵领域有自己独特的优势。

### 2.5.1 干式涡旋真空泵在薄膜工程中的应用

薄膜的制备方法可以分为物理气相沉积法（physical vapor deposition，PVD）和化学气相沉积法（chemical vapor deposition，CVD），物理气相沉积法包括真空蒸镀、离子镀膜、溅射镀膜等，化学气相沉积法包括低压化学气相沉积法、等离子体增强化学气相沉积法、金属有机物化学气相沉积法等[31,32]。干净无污染的真空环境是物理气相沉积法生成薄膜的基础，也是化学气相沉积法生成高质量薄膜的关键之处[33,34]。干式涡旋真空泵可以在大气压下启动，作为预抽泵和前级泵，为薄膜制备提供稳定、清洁的真空环境。

真空蒸镀即真空蒸发镀膜，是制备薄膜最一般的方法。这种方法是把装有基片的真空室抽成清洁无污染的真空，使气体压强达到$10^{-2}$Pa以下，然后加热镀料，使其原子或分子从表面气化逸出，形成蒸气流，入射到温度较低的基片表面，从而凝结成固态薄膜[35,36]。

离子镀膜是在真空条件下，利用气体放电使气体或被蒸发物质电离化，在气体离子或被蒸发物质离子轰击作用的同时，把蒸发物质或其反应物质蒸镀在基片上。

溅射镀膜是在真空室中，利用气体放电使气体电离，其正离子在电场的作用下高速轰击阴极靶体，从而击出阴极靶体的原子或分子，飞向被镀基体表面沉积成薄膜。应用于工业生产的主要溅射镀膜方式有射频溅射、磁控溅射和反应溅射等。

真空工程是薄膜制备技术的基础，薄膜制备的关键之处在于所处环境的真空度，真空度的高低会对薄膜的特性产生较大的影响，获得并保持所需的真空环境是镀膜的必要条件。图2.41为真空镀膜示意图，干式涡旋真空泵可以作为机械真空泵对系统进行预抽，是为薄膜制备提供清洁真空的主要设备之一。

## 第 2 章 干式涡旋真空泵

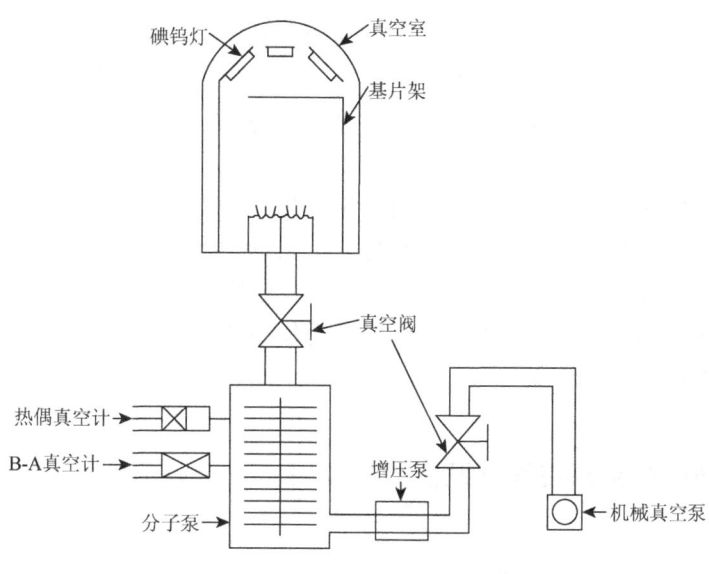

图 2.41 真空镀膜示意图

工程上人们已经将干式涡旋真空泵应用于镀制光学薄膜。光学薄膜的应用无处不在，人们熟悉的光学仪器，如望远镜、显微镜、照相机、测距仪，以及日常生活中的镜子、眼镜、放大镜等，都离不开镀膜技术。光学薄膜是指涉及光在传播路径过程中，附着在光学器件表面的厚度薄并且均匀的介质膜层，利用光通过介质膜层时的反射、透（折）射和偏振等特性，以达到所需的在某一或多个波段范围内的全部透过，或是全部反射，或是偏振分离等各种特殊形态的光。随着科学技术的发展，光学薄膜不再局限于纯光学器件上的应用，在光通信器件与光电器件中也获得了广泛应用。光纤通信技术是实现信息高速传播建设的基础，光学薄膜技术在其中发挥着不可替代的作用，尤其是在光纤通信的无源器件与有源器件中[37]。无源器件是微波射频器件中重要的一类，主要包括电阻、电容、转换器、渐变器、匹配网络和开关等，利用光学薄膜可以对光信号传播特性加以改变；有源器件主要是掺铒光纤放大器（erbium-doped fiber amplifier，EDFA），EDFA 在工作光波中具有不同的增益，在长距离通信中会有十几个甚至几十个 EDFA，会形成严重的增益叠加效果，利用光学薄膜对 EDFA 的增益进行平缓处理，减小增益效果的叠加。

干式涡旋真空泵在微纳和大规模集成电路制造方面也有广泛的应用。现有微电子器件的主要材料是极纯的硅、锗、镓、砷等晶体半导体。纳米电子器件以有机或有机/无机复合晶体薄膜为主要原料，要求纯度更高，结构更完善。清洁的真空环境可以为纳米电子器件的制备提供所需的基本构架。超大规模集成电路（very large scale integrated circuit，VLSI）是一种将大量晶体管组合到单一芯片的集成电路，广泛用于计算机里的控制核心微处理器[38]。在超大规模集成电路的制造过程中，薄膜沉积是关键的步骤，利用高真空磁控溅射镀膜是超大规模集成电路镀膜主要的制备方法，干式涡旋真空泵可以为其提供洁净的真空环境。集成电路经历了中小规模、大规模和超大规模发展阶段，目前正进入甚大规模集成电路阶段。基于超大规模集成电路技术的发展，系统集成芯片技术、微电子机械技术、真空微电子技术、神经网络芯片和生物芯片、砷化镓集成电路、锗硅集成电路、基于量子效应的单电子器件和量子集成电路等，也正在成为 21 世纪人们研究的热点。

在硬质涂层镀制过程中，干式涡旋真空泵也起到了不可替代的作用，硬质涂层是指在刀具、磨具等零部件的表面上涂覆耐磨的 TiC、TiN 或 $Al_2O_3$ 等薄膜层，从而形成表面涂层硬质合金。硬质涂层增加了原有合金的硬度与耐磨性，在一些刀具上进行硬质涂层处理可以减小刀具与工料之间的摩擦系数，从而使刀具的切削力有一定程度的降低，延长刀具的使用寿命。

## 2.5.2 干式涡旋真空泵在医疗设备上的应用

### 1. 干式涡旋真空泵在医疗负压抽气系统中的应用

在医学上，越来越多的治疗方法和手段要用到真空负压抽气系统，干式涡旋真空泵可以为真空负压治疗提供洁净真空环境。

对于免疫组织抗原检测，用以往常规的抗生物素蛋白-生物素-过氧化物酶复合物（avidin-biotin-peroxidase complex，ABC）方法来显示 1 型人乳头瘤病毒（HPV-1）抗原，需要用酶消化处理甲醛固定的石蜡切片，但是这个过程耗时较长，切片容易脱落，或者背景较深[39]。为了改进 ABC 方法，出现了 4℃恒温箱孵育处理，使抗原、抗体更加充分地结合，但容易造成背景染色；用振荡器来振洗切片，使未结合的抗体被彻底清除，但这样会增加切片脱离载片的机会；利用微波技术来加速免疫组化的染色，但操作过程复杂，操作条件严苛。而真空负压 ABC 方法可以很好地解决上述问题，利用真空负压 ABC 方法来显示 HPV-1 抗原，可以增加其敏感性，提高结合率，提高抗体的稀释度，降低成本，还可以减少操作所需时间，简化步骤，免去用蛋白酶消化，提高了染色的成功率。

负压封闭引流（vacuum sealing drainage，VSD）技术是指用含有引流管的聚乙烯酒精水化海藻盐泡沫敷料（VSD 敷料），来覆盖或填充皮肤、软组织缺损的创面，将内部含有多侧孔的引流管置入，再用生物半透膜对之进行封闭，使其形成一个封闭的空间，接通洁净真空负压源，通过持续可控的真空负压来促进创面愈合的一种全新的治疗方法。干式涡旋真空泵可以为 VSD 技术提供一个稳定、连续、可控的洁净真空负压环境。

在糖尿病足的治疗和护理中，传统的换药技术存在创面愈合时间较长甚至难以愈合的问题，而应用 VSD 技术来治疗糖尿病足可以加速伤口愈合，减少换药次数，减轻患者痛苦，并减轻了因暴露创面以及创面异味给患者造成的不适感，避免发生交叉感染，减轻护理工作量，缩短患者的住院时间[40-45]。VSD 技术在脊柱、四肢开放性骨折的治疗中也具有显著的效果，对于脊柱融合术后感染问题，采用真空 VSD 技术能够及时控制感染，防止感染复发[46,47]。结合 VSD 技术的外固定架治疗四肢严重开放性骨折的治疗方案,能够在迅速有效地稳定骨折的同时,安全有效地封闭创面,缩短二期创面修复时间,并且促进骨骼愈合,减少并发症。VSD 技术同时还可以应用于烧伤患者的皮肤清创治疗,以及各种在手术中需要清理血污、飞沫、杂物等治疗过程。

真空负压旋切系统是一种新型的切割肿瘤的仪器,它是通过活检取样探针、控制器及相关软件在洁净真空环境下运行工作的。传统的手术切除创伤面大、恢复慢,并且手术后容易留下疤痕;真空负压旋切系统开辟了一条新途径,其微创、操作简单和术后恢复快的特点,完美契合了患者与医者的需求。在手术切除的过程中,真空负压旋切系统的旋切刀具可以调节大小,自动旋转,在彩超的引导下可以实现连续切割,缩短了手术时间,并且真空负压旋切系统带有麻醉剂通道,用在多病灶切除手术中可以随时补充麻醉剂,以减轻患者的疼痛感。目前应用于临床上的真空负压旋切系统主要有 EnCor、Mammotome 和 Vacora 系统,其中 EnCor 真空负压旋切系统具有更多人性化的设计和更强大的功能[48-57]。

真空负压静脉采血系统是由真空采血管和双向采血针组合而成的,是集采血与盛血为一体的采血系统,真空负压静脉采血不仅缩短了采血时间,提高了检验准确率,减少了患者的痛苦,同时使护士在操作过程中减少与血样的接触,避免了交叉感染。真空采血管内已预抽成相应的洁净真空,干式涡旋真空泵能够为真空采血管提供洁净的真空环境。真空采血管内预加有各种抗凝剂及分离胶,血液与抗凝剂的比例固定,减少了操作误差,并且采血速度快、省力、流量大、不易溶血,能减少患者的恐惧。真空负压静脉采血系统需要洁净的环境,并且对真空度有一定的要求,干式涡旋真空泵能够为其提供洁净的真空环境。

#### 2. 干式涡旋真空泵在蛋白质药物制备中的应用

通常将蛋白质药物制备成固体制剂,是为了使蛋白质药物具有较好的稳定性。制备蛋白质药物最常用的方法是真空冷冻干燥技术。在蛋白质药物制备的真空冷冻干燥过程中,需要时刻保持清洁无污染的真空环境,干式涡旋真空泵根据所需的真空度,可以单独作为抽气系统的主泵或作为抽气系统的预抽泵,图 2.42 为真空冷冻干燥机组的组成示意图。真空冷冻干燥就是将需要干燥的物料在低温下先行冻结至其共晶点以下,使物料中的水分变成固态的冰,然后在适当的真空环境下升华干燥,除去冰晶,待升华结束后再进行解吸干燥,除去部分结合水,从而获得干燥的药品[58,59]。冷冻干燥过程主要可分为预冻、一次干燥(升华干燥)和二次干燥(解吸干燥)三个步骤。与其他干燥方法(如热风烘干、喷雾干燥、蒸发、远红外线烘干、微波干燥等)相比,真空冷冻干燥技术有极大的优越性,体现在以下几个方面:①药液在冻结前分装,剂量准确;②由于在低温、真空状态下完成整个干燥过程,因此保持了生物的活性,尤其是热敏和易氧化的物料;③冻结时被干燥药品可以形成骨架,干燥后能保持圆形,体积几乎不变;④冻干药品疏松多孔,呈海绵状,复水性好,可迅速吸水还原成冷冻干燥之前的状态;⑤药品脱水彻底,能长期保存。

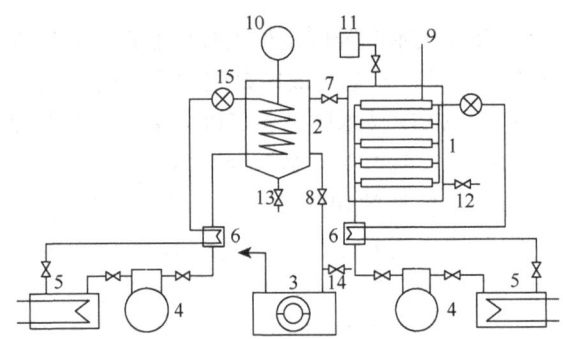

图 2.42 真空冷冻干燥机组的组成示意图

1-冻干箱；2-冷凝器；3-真空泵；4-制冷压缩机；5-水冷却器；6-热交换器；7-冻干箱冷凝器阀门；8-冷凝器真空泵阀门；9-板温指示；10-冷凝温度指示；11-真空计；12-冻干箱放气阀门；13-冷凝器放出口；14-真空泵放气口；15-膨胀阀

### 2.5.3 干式涡旋真空泵在大科学工程和先进仪器上的应用

**1. 干式涡旋真空泵在同步辐射光源中的应用**

同步辐射光源是指产生同步辐射的物理装置，它是一种利用相对论性电子（或正电子）在磁场中偏转时产生同步辐射的高性能新型强光源[60]。同步辐射光源的一个重要部件是光学反射镜，强度高的同步辐射入射到反射镜上，必然会导致许多问题的发生。如果反射镜处在一个含碳氢化合物且真空度较低的环境中，高强度的辐射必然会引起碳氢化合物的分解，造成镜面上覆盖一层裂解的碳，反射率大大降低，因此反射镜需要无碳氢化合物且高真空的环境[61-63]。干式涡旋真空泵可以作为抽气系统中的一部分，为其提供洁净的真空环境。

同步辐射光源的建造及其相关的研究、应用，经历了三代的发展。第一代同步辐射光源的水平发射度只能达到 200nm·rad。随着同步辐射光源的科学价值逐渐被研究学者认同、接受，第二代同步辐射光源迅速替代了第一代，其水平发射度可以达到 100nm·rad 以内。第二代同步辐射光源给科学技术的研究带来了巨大的推动力，加速了第三代同步辐射光源的诞生。第三代同步辐射光源的水平发射度通常都可以达到 10nm·rad，并且借助波荡器和扭摆器的安装，不仅使光谱的耀度提高了几个数量级，而且可以灵活地选择光子的能量和偏振性。

微机械加工技术由于同步辐射光源的应用而有了飞速发展。人们曾经用微电子学的方法制成了一些用于人造卫星、计算机通信、医药及生命科学等方面的微电子机械，如微齿轮、微马达、微型泵等，但造价昂贵，并且由于结构太薄（1~3μm），制造过程极易破碎。采用同步辐射中的 X 射线进行深度光刻，这种微机械的厚度可以达到几百微米而且极其牢固，并且可以使微机械更加精巧、功能更加丰富，还可以用复制的方法大批生产而降低成本。

光刻芯片上的线路密集，必须采用波长合适的光来刻蚀，太长太短都会使图形变模糊；此外，光束的方向还必须是高度集中的，否则也会导致图形的弥散。同步辐射光源具有准直性好、强度高和衍射极小的优点,在光刻芯片中可以大大缩小光刻线的线宽,同步辐射已经可以制造 0.07mm 的芯片,具有很好的实用价值。

同步辐射光源在制造亚微米线宽的大规模集成电路和细微加工中具有突出的优点,是大规模集成电路和细微加工行业的发展趋势。

普通光学显微镜由于分辨率本身的限制,不能看清大小只有几十纳米甚至更小的病毒的形貌或细胞的内部结构;而电子显微镜虽然可以看清一切细胞或病毒的结构,但由于电子必须在真空中运行,而且电子对于水和蛋白质、碳水化合物等的穿透能力几乎相同,所以生物必须进行切片、染色、脱水、干燥才能进入真空室中进行观察,这样生物都成了死物,看到的形象与真实情况不同。利用同步辐射光源的 X 射线显微镜,可以直接观察活生生的细胞或细胞器的超微结构以及内部活动情况。

物质对光的吸收谱线的位置代表着物质微观状态的能量结构,光电子能谱可以判别表面原子的种类和决定表面电子态。利用同步辐射光源的光电子能谱,能够以单色化的同步光作为激发光源,在研究表面材料、界面电子及原子结构时,可以提供对表面极为敏感的信息。

同步辐射光源为研究物质的微观动态结构和各种瞬态过程提供前所未有的手段和机会,为众多前沿科学领域的研究提供一种先进且不可替代的工具。同步辐射光源是具有从远红外到 X 射线范围内的连续光谱、高强度、高度准直、高度极化、特性可精确控制等优异性能的脉冲光源,可用于其他光源无法实现的许多前沿科学技术研究。当今的同步辐射已经成为一个重要的科学研究平台,它的应用领域已经覆盖了物理、化学、生物、材料、医药、地质等众多领域,已经成为衡量一个国家科研水平的重要标准。

**2. 干式涡旋真空泵在超导托卡马克装置中的应用**

托卡马克(Tokamak)是一种利用磁约束来实现受控核聚变的环形容器,其名字来源于环形(toroidal)、真空室(kamera)、磁体(magnet)、线圈(kotushka),最初是由位于莫斯科的库尔恰托夫研究所的阿齐莫维齐等在 20 世纪 50 年代发明的。托卡马克的中央是一个环形的真空室,外面缠绕着线圈。在通电的时候托卡马克的内部会产生巨大的螺旋形磁场来约束等离子体,并通过微波加热、中性束加热等方法,将其中的等离子体加热到很高的温度,以达到核聚变的目的[64, 65]。

先进实验超导托卡马克(experimental advanced superconducting Tokamak,EAST)是中国科学院等离子体物理研究所自主设计建造的世界上首个非圆截面全超导托卡马克核聚变实验装置。EAST 抽运机组配置如图 2.43 所示,干式涡旋真空泵可以作为前置机械真空泵来对真空系统进行预抽,并且也可以作为罗茨真空泵的前级泵。

EAST 的建造具有十分重大的科学意义,它不仅是一个全超导托卡马克,而且会改善等离子体约束状况的非圆截面的等离子体位形,它的建成使我国成为世界上少数几个拥有这种类型超导托卡马克装置的国家,使我国磁约束核聚变研究进入世界前沿。在 EAST 装置建成后,能对稳态先进的托卡马克核聚变堆的前沿性物理问题开展探索性的实验研究,并使我国在人类开发清洁而又无限的核聚变能领域做出了重大贡献。

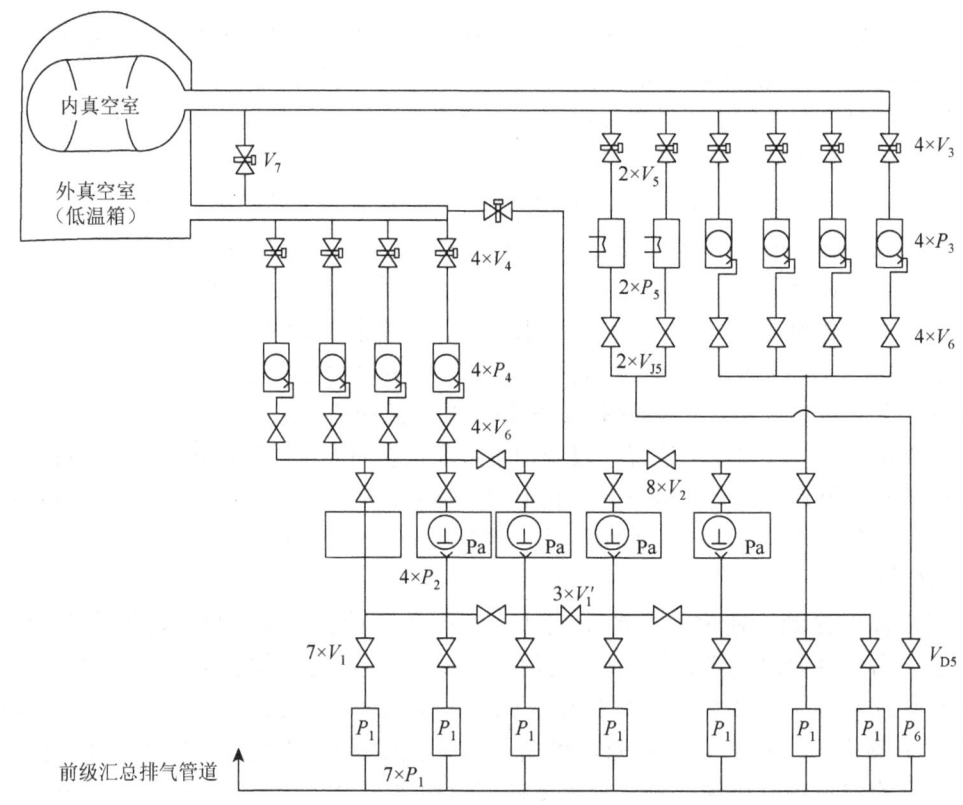

图 2.43 EAST 抽运机组配置示意图

$P_1$-前置机械真空泵 2X-70；$P_2$-罗茨真空泵 ZJ-600；$P_3$-分子泵 F400；$P_4$-分子泵 F250；$P_5$-低温泵；$P_6$-机械真空泵（如涡旋真空泵 15L/s）；$V_1$-电磁阀 DDC-JQ80；$V_1'$-蝶阀 JIQ-100；$V_2$-蝶阀 JIQ-200；$V_3$-闸阀 ZBFQ-400；$V_4$-闸阀 ZBFQ-250；$V_5$-闸阀 ZBFQ-300；$V_{D5}$-电磁阀 DDC-JG50；$V_{J5}$-电磁阀 GDC-J50；$V_6$-角阀 GDQ-J65；$V_7$-闸阀 ZBFQ-150

### 3. 干式涡旋真空泵在扫描电子显微镜中的应用

扫描电子显微镜是介于透射电镜和光学显微镜之间的一种观察微观形貌的显微镜，可直接利用样品表面材料的物质性能进行微观成像。扫描电子显微镜由电子光学系统、信号收集系统、显示系统、真空系统及电源系统组成，真空系统主要包括真空泵和真空柱两部分。扫描电子显微镜之所以要有真空系统是因为：①电子束系统中的灯丝在普通大气中会迅速氧化，在使用时需要抽成真空；②高真空增大了电子的平均自由程，使用于成像的电子更多[66-68]。图 2.44 为扫描电子显微镜的真空系统示意图，干式涡旋真空泵可以作为抽气系统的前置机械真空泵及前级泵。

扫描电子显微镜广泛应用于材料研究中，例如，材料剖面的特征、零部件内部的结构及损伤的形貌都可以借助扫描电子显微镜来判断和分析。反射式的光学显微镜直接观察大块试样很方便，但其分辨率、放大倍数和景深都比较低。而扫描电子显微镜的样品制备简单，可以实现试样从低倍到高倍的定位分析。

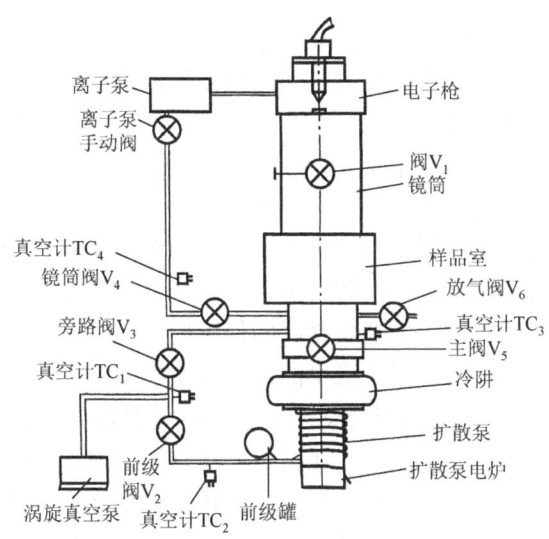

图 2.44 扫描电子显微镜的真空系统示意图

金属材料零部件在使用过程中为了防止表面腐蚀，常常要在其表面上镀一层薄膜，由于镀膜的表面形貌和深度对使用性能具有重要影响，因此常常被作为研究的技术指标。扫描电子显微镜可以克服光学显微镜放大倍数的局限性，很容易观察到镀膜的表面形貌，并且样品无须制备，只需直接放入样品室内即可放大观察。

扫描电子显微镜匹配 X 射线能谱、X 射线波谱和成分分析等电子探针附件，可以用来分析样品的化学成分、结构等信息，克服了由于样品材料内部存在体积细小的夹杂物，而无法使用化学方法进行定位的困难。在纳米材料方面，扫描电子显微镜对纳米级别材料的形貌观察和尺寸监测方面的操作过程简单、可操作性强，正被大量地采用。

4. 干式涡旋真空泵在质谱仪中的应用

质谱仪利用高能电子流等轰击样品分子，使该分子失去电子变为带正电荷的分子离子和碎片离子，这些不同离子具有不同的质量，质量不同的离子在磁场的作用下到达检测器的时间不同，形成了质谱图。质谱仪一般有进样系统、离子源、质量分析仪、检测器和记录系统等，还包括真空系统和自动控制数据处理等辅助设备[69,70]，现代质谱仪的典型真空系统一般包括作为主泵的涡分子泵和作为预抽泵、前级泵的干式涡旋真空泵或隔膜泵。

质谱仪按其功能可以分为有机质谱仪、无机质谱仪、同位素质谱仪。其中，有机质谱仪主要用于有机化合物的结构鉴定，它能提供化合物的分子量、元素组成以及官能团等结构信息，分为四极质谱仪、离子阱质谱仪、飞行时间质谱仪和磁质谱仪等。无机质谱仪主要用于无机元素微量分析和同位素分析等方面，无机质谱仪又分为火花源质谱仪、激光探针质谱仪、辉光放电质谱仪、电感耦合等离子体质谱仪。火花源质谱仪不仅可以进行固体样品的整体分析，还可以进行表面和逐层分析甚至液体分析；激光探针质谱仪可以进行表面和纵深分析；辉光放电质谱仪分辨率高，可以进行高灵敏度、高精度分析，适用范围包括元素周期表中的绝大多数元素，分析速度快，便于进行固体分析；电感耦合等离子体质谱仪的谱线简单易认，灵敏度与测量精度均较高。同位素质谱仪的特点是测试速度快、结果精确、样品用量少（微克级）、能精确测定元素的同位素比值，广泛用于核科学、地质年代测定等方面。

干式涡旋真空泵除了在上述科学领域中的应用，在真空炉、食品包装行业也备受青睐[71-76]。真空炉是在特定的空间内利用真空系统（由真空泵、真空测量装置、真空阀门等部件组成）将炉内气体排出，使炉腔内压强小于一个标准大气压，炉腔内从而实现真空状态。在食品包装行业中，为了延长食品的保质期，同时在一定程度上保证食品的口感，需要将食品密封保存在一个干净卫生的真空环境中，干式涡旋真空泵能够为其提供一个洁净无油的真空环境，并且体积小、可靠性高，十分适合在包装行业使用。

总之，干式涡旋真空泵的间隙小、泄漏少，具有较高的真空度，并且结构简单，零部件少，振动噪声小，可靠性高，可以在大气压至 5Pa 的压力范围内工作，并且提供清洁无油的真空环境，使其在半导体大规模集成电路、太阳能薄膜电池、纳米材料、石油、化工等众多的科学研究领域和工业工程中被广泛使用。

## 参 考 文 献

[1] 王璟博. 罗茨干式真空泵流场瞬态模拟[D]. 沈阳：东北大学，2011.
[2] 杨乃恒. 真空获得设备[M]. 2 版. 北京：冶金工业出版社，2001.
[3] Leon C. Rotary Engine：US801182 A [P]. 1905-10-03.
[4] Nordi L. Improvemennts in or relating to fluid pumps and the like：GB220296 A [P].1925-01-08.
[5] Tojo K，Ikegawa M，Shiibayashi M，et al. A scroll compressor for air conditioners[C]. International Compressor Engineering Conference，1984，13：496-503.
[6] Li Z Y，Li L S，Zhao Y Y，et al. Theoretical and experimental study of dry scroll vacuum pump[J]. Vacuum，2009，84（3）：415-421.
[7] Coffin D O. A tritium-compatible high-vacuum pumping system[J]. Journal of Vacuum Science and Technology，1982，20（4）：1126-1131.
[8] Davis R P，Abreu R A，Chew A D. Dry vacuum pumps：A method for the evaluation of the degree of dry[J]. Journal of Vacuum Science and Technology A，2000，18（4）：1782-1788.
[9] Kushiro T，Miyazaki K，Kataoka H，et al. Development of a scroll-type oil-free vacuum pump[C]. International Compressor Engineering Conference，1990，19：147-155.
[10] Sawada T，Su Y，Sugiyama W，et al. Study of the pumping performance of a dry scroll vacuum pump[J]. JSME International Journal Series B，1998，41（1）：184-190.
[11] 黄英，李建军，韩晶雪，等. 干式涡旋真空泵的发展与关键问题[J]. 真空，2013，50（3）：26-29.
[12] 杨旭，张贤明，王立存，等. 涡旋式真空泵现状和发展趋势分析[J]. 重庆工商大学学报（自然科学版），2012，29（3）：83-88.
[13] 李泽宇，李连生. 涡旋式真空泵的发展回顾[J]. 通用机械，2010，（1）：87-90.
[14] 孟冬辉. 涡旋无油真空泵设计理论及加工工艺的研究[D]. 沈阳：东北大学，2004.
[15] 杨广衍，滕普光，张鹏，等. 涡旋真空泵的设计与操作[J]. 真空，2006，43（4）：19-22.
[16] 蔡志娟，吕天慧，满宏献，等. 涡旋真空泵实际型线设计[J]. 液压气动与密封，2016，36（6）：47-49.
[17] 巴德纯，杨乃恒，李树军，等. 涡旋干式真空泵结构对抽气性能的影响[J]. 真空，1999，（1）：8-11.
[18] 巴德纯，许寿华，李树军，等. 涡旋式无油真空泵抽气机理的研究[J]. 真空，1998，35（3）：16-21.

[19] 张英莉,岳向吉,巴德纯,等. 一种双侧双级涡旋干式真空泵: CN108443142A[P]. 2018-08-24.
[20] 刘振全. 涡旋式流体机械与涡旋压缩机[M]. 北京: 机械工业出版社, 2009.
[21] 莱帕特 A G, 沃伦 J C, 小柯里 R M. 轴向热膨胀受控的涡旋泵: CN200580034095.8[P]. 2007-09-12.
[22] 李连生. 涡旋压缩机[M]. 北京: 机械工业出版社, 1998.
[23] 杨静, 陈素君. 涡旋真空泵: 一种具有发展潜力的无油泵[J]. 真空, 2009, 46 (1): 42-46.
[24] 杨广衍. 一种涡旋真空泵涡旋盘顶部使用的密封条: CN201187449Y[P]. 2009-01-28.
[25] 张鹏, 李秀英, 杨广衍. 涡旋真空泵的密封设计[J]. 沈阳航空工业学院学报, 2007, 24 (2): 18-20.
[26] 巴德纯, 杨乃恒, 李树军, 等. 双侧无油涡旋真空泵: CN97219914[P]. 1999-01-06.
[27] 顾兆林, 郁永章. 涡旋压缩机及其它涡旋机械[M]. 西安: 陕西科学技术出版社, 1998.
[28] Su Y, Sawada T I, Takemoto J I, et al. Theoretical study on the pumping mechanism of a dry scroll vacuum pump[J]. Vacuum, 1996, 47 (6): 815-818.
[29] 宁宪宁. 涡旋无油真空泵技术的发展与现状[C]. 真空获得与测量学术交流会, 宜昌, 2004: 1-4.
[30] 徐成海, 刘春姐, 张世伟, 等. 无油机械真空泵及其应用[J]. 真空电子技术, 2002, (4): 63-67.
[31] 张济忠, 胡平, 杨思泽, 等. 现代薄膜技术[M]. 北京: 冶金工业出版社, 2009.
[32] 王学华, 薛亦渝. 薄膜制备新技术及其应用研究[J]. 真空电子技术, 2003, (5): 65-70.
[33] 林永昌, 卢维强. 光学薄膜原理[M]. 北京: 国防工业出版社, 1990.
[34] 姜燮昌. 真空镀膜技术的最新进展[J]. 真空, 1999, 36 (5): 1-7.
[35] 王银川. 真空镀膜技术的现状及发展[J]. 现代仪器, 2000, 6 (6): 1-4.
[36] 邱英浩, 曹晓明. 真空镀膜技术的现状及进展[J]. 天津冶金, 2004, (5): 45-48, 54.
[37] 余东海, 王成勇, 成晓玲, 等. 磁控溅射镀膜技术的发展[J]. 真空, 2009, 46 (2): 19-25.
[38] 张以忱, 等. 真空镀膜技术[M]. 北京: 冶金工业出版社, 2009.
[39] 蔡俊杰, 朱梅刚, 黄新宇. 真空负压在免疫组织化学 ABC 法中的应用[J]. 中华病理学杂志, 1994, 23 (1): 53.
[40] 林秀丽, 杨浩瑾, 周雷, 等. 真空负压封闭技术在糖尿病足治疗中的应用[J]. 实用医学杂志, 2010, 26 (7): 1243-1244.
[41] 孙艳艳. 真空负压静脉采血护理问题分析及防范对策[J]. 护士进修杂志, 2008, 23 (18): 1724-1725.
[42] 姚元â, 李英才, 王韬, 等. 真空负压封闭技术加外固定器治疗肢体开放性骨折[J]. 中华创伤骨科杂志, 2004, 6 (8): 867-870.
[43] 缪金透, 金宇, 董策. Drainobag 真空负压引流在甲状腺外科术后的应用[J]. 中国中西医结合外科杂志, 2009, 15 (4): 409-410.
[44] 李乃刚, 杨敏, 耿伏果. Encor 真空负压旋切系统在乳腺良性肿物切除术中的应用[J]. 中国微创外科杂志, 2012, 12 (8): 698-700.
[45] 于海霞, 栗大超, 孙岳, 等. 基于低频超声和真空负压的微创血糖检测研究[J]. 中国生物医学工程学报, 2008, 27 (6): 933-936.
[46] 胡光宁, 李新锋, 黄平, 等. 保留内置物清创联合真空负压封闭引流治疗早发性腰椎融合术后感染[J]. 脊柱外科杂志, 2010, 8 (5): 278-282.
[47] 骆国钢, 张鸿振, 姚剑川, 等. 股骨颈骨折生物型全髋关节置换术后放置真空负压引流对围手术期失血量影响的病例对照研究[J]. 中国骨伤, 2015, 28 (3): 210-213.
[48] 李浩, 黄展森, 张宇, 等. 真空负压吸引治疗勃起功能障碍的研究进展[J]. 中国男科学杂志, 2016, 30 (7): 68-72.
[49] 蔡俊杰, 朱梅刚, 黄新宇. 真空负压和常规 ABC 法显示 HPV-1 抗原的应用比较[J]. 中国组织化学与细胞化学杂志, 1993, 2 (4): 325-327.
[50] 金晶. Drainobag 真空负压引流瓶在乳腺癌术后的应用[J]. 实用医学杂志, 2008, 24 (23): 4156.
[51] 黄敏. 高真空负压引流装置在甲状腺术后的应用与护理[J]. 现代医药卫生, 2014, 30 (7): 1051-1052.
[52] 裘华德, 王彦峰. 负压封闭引流技术介绍[J]. 中国实用外科杂志, 1998, 18 (4): 233-234.
[53] 王顺富, 王学文, 蔡成, 等. 骨科负压封闭引流技术的临床应用[J]. 中华医院感染学杂志, 2007, 17 (4): 420-421.
[54] 林阳, 陈安民, 李锋. 负压封闭引流技术在四肢皮肤软组织缺损中的应用[J]. 生物骨科材料与临床研究, 2007, 4 (4): 12-14.

[55] 杨桂元, 钱祝银. 负压封闭引流技术研究进展[J]. 中国实用外科杂志, 2010, 30（2）: 149-151.
[56] 刘三风, 刘志豪, 戴志波. 负压封闭引流技术（VSD）对各种复杂创面修复的临床研究[J]. 当代医学, 2009, 15（6）: 66-68.
[57] 王英, 李红晨. 负压封闭引流技术在骨科感染创面的应用[J]. 中华医院感染学杂志, 2012, 22（8）: 1602-1603.
[58] 张敬如, 黄复生, 王昆. 蛋白质药品的真空冷冻干燥技术及研究进展[J]. 中国药业, 2006, 15（13）: 25-27.
[59] 董充慧, 苏杭, 张特立, 等. 真空冷冻干燥技术在生物制药方面的应用[J]. 沈阳药科大学学报, 2009, 26（S1）: 76-78.
[60] 麦振洪. 同步辐射光源及其应用（上册）[M]. 北京: 科学出版社, 2013.
[61] 何多慧. 同步辐射光源的发展和展望[J]. 强激光与粒子束, 1990, 2（4）: 387-400.
[62] 蒋迪奎, 李贵和, 刘泽文, 等. 同步辐射光刻光束线的真空系统[J]. 真空科学与技术, 1994, 14（3）: 174-178.
[63] 关志远. 同步辐射X射线光刻光束线真空系统设计[J]. 光学精密工程, 1988,（1）: 11-16.
[64] 宋云涛, 姚达毛, 武松涛, 等. HT-7U超导托卡马克装置真空室结构数值分析[J]. 机械工程学报, 2003, 39（7）: 68-73, 88.
[65] 郭全贵, 刘朗, 宋进仁, 等. 中国的超导托卡马克装置HT-7U用炭基面对等离子体材料的研究[J]. 新型炭材料, 2001, 16（3）: 64-68.
[66] 姚骏恩. 电子显微镜的现状与展望[J]. 电子显微学报, 1998, 17（6）: 10.
[67] 朱琳. 扫描电子显微镜及其在材料科学中的应用[J]. 吉林化工学院学报（自然科学版）, 2007, 24（2）: 81-84, 92.
[68] 刘剑霜, 谢锋, 吴晓京, 等. 扫描电子显微镜[J]. 上海计量测试, 2003, 30（6）: 37-39.
[69] 王桂友, 臧斌, 顾昭. 质谱仪技术发展与应用[J]. 现代科学仪器, 2009,（6）: 124-128.
[70] 回瑞华, 侯冬岩, 李铁纯. 气相色谱-质谱仪及其应用[J]. 鞍山师范学院学报, 2001, 3（3）: 41-44.
[71] 周俊. 超大规模集成电路的物理设计研究[D]. 上海: 同济大学, 2007.
[72] 章晓文, 林晓玲, 阮春郎. 国外超大规模集成电路的生产状况[J]. 电子产品可靠性与环境试验, 2005, 23（1）: 23-28.
[73] 刘阳兴, 富宏军, 吴剑, 等. 多室连续式真空炉的研制与应用[J]. 真空, 2005, 42（2）: 15-19.
[74] 贺忠厚, 李樟. 高压气淬真空炉发展及其应用[J]. 热处理技术与装备, 1997,（2）: 39-41.
[75] 安双利, 蒋迪奎, 郭盘林. 上海电子束离子阱装置真空控制系统[J]. 核技术, 2007, 30（2）: 109-113.
[76] 孔明光. AMRAY-1000B扫描电镜真空系统分析及维修[J]. 现代仪器, 2004, 10（4）: 60-61.

# 第 3 章　干式螺杆真空泵

## 3.1　概　述

干式螺杆真空泵属于容积式机械真空泵，其基本工作原理脱胎于更早出现的螺杆气体压缩机和螺杆液体输送泵。尽管干式螺杆真空泵输送的介质与螺杆气体压缩机相同，但其作为抽气部件的螺杆转子，结构形式却更接近于螺杆液体输送泵中的螺杆转子。干式螺杆真空泵的转子与定子之间留有间隙而没有直接固体接触，抽气通道中没有作为润滑、密封功能的工作液，这是与常规油润滑气体压缩机和传统油封式真空泵最大的区别，因此称为干式真空泵。

## 3.2　干式螺杆真空泵的工作原理与特点

### 3.2.1　干式螺杆真空泵的工作原理

干式螺杆真空泵作为容积式机械真空泵，其抽气部件是安装于 8 字形泵腔内的一对旋向相反的螺杆转子。这对转子相互啮合、反向旋转，一个转子上的螺旋齿牙嵌合于另一个转子的螺旋槽内，将两个转子的螺旋槽分割成相互隔离的吸气阶段，并与 8 字形泵腔内壁共同构成一级接一级的吸气腔。

当两个转子同步反向旋转时，各级吸气腔由吸气侧向排气侧移动，从而将其内的气体从吸气口运送到排气口。随着两螺杆的转动，在靠近吸气侧形成接触线，使齿的两侧密封，而齿槽与泵体内腔形成一个空间。该空间随两螺杆转动而移动，体积增大，吸入被抽气体，此为吸气过程。当吸气侧再产生新的接触线时，构成一个密封链，便形成了一个完整的密封腔，吸气过程结束，输运过程开始。密封腔应向前平移至少一个密封腔长度。密封腔向前平移至排气侧，两螺杆继续转动，密封链在排气侧断开，密封的后两条接触线缩短至消失，排气过程结束。干式螺杆真空泵的各个密封腔都经历上述过程，连续不断地进行循环从而吸入和排出气体。抽气过程如图 3.1 所示[1-3]。

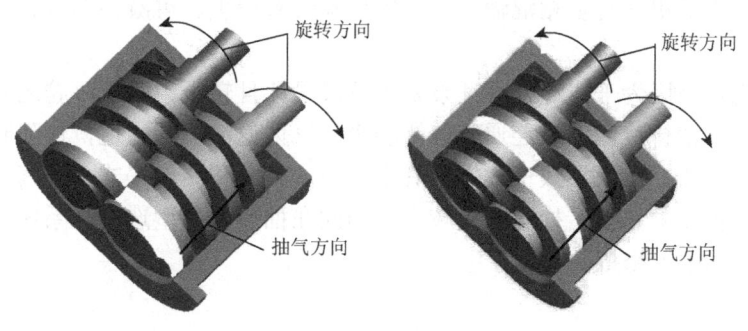

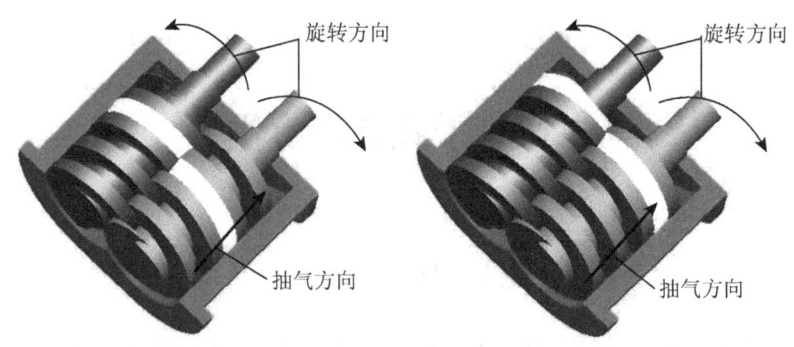

图 3.1　干式螺杆真空泵的抽气过程

## 3.2.2　干式螺杆真空泵的特点

作为一种直排大气的低真空泵,与旋片泵、滑阀泵等传统油封泵相比,干式螺杆真空泵具有无油污染、抽除水蒸气和固体粉尘颗粒能力强的特点;与水环真空泵、喷射真空泵等液封泵相比,干式螺杆真空泵具有真空度高、能耗低、抽除可溶性蒸气时无废液产生的特点;与干式多级爪型真空泵、干式多级罗茨真空泵、干式涡旋真空泵等其他干式真空泵相比,干式螺杆真空泵具有抽速范围宽、结构简单紧凑、抽气腔元件无摩擦、寿命长等特点。

干式螺杆真空泵的结构简单,与传统油封式机械真空泵和其他干式多级真空泵相比,零部件使用量少,从而在运行稳定性和维修成本上有很大的优势。干式螺杆真空泵的抽气部件螺杆转子在工作中无固体接触摩擦,因此运转可靠、无机械磨损、寿命长、可靠性高。干式螺杆真空泵的运动部件没有结构不平衡的惯性力,动力平衡性好,机器可平稳地高速运行,振动小、噪声低,因此干式螺杆真空泵具有向高转速运行的发展趋势,从而具有体积小、抽速大的特点,更适合制作大型泵,这也使干式螺杆真空泵的抽速范围比其他真空泵更为宽泛。干式螺杆真空泵转子具有强制输气的特点,在较宽的压力范围内能保持较高的抽速。干式螺杆真空泵的转子为单级设计,气体通路短,对流程气体搅动少,气体在泵内停留时间短,可以快速排出。相比于各级间气体通道曲折复杂的干式多级爪型真空泵和干式多级罗茨真空泵等多级泵,干式螺杆真空泵减少了冷凝物和微小颗粒在级间堆积的可能,因此抽气适应性更强。干式螺杆真空泵转子齿面及泵体间留有微小间隙,因而更适合多相混输,可适应抽除含有粉尘、可凝性蒸气、颗粒物等多种杂质成分的气体。

但是,也正是因为干式螺杆真空泵采用单级设计且转子齿面及泵腔之间留有间隙,所以泵腔内存在由排气侧直接连通吸气侧的级间气体返流泄漏通道,伴随着转子抽气过程始终有气体返流,从而导致干式螺杆真空泵与油封泵和其他干式多级真空泵相比,其极限压力高、抽气效率低、抽速损失较大,因此在抽速、泵型选用、系统配置等环节,需要留有较大的抽速裕量。

## 3.3 干式螺杆真空泵的结构设计与计算

### 3.3.1 干式螺杆真空泵的结构组成与布局

普通干式螺杆真空泵的主体结构组成如图 3.2 所示,在主泵体的 8 字形泵腔中无接触地布置一对旋向相反的螺杆转子体,转子体两端(或一端)伸出的转子轴通过轴承内圈支撑,轴承外圈分别安装于前泵体和后泵体的轴承座之中;在轴承与转子体之间的转子轴上设置有密封结构,用于隔离轴承、齿轮润滑剂和泵腔内的被抽气体;螺杆转子后端(或前端)外伸轴上固定安装有相互啮合的同步齿轮,保证两转子同步反向旋转,其中一个转子外伸轴与电机相连,驱动两转子转动完成抽气;在前泵体或主泵体前端上方开有吸气口,在后泵体下部开有排气口,均与主泵体内腔连通,形成抽气通道;主泵体和后泵体通常设有冷却液通道来控制泵体和排出气体的温度;前、后端盖分别与前、后泵体连接形成密封腔和齿轮润滑油箱。此外,干式螺杆真空泵还可以根据实际工艺需要配有充气和温度监测等附属系统。

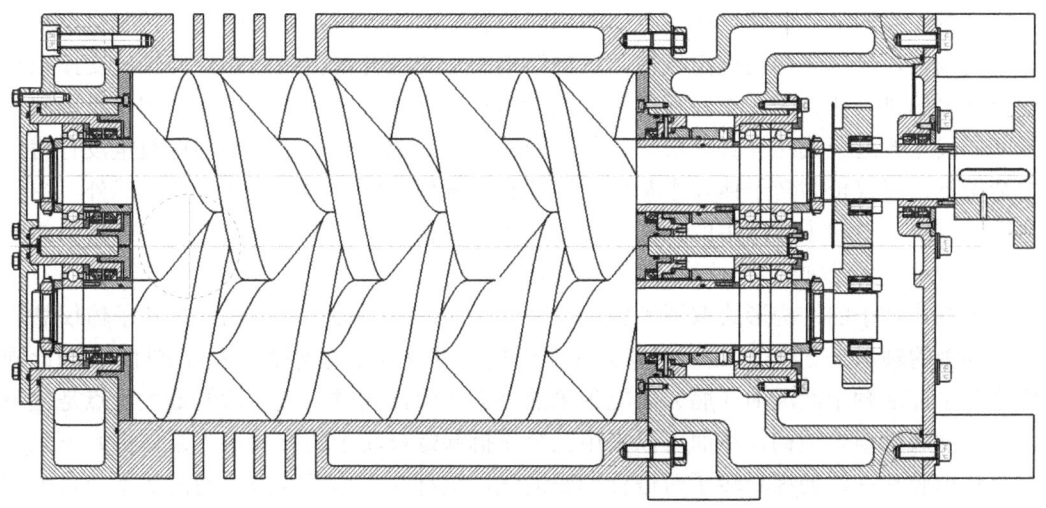

图 3.2 普通干式螺杆真空泵主体结构示意图

从整体外观形态和两个螺杆转子的空间布局上,干式螺杆真空泵可以分为卧式泵和立式泵。两个转子轴竖直安放的为立式泵,两个转子轴水平安放的为卧式泵。

立式泵最明显的优点是气体流动方向与重力方向一致,有利于气流携带杂质成分的排出,主要是可以避免卧式泵中常常在泵腔内壁底面发生沉积、黏附的现象;立式泵也多采用悬臂式结构,因此具有悬臂式泵的特点,在后面详述。立式泵的缺点包括以下几个方面:①泵体重心高,距离地面固定位置远,因此振动偏大;②吸、排气口位置高,对现场安装的适应性有影响；③与卧式泵相比，立式泵的同步齿轮处于水平摆放状态，其油润滑系统更为复杂；④排气侧轴和外伸轴的密封难度变大。

### 3.3.2 螺杆转子的支撑方式

干式螺杆真空泵的转子由轴承支撑固定，其支撑方式主要有两端支撑式转子和悬臂式转子两种结构[4]。

两端支撑式转子的结构形式是在转子体两端均有外伸轴并安装轴承固定，这种结构的卧式干式螺杆真空泵最为常见，技术成熟，具有轴承受力合理、振动小等动力学优点。其中，排气侧的后端轴承处于转子体和同步齿轮之间，受力更大并且具有限定两转子体轴向啮合位置的作用，因此通常采用两个单列轴承或一个双列轴承，以轴向固定形式安装。而前端轴承仅需一个单列轴承，并且考虑转子体受热膨胀产生轴向窜动，前端轴承的外圈通常采用浮动定位。两端支撑方式的不足之处是前端轴承靠近泵体吸气口，尽管有前端密封隔离，仍然存在着前端轴承润滑油通过泵吸气口和吸气管道返流污染被抽空间的危险。

一种双向抽气、两端支撑的干式螺杆真空泵如图 3.3 所示[5]，其特点是：每一个转子都从中央向两侧对称加工出旋向相反的螺旋齿，转子体中央为吸气区，而转子体两端均为排气侧；泵的吸气口开设在主泵体的中间位置，而排气口开设在两端；转子对旋转时从中间吸气，分别向两端排出气体。这种结构的干式螺杆真空泵两端外伸轴的支撑轴承均位于泵的排气侧，因此不会存在轴承润滑油对吸气侧造成污染的危险。相比于单向抽气的同尺寸普通干式螺杆真空泵，这种双向抽气干式螺杆真空泵在零部件数量没有增多的情况下，仅仅依靠转子体和主泵体长度加长，就使其抽速增大了近一倍。此外，由于两端排气压力对转子体产生的轴向推力方向相反互相抵消，因此双向抽气螺杆转子的两端支撑轴承不承受轴向力，所以轴承可靠寿命更长。

悬臂式转子的结构形式取消了转子体吸气端的前外伸轴和支撑轴承，转子体仅靠后端外伸轴的轴承来支撑[4]。由于悬臂式转子结构没有吸气端的支撑轴承和密封件，因此同样避免了前端轴承润滑油（脂）可能带来的污染风险。同时，该结构的最大优点是主泵体可以做成钟罩式结构，从而可以采用完全不拆卸螺杆转子的方式将主泵体拆卸下来，对泵体内腔和在位的螺杆转子对进行彻底清洗，这种在工作现场原位清洗的用户自维护作业方式，作业难度低且几乎不影响泵的工作性能，非常适用于被抽气体中可凝结黏附成分或固体杂质多、泵内污染严重需要及时清理的场合。此外，悬臂式转子结构的干式螺杆真空泵采用端面吸气方式，其吸气口开设在螺杆转子对吸气端的端面之外，不占用螺杆转子的啮合段（两端支撑式转子被吸气口占用的那一段转子啮合段对气体压缩无贡献），因此转子的总长度可以短一些。

实际上，悬臂式转子结构的主要缺点就是其动力学性能差，靠近转子体的近端支撑轴承受力大，其中卧式悬臂干式螺杆真空泵因重力作用方向垂直于转子轴，受力不合理，相比于立式悬臂干式螺杆真空泵，转子体更容易发生摆头等振动问题。因此，悬臂式转子体通常也有意地比两端支撑式转子体设计得短而粗一些。为保证悬臂式转子体不发生摆头等振动问题，转子的后端外伸轴要具有足够大的刚度，通常需要使用高强度材料制作，转子轴直径足够大（为减轻重量可采用空心轴），轴上安装的两组轴承距离要足够远，其中一组近端轴承要尽量靠近转子体并且具有足够的承载力。

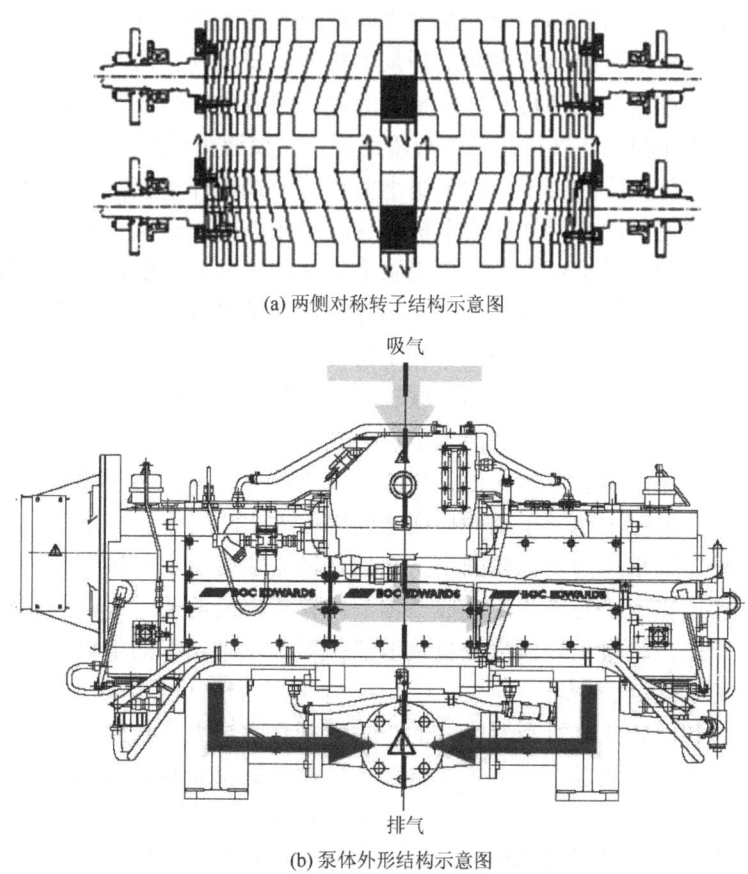

(a) 两侧对称转子结构示意图

(b) 泵体外形结构示意图

图 3.3　双向抽气、两端支撑的干式螺杆真空泵

## 3.3.3　干式螺杆真空泵的驱动方式

干式螺杆真空泵的螺杆转子依靠电机驱动产生旋转运动实现抽气功能，所使用的电机有普通三相异步电机和近年来迅速普及的直流永磁电机；电机在干式螺杆真空泵整机中的相对位置有外置式和内置式两种结构；电机转轴与主动转子轴的连接方式有直联式、同轴式和传动式等多种形式；单台干式螺杆真空泵使用电机的数量也有单电机和双电机两种方式。

普通工业用卧式干式螺杆真空泵通常采用外置式电机，以常规三相异步电机作为动力源，摆放在干式螺杆真空泵主机的后部；电机转轴与干式螺杆真空泵主动转子的外伸轴相对，通过联轴器连接。如果是体积大、重量大的大功率电机，则采用机座带有底脚的 B3 机座，电机和干式螺杆真空泵主机都通过底脚固定在同一个整机底板上，以保证电机轴与主动转子外伸轴同心同轴；如果是体积小、重量轻的小型号电机，则采用前端盖上带凸缘的 B5 机座，通过一个电机支架将电机直接水平悬挂在干式螺杆真空泵主机后部，电机轴依然通过联轴器与主动转子外伸轴相连。外置式结构的干式螺杆真空泵整机长度大，其中主动转子的后端外伸轴在由内向外依次套装排气侧密封件、后轴承和同步齿轮后，再穿过齿轮油箱的后端盖伸出到泵主机外面安装联轴器，因长度大而给主动转子体加工带来较大难度。主动转子外伸轴与油箱后端盖之间需要有双向动密封，既要防止油箱里面的润滑油和工艺气体向外部环境泄漏，又要避免外部大气向油箱内的泄漏。

随着电机定制化供应的实现，对于稍小型号的干式螺杆真空泵，开始流行电机内置式结构。采用专门定制的小尺寸交流电机或直流永磁电机，将其直接安放在同步齿轮油箱后部之内，与主动转子轴对正，从而消除了主动转子外伸轴所需要的动密封，彻底解决了干式螺杆真空泵的外泄漏问题，这对抽除有毒有害腐蚀性气体和满足特定行业防爆要求十分有利。内置式电机可以是电机转子自带定位轴承的独立电机，电机转子轴与主动转子轴依旧是采用联轴器连接，其中联轴器从动侧构件可以直接固定在同步齿轮上，从而节省了轴向长度空间。更为简洁的电机内置式结构采用电机转子、定子分离的同轴式安装结构，电机定子安装在齿轮油箱后部的电机罩内，电机转子则不设置独立的定位轴承，而是直接套装在主动转子轴的后端，同轴驱动主动转子；装配时首先将主动转子轴上的密封组件、轴承和同步齿轮固定，然后在轴后端套装上电机转子，最后在后泵体上安装定子罩使电机定子与转子配合成一体。内置式电机需要考虑散热问题，对于小功率电机，可以借助齿轮箱中的润滑油直接散热；对于稍大功率的电机，则需在定子罩上加设水冷回路对电机定子冷却。

采用直联式和同轴式电机布置方式的干式螺杆真空泵大多长度偏大，使用中对现场有必须保证空间尺寸的要求，而立式泵会使干式螺杆真空泵整机变得很高，动力学稳定性变差。因此，传动式电机布置方式应运而生。传动式结构干式螺杆真空泵的电机与主动转子轴不是直联，而是通过其他传动机构传递转动和力矩，电机的摆放位置也改为泵体的一侧。例如，一种卧式悬臂式干式螺杆真空泵，将内置式电机安置在主、从动两转子后外伸轴的上方，电机轴朝向后方，与主动转子轴通过中间惰轮实现齿轮传动；一种小型立式悬臂式干式螺杆真空泵，主泵体垂直安装在下部宽体油箱一侧，外置式电机也轴头朝下扣装在宽体油箱的另一侧，电机轴与主动转子轴通过同步齿形带传动。这些传动式结构的电机驱动方式，通常还伴随着增速功能，以获得更高的转子转速。

大多数干式螺杆真空泵都采用单电机驱动方式，电机带动主动转子旋转，同时通过同步齿轮带动从动转子进行反向同步旋转。但也有少数干式螺杆真空泵采用内置式双电机驱动模式，即在两个转子的后端轴上均同轴套装电机转子，外部配置两个电机定子，形成两个螺杆转子均有电机直接带动旋转的驱动模式，并依旧利用同步齿轮保持两转子的同步啮合[6]。这种设计发挥了小直径转子直流永磁电机的高效率优势，并且在抽气载荷变大时能够提供更大的功率输出。另外，有一种采用双电机驱动的立式干式螺杆真空泵，可以依靠电气控制技术保证两部电机进行精准的同步反向旋转，从而摆脱对同步齿轮的依赖。该泵只设置了一对十分轻薄的备用同步齿轮作为安全保护部件，安装于转子轴的下定位轴承的下方，仅用于防止因电机故障或泵内机械故障而可能导致的转子干涉碰撞，而在平时正常抽气过程中，两同步齿轮相互间并不啮合受力。由于不依赖同步齿轮的驱动，同步齿轮不需要油润滑和散热，所以该泵取消了润滑油箱，成为厂家宣称的真正无油的真空泵。也正是由于摆脱了同步齿轮的机械啮合，这种泵的转子工作转速可以明显高于其他类型的干式螺杆真空泵，正常在 8000r/min 以上。为了适应高转速的需要，该泵转子采用双头对称型线，这样使转子在任意轴截面上的质心均处于转子回转轴线上，从而自然满足动平衡要求，而不会在转子内产生偏心惯性力和惯性力偶。

### 3.3.4 干式螺杆真空泵中的动密封

螺杆转子轴的动密封通常是干式螺杆真空泵中最容易损坏或失效的元件，因此决定着泵的维修周期和实际有效寿命。动密封的安装位置包括转子轴吸气侧的前密封、排气侧的后密封以及主动转子外伸轴的外密封。前密封面对的是干式螺杆真空泵中真空度最高的吸气口，主要作用是防止前端轴承的润滑油对泵内甚至被抽真空容器的泄漏污染。后密封两侧分别是泵内气体压力最高的排气口和相当于环境大气压的齿轮油箱，既要防止被抽气体中的有害成分进入油箱侧对轴承、齿轮、润滑油造成破坏，又要避免油箱中的润滑油混入被抽气体（尤其是被抽气体要求纯净无掺杂的应用场合）；不过与前密封不同的是，后密封通常不会出现齿轮油箱润滑油蒸气对被抽真空容器的污染。外密封的两侧分别是齿轮油箱和泵外环境大气，通常没有明显的压力差，其主要作用是单向地阻止油箱中的润滑油和气体向外部大气侧泄漏；但有些泵型和特殊工艺采用低压力油箱技术方案，后密封还要阻止环境大气向油箱内部的泄漏。正是由于三处密封的功能作用、密封对象与性能要求各不相同，因此同一台干式螺杆真空泵上的三处密封也常常是种类不同的。干式螺杆真空泵常用的动密封形式有迷宫密封、气体密封、唇形密封、机械密封以及它们的组合形式[4]。

由于转子轴动密封的安装位置（特别是后密封）通常是在轴系支撑结构的最里侧，在维修更换时几乎要将干式螺杆真空泵的整套转子系拆卸下来，所以在干式螺杆真空泵设计制造过程中，除首先保证满足其密封功能外，也应十分注重动密封件的可靠工作寿命，以求尽可能地延长使用时间，减少维修更换频次。

实际有效寿命最长的动密封应属无机械接触的迷宫密封，包括简单的直通型或螺旋密封，但由于不能独立地实现零泄漏，多用在后密封位置处与其他密封形式组合，作为其前置密封使用，如配合保护气体充气密封。只要保护气体的充气压力高于排气压力，保护气体就通过迷宫密封流向泵内排气口，从而阻止被抽气体中的有害成分进入油箱一侧。干气密封与带保护气体的迷宫密封具有相似的密封原理和效果，耗气量更少，但结构更复杂，加工和装配精度也更高。无接触密封虽然有无机械磨损的优点，但由于要持续消耗保护气体，运行保障作业烦琐，并不十分受用户欢迎；另外，这一类充气密封不能用于纯粹作为输运泵的干式螺杆真空泵中，因为这类泵所排出的被抽气体通常不允许混入其他气体成分。

在接触式密封中，唇形密封或骨架油封较为常用，成对（背靠背或面对面）使用时采用单唇式，单只使用时采用双唇式。在确定密封圈的材质时需要考虑被抽气体中是否含有与之相克的化学成分。唇形密封的密封可靠性和磨损量均与其箍紧弹簧的抱紧力成正比关系，因此唇形密封的可靠有效寿命不长，属于易损件。为保护转子轴不受磨损，通常在轴外设置具有高硬度外圆表面的密封套筒。

比骨架油封性能更佳的接触式密封是机械密封，在石油化工行业中很受欢迎，对于正确安装合理使用的机械密封，其可靠有效寿命是各种接触式密封中最长的。但机械密封在实际应用中故障率较高，动、静摩擦环不均匀磨损乃至破碎的现象时有发生，究其原因多是装配时尺寸精度不准发生摩擦环倾斜或偏心、弹簧压紧力调节不合适（过大或过小）或沿周向分布不均匀、冷却润滑油流量不足散热不够导致发热烧蚀等使用方法不合理，较少是机械密封元件材料性能差、尺寸误差大等。

对于被抽气体中含有毒有害成分的输送，用干式螺杆真空泵存在有毒有害成分首先穿过后密封进入齿轮油箱，然后穿过外密封泄漏到大气环境中的风险，因此不容小觑。近年来，干式螺杆真空泵设计有逐渐采用内置电机取缔外密封的趋势，彻底避免了泵内物质对周围环境的泄漏污染风险。

### 3.3.5 冷却系统与温度控制

干式螺杆真空泵在抽气过程中，螺杆转子对被抽气体施以压缩功和排气功，这些功耗大部分转化为气体的热量，并传导给泵体、转子和其他附属部件。为保障干式螺杆真空泵正常运转，不因受热温升而产生故障，干式螺杆真空泵需要完善的冷却系统和温度控制技术。

干式螺杆真空泵的热量来源除了齿轮、轴承和密封件产生的少量机械摩擦发热，主要热量来自被抽气体的压缩发热和摩擦发热，其中压缩发热包括产生于转子压缩段的内压缩发热和产生于转子排气腔的外压缩发热，后者为主要部分。干式螺杆真空泵冷却系统的热量衡算相对比较简单，全部热量的来源都可以归结为电机的功率消耗和被抽气体带来的内能，因此可以依据实测电机功率曲线和吸、排气体温度，确定不同工作时段或不同工艺参数下的总发热量。

干式螺杆真空泵所产生热量的去向分配在三方面，即泵体对环境的散热、冷却系统散热和排出气体的内能。很明显，冷却系统从被抽气体中吸收的热量越多，排气温度和泵体温度就越低。从热量产生和温度分布位置来看，绝大部分热量产生于转子排气侧和压缩段，因此主泵体和螺杆转子在排气端面附近温度最高，从气体吸收的热量沿轴向向吸气端方向传递，温度逐渐变低；带有排气通道和齿轮箱的后泵体，接受来自高温排气和齿轮传动产生的热量，温度也很高；与之相连的排气管也被加热。

因此，干式螺杆真空泵整机的冷却系统重点设置在主泵体的后半部和后泵体之上。主泵体通常采用水冷套或水冷流道结构，在周向上将8字形泵腔完全环绕包围；对于部分大型号的干式螺杆真空泵，水冷套可以只覆盖主泵体后端三分之二部分，对应吸气口附近的主泵体前端三分之一部分，则是在泵体外表面铸造散热肋板；而另外一些干式螺杆真空泵，将主泵体全部轴向长度均被水冷套覆盖，甚至将水冷回路延伸至前泵体，用于冷却前端轴承和密封组件以避免其发热。后泵体的冷却回路往往比较复杂,重点是对排气通道、密封组件、后端轴承和齿轮油箱进行多方位冷却散热。对于使用内置电机的干式螺杆真空泵,有时还需要为电机定子罩设置冷却回路。

普通干式螺杆真空泵中的螺杆转子排气侧,由于直接接触高温气体又缺少散热渠道,通常是干式螺杆真空泵整机中温度最高的部件,因此存在很多故障风险。例如,因热膨胀导致的转子与转子、转子与泵腔之间发生剐蹭甚至卡死;因热膨胀量过大和热胀系数不一致引起的转子表面涂层撕裂脱落;被抽气体中的有机成分遇高温表面发生碳化、焦化进而黏附于转子之上等。为应对这一系列问题,近年来有追求对螺杆转子直接进行内冷却的温度控制方式的趋势,即在转子轴甚至转子内部设置冷却剂通道,对其进行直接冷却。较为简单的是转子轴冷却,将螺杆转子轴做成空心轴,并在其中间插入一个空心管形成双层套筒式流道结构;将换热介质从空心管后端注入,从空心管前端流出进入空心管外层流道,与空心转子轴换热后再返回轴后端排出。一种更为复杂的内冷却空心螺杆转子干式螺杆真空泵,在转子轴和转子内部均设置了冷却水通道,并与泵体的冷却水通道串联起来。冷却水从泵体前端进入泵体水路,依次流过并冷却泵体各部后,再从转子轴后端进入转子内腔冷却转子,最后又返回转子轴后端排出,如图3.4所示。

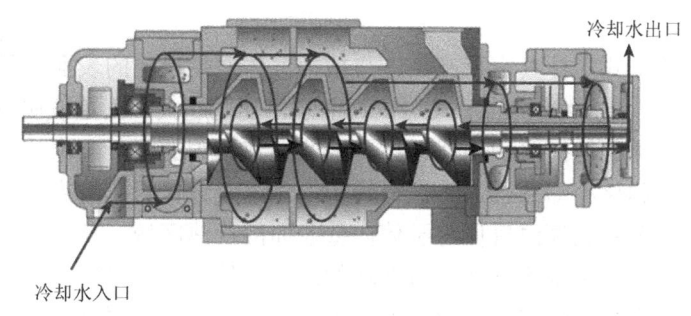

图 3.4 内冷却转子干式螺杆真空泵的水路流通图

内冷却转子在技术实现方面有很大的难度,但带来的益处也是十分突出的。转子表面的温度可控,不单单是增加了与气体间的换热面积从而强化了换热效果,最重要的是消除了转子表面与泵体内腔表面之间的温度差异,使暴露在被抽气体中的所有表面达到了温度的一致性。因为在许多应用场合中,正是泵体内腔的冷表面与转子的热表面之间存在很大的温度偏差,导致针对具体工艺环节的被抽气体无法实现兼顾两个温度下的温度控制。螺杆转子温度降低,可为干式螺杆真空泵的工作性能带来直接改善,例如,转子表面的防腐涂层不会发生高温烧蚀、热疲劳脱落等常见失效现象,从而延长可靠使用寿命,保障抗腐蚀能力,适用于强腐蚀环境;当被抽气体中含有有机物质成分时,不会因转子表面温度过高而发生裂解碳化和体表沉积结垢。

随着干式螺杆真空泵应用领域的不断扩展,对干式螺杆真空泵抽气过程的温度控制变得越来越重要。例如,在医药、化工应用领域,被抽气体成分常常包含各种化学物料蒸气而非单一的普通永久气体。应用于该领域的干式螺杆真空泵,在设计、制造与运行过程中，主要关注点应放在气体在泵内的热力过程上，而不单纯是常规的抽速和极限压力。螺杆转子的螺旋展开方式直接控制着被抽气体在泵内的体积和压力，而干式螺杆真空泵的冷却方式和能力，直接影响着被抽气体的温度。因此，干式螺杆真空泵冷却系统的设计和温度控制水平十分重要。

对于应用于生物医药和石油化工行业（俗称药化行业）的干式螺杆真空泵，为了具有更宽泛的适应性，干式螺杆真空泵冷却系统的设计原则不再是简单的降温，而应是温度可控。温度控制对象除了轴承、密封件等机械摩擦零部件，主要还有同时作为发热源的被抽气体。对泵内以及排出气体进行温度控制的目的，也不完全局限于通常意义上的降低温度，而是使其适应工艺要求。例如，干式螺杆真空泵作为输送泵传送某些可凝性蒸气时，将泵体内表面和转子温度控制在排气压力所对应的蒸气饱和温度之上，就可以有效避免蒸气在泵内发生凝结相变，最为常见的就是在干燥系统中大量抽除水蒸气的应用，俗称高温泵。这种泵的合理运行方式是，在泵启动初期不开通冷却系统，直至泵温升高超过露点温度后才接通冷却系统，维持泵内温度，并根据对泵温的监测随时调节冷却系统的换热强度。反之，如果被抽气体中含有易于发生裂解、碳化、焦化等化学成分蒸气时，将泵体内腔和转子的表面温度控制在引发此类化学反应的温度之下，就可以适当避免因黏附、积碳而产生内表面污染和转子卡滞等问题，此时就应该尽可能强化冷却系统的换热。

目前的大多数干式螺杆真空泵产品，与被抽气体发生换热的表面局限于带有水冷套的 8 字形泵腔表面。这种结构的干式螺杆真空泵，抽速越大，其单位质量（或体积）流量被抽气体所能分摊到的换热面积就越小，因此抽速越大的泵，泵内被抽气体的温度就越难控制，更需要强化冷却系统。将螺杆转子的压缩段设计得尽量靠前，使气体温度尽早升高，就可以向前延长高温气体与泵体内壁表面的换热区域，从而获得更好的换热效果。为单台干式螺杆真空泵设立独立自循环的冷却系统，利用风冷换热器对循环导热油散热降温，可以摆脱单纯依赖用户现场冷却水的局面，并具有更好的温度控制能力。对于需要强力冷却降温的工作场合，使用小型制冷系统直接对泵体降温也是可行的。而一些面向实验室和特殊环境应用的小型干式螺杆真空泵，可以摆脱对冷却水的依赖，采用全风冷式设计。

### 3.3.6 抽速与压缩比计算

干式螺杆真空泵结构参数设计的最基本几何学计算包括抽速和压缩比的计算[7]。真空泵的抽速又名真空泵的体积流率，标准单位为 $m^3/s$，工程中常用单位有 L/s 和 $m^3/h$。与其他容积式真空泵相同，干式螺杆真空泵的抽速涉及实际抽速、名义抽速和几何抽速三个概念。其中，名义抽速是产品铭牌标称的抽速值；实际抽速是干式螺杆真空泵产品在标准工况下采用标准测试方法真实测量得到的最大抽速值，实际抽速应该不小于名义抽速，通常认为二者相等；几何抽速又称理论抽速，这里是指螺杆转子在额定转速下单位时间内所能排出气体的几何体积。由于泵内气体存在返流泄漏，干式螺杆真空泵的实际抽速远小于其几何抽速。

干式螺杆真空泵实际抽速 $S_d$ 的计算公式为

$$S_d = \eta S_t = \frac{2}{60} n V_{in} \eta \tag{3.1}$$

式中，$\eta$ 为泵的抽气效率，是名义抽速（或者实际抽速）与几何抽速的比值，由于干式螺杆真空泵内部没有液体密封，泵内的气体级间返流泄漏十分严重，因此与其他传统容积式真空泵相比，其抽气效率要低得多，通常认为在 0.65～0.85，其中高转速、大抽速的干式螺杆真空泵取大值，低转速、小抽速的干式螺杆真空泵取小值；$S_t$ 为泵的几何抽速，m³/s；$n$ 为螺杆转子的工作转速，r/min；$V_{in}$ 为单一螺杆转子的齿间有效吸气容积，m³，考虑干式螺杆真空泵大都是采用双螺杆，所以式中乘以系数 2。

对于端面型线形状尺寸沿轴向保持不变的螺杆转子，吸气容积 $V_{in}$ 可表示为

$$V_{in} = A_e \lambda_{in} \tag{3.2}$$

式中，$A_e$ 为单一螺杆转子的有效抽气面积，m²；$\lambda_{in}$ 为吸气导程，是对应干式螺杆真空泵吸气口结束点之后第一个螺旋导程的长度，m。这样，一款干式螺杆真空泵的理论抽速计算就归结为其螺杆转子有效抽气面积和当量吸气导程的计算。

螺杆转子的吸气容积与排气容积之比定义为变螺距转子干式螺杆真空泵的吸、排气容积压缩比（又称内压缩比，简称压缩比）。鉴于真空泵排气压力通常为环境大气压这一特点，干式螺杆真空泵的压缩比采用容积压缩比的概念，这与气体压缩机将吸、排气压力之比定义为压缩比是不同的。干式螺杆真空泵的吸、排气容积压缩比 $\varepsilon$ 可表示为

$$\varepsilon = V_{in} / V_{out} \tag{3.3}$$

式中，$V_{out} = A_e \lambda_{out}$，为单一螺杆转子的齿间排气容积，m³，其中 $\lambda_{out}$ 为排气导程，是对应干式螺杆真空泵排气端面之前最后一个螺旋导程的长度，m。对于端面型线的有效抽气面积 $A_e$ 沿轴向保持不变的螺杆转子，干式螺杆真空泵的吸、排气容积压缩比 $\varepsilon$ 取决于螺杆转子螺旋导程的变化，可表示为

$$\varepsilon = \lambda_{in} / \lambda_{out} \tag{3.4}$$

对于等螺距转子干式螺杆真空泵，吸气导程与排气导程相等，压缩比为 1，表示被抽气体在泵内没有内压缩过程。干式螺杆真空泵内气体输运过程的热力学计算表明，在指定的吸气容积下，压缩比越大，排气容积越小，排气功耗也越小；在排气压力恒定的条件下排气功耗正比于排气容积；同时，压缩功耗随压缩比和吸气压力的增大而增大。对于长期工作在吸气压力较低条件下的干式螺杆真空泵，采用大压缩比会具有很明显的节能效果。不过在启动初期吸气压力高于临界压力阶段，干式螺杆真空泵的压缩功耗会很大，以至于超出电机最大许用值，这时通常采用变频降速方式运行，通过减少抽气量来降低压缩功耗，当然同时也损失了泵的有效抽速。如果不希望采用变频运行，那么转子就不应该采用过大的压缩比。许多定频运行干式螺杆真空泵的压缩比取值为 1.8～2.1，实际就是同时兼顾启动阶段压缩功耗和极限压力附近排气功耗均不超负荷的折中方案。

## 3.4 螺杆转子的型线设计

螺杆转子的型线设计与加工是干式螺杆真空泵的最关键技术之一，型线种类的选择

与型线参数的设计,直接影响干式螺杆真空泵的抽气性能;螺杆转子的加工制造成本,也是干式螺杆真空泵制作成本中占比最大的。因此,几乎所有生产厂家都将其作为头等技术机密加以专利保护或秘不示人,也是所有干式螺杆真空泵开发设计人员所面临的首要技术难题。

干式螺杆真空泵的工作原理脱胎于已经技术成熟的螺杆气体压缩机和螺杆液体输送泵。干式螺杆真空泵中螺杆转子的工作原理与结构设计理念也是由这两种产品衍化而来的。因此,关于螺杆转子型线设计的基础理论,可以参考借鉴螺杆气体压缩机和螺杆液体输送泵的相关知识。迄今为止,多数干式螺杆真空泵的定型产品的转子均采用单头自啮合型线结构。自啮合属性就是主、从动螺杆转子采用完全相同的端面型线,这一点与螺杆气体压缩机有很大的不同,而与某些螺杆液体输送泵类似。

### 3.4.1 螺杆转子型线的三种表征

依据螺杆转子剖切面方位的不同,螺杆转子型线的常用表征方式有三种形式,分别为端面型线、轴面型线和法面型线[7]。端面型线对于研究主、从动螺杆转子的共轭属性、分析级间泄漏特性、计算泵腔的容积效率等都十分直观方便,因此在型线设计过程中被普遍采用。而轴面型线和法面型线,主要用于表征等螺距转子的结构,在等螺距转子的设计、加工、检验过程中应用非常方便,因此也时有使用。如果希望采用成型刀具直接加工等螺距转子,则必须依据法面型线来设计成型刀具。螺杆转子端面型线、轴面型线和法面型线的各自表征方程,以及转子齿面的螺旋曲面方程,均可以在转子坐标系中相互转换求得,因此只要确定了其中一种型线表征方式和螺旋展开方式,其余型线表征方式就可以确定。各种型线表征方程的转换方法,可以参照螺杆压缩机、干式螺杆真空泵或螺旋齿轮的相关理论方法。图 3.5 给出的是同一个等螺距转子的端面型线、轴面型线和法面型线的剖切面方位和对应的三个型线图形。

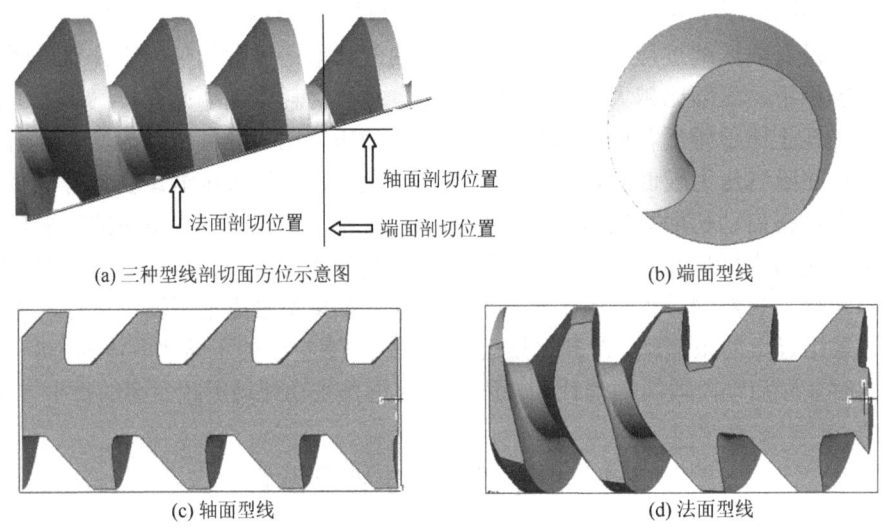

图 3.5 等螺距转子的端面型线、轴面型线和法面型线示意图

## 3.4.2 常用端面型线的基本构成

下面以端面型线的形式介绍常用螺杆转子型线的基本构成。依据螺杆转子共轭啮合原理的计算证明,本身具有自啮合属性、数学形式简单且易于加工的常用曲线主要有圆弧、摆线和渐开线三大类。在针对干式螺杆真空泵转子的相关文献查阅和实际产品考察中,所接触到的螺杆转子型线也大多属于这三类型线的组合。干式螺杆真空泵目前实际采用的结构型线中,圆弧曲线常作为齿顶圆和齿根圆,而摆线或渐开线作为连接齿顶圆和齿根圆的过渡曲线;其中摆线又包括单一摆线和以节圆为分界线分别连接齿顶圆及齿根圆的双摆线;依据在节圆连接点处的连接属性,双摆线又可分为平滑连接双摆线和非平滑连接双摆线。

图 3.6(a)、(b)分别展示了由齿顶圆 1、齿根圆 2、渐开线 3、单一摆线 4、平滑连接双摆线 5 和非平滑连接双摆线 6 构成的两个端面型线,二者做等螺距螺旋展开所形成的螺杆转子如图 3.6(c)、(d)所示,上述各段曲线所对应的齿形面分别为齿顶面 1′、齿根面 2′、斜齿面 3′、凹齿面 4′、平滑直齿面 5′和非平滑直齿面 6′。

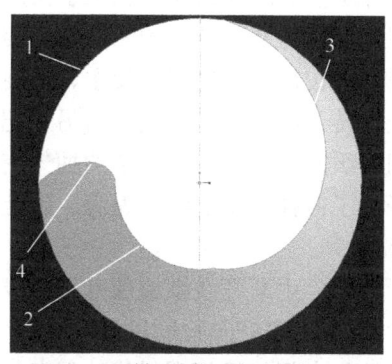
(a) 梯形齿转子端面型线

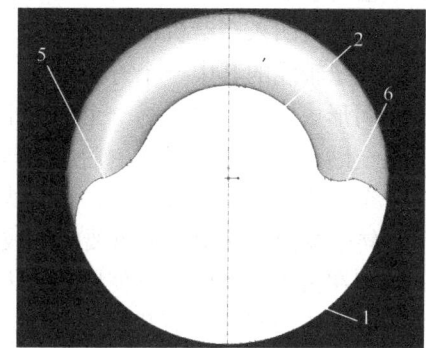
(b) 矩形齿转子端面型线

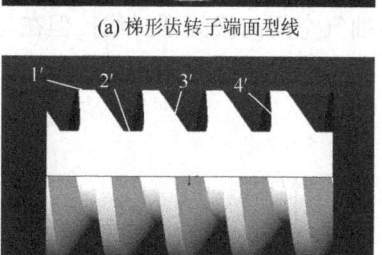
(c) 梯形齿转子轴面型线

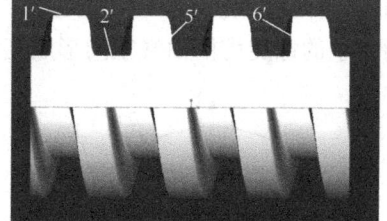
(d) 矩形齿转子轴面型线

图 3.6 螺杆转子端面型线和轴面型线的基本构成形式

在实际设计中,上述 6 种基本型线可以互相组合,其中齿顶圆与齿根圆必须存在,渐开线必须与另外 3 种摆线之一配合使用,3 种摆线则可以与自身或者其他摆线任意组合,从而在理论上形成 9 种不同的型线形式,其中多数已经在实际产品中被采用。

此外,设计人员还可以依据转子共轭啮合原理,设计开发出类似于双摆线的新型端面型线,即以节圆为分界线,分别构造出连接齿顶圆和齿根圆的两段曲线,其中一段可以是圆弧、椭圆、阿基米德螺线等任意基线,而另一段是该段基线的共轭包络曲线。由于可供选择的基线种类和取值多种多样,可以构造衍生出数不胜数的这一类结构型线。这一类型线的最大优点是生产厂家或设计人员可以设计出具有自主知识产权的、完全属于自己的新结构型线,从而突破其他人的专利保护壁垒;其不足之处则是共轭包络曲线段的型线方程可能十分复杂甚至没有显式解析解,只能以坐标点数据记录表示,给转子的加工和检验带来困难。

### 3.4.3 梯形齿转子端面型线概述

梯形齿转子是目前干式螺杆真空泵产品中使用量最多的一种转子结构,因其转子齿型的轴向剖面近似为一个直角梯形而得名。能够构成梯形齿转子的型线也有数种不同细微差别的曲线组合,其中最为常用的端面型线是由单摆线、齿根圆、渐开线和齿顶圆 4 段主曲线组成的,习惯上称为渐开线转子,如图 3.7(a)所示;渐开线转子的轴向剖面有 4 个齿型面,对应上述 4 段主曲线,依次为凹齿面、齿根面、斜齿面和齿顶面,如图 3.7(b)所示。

在梯形齿转子端面型线中,由单摆线螺旋展开所生成的凹齿面,相当于梯形齿的一个直角边,但向内凹入会给机械加工带来一定困难。主、从两转子的凹齿面互相啮合,在垂直于两转子轴线的其中一个方向上有一个很大的梭形泄漏通道,使主、从两转子的螺旋抽气空间形成连通;但在另一个方向上,一个转子凹齿面的齿顶尖与另一配对转子的凹齿面完全贴合,构成转子前、后级抽气空间的级间密封线,将转子的抽气空间沿轴向隔离成一个个相对独立的吸气腔,从而大大降低了被抽气体的级间返流。因此,单摆线是梯形齿转子端面型线中十分重要的组成曲线。

渐开线因在齿轮传动中广泛使用而为人们所熟知,由渐开线螺旋展开所生成的斜齿面,相当于梯形齿的斜边。渐开线的自啮合特性使得在两转子轴线共同所在的平面内,两转子的斜边相互紧密贴合,构成转子前、后级抽气空间的级间密封线;但在与之垂直的中垂面内,即 8 字形泵腔的中间腰部,两转子的斜边存在一个很大的泄漏三角形,使主、从两转子的螺旋齿槽抽气空间形成连通。

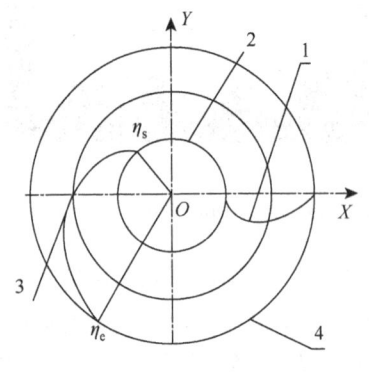
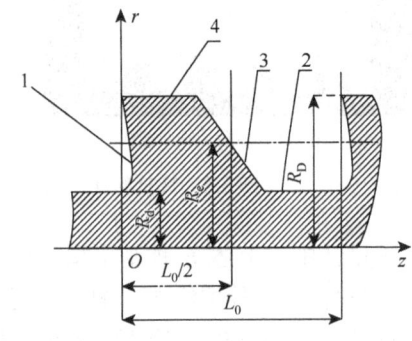

(a) 端面型线  
1-单摆线;2-齿根圆;3-渐开线;4-齿顶圆

(b) 轴面型线  
1-凹齿面;2-齿根面;3-斜齿面;4-齿顶面

图 3.7 梯形齿(渐开线)转子端面型线示意图

### 3.4.4 梯形齿转子端面型线方程

对照图 3.7 所示的梯形齿转子端面型线各段曲线在直角坐标系中的位置,其型线方程如下[8]。

(1) 单摆线方程。

$$\begin{cases} x_1 = (R_d + R_D)\cos\varphi_1 - R_D\cos 2\varphi_1 \\ y_1 = (R_d + R_D)\sin\varphi_1 - R_D\sin 2\varphi_1 \end{cases} \tag{3.5}$$

式中,形式参数 $\varphi_1 \in [0, \arccos(R_e/R_D)]$;$R_D$ 为齿顶圆半径;$R_d$ 为齿根圆半径。

(2) 齿根圆方程。

$$\begin{cases} x_2 = R_d\cos\theta_2 \\ y_2 = R_d\sin\theta_2 \end{cases} \tag{3.6}$$

式中,转角 $\theta_2 \in [0, \eta_s]$,其中 $\eta_s$ 为齿根圆的终止角度,同时也是渐开线的起始相位角,由渐开线的参数确定。

(3) 渐开线方程。

$$\begin{cases} x_3 = R_0\left[\cos(t+\beta_m) + t\sin(t+\beta_m)\right] \\ y_3 = R_0\left[\sin(t+\beta_m) - t\cos(t+\beta_m)\right] \end{cases} \tag{3.7}$$

式中,形式参数 $t \in \left(\sqrt{(R_d/R_0)^2 - 1}, \sqrt{(R_D/R_0)^2 - 1}\right)$;$\beta_m$ 为旋转相位角,可以表示为

$$\beta_m = \pi - \sqrt{\left(\frac{R_e}{R_0}\right)^2 - 1} + \arctan\sqrt{\left(\frac{R_e}{R_0}\right)^2 - 1} \tag{3.8}$$

式中,$R_e = (R_d + R_D)/2$,为节圆半径;$R_0$ 为渐开线的基圆半径,其取值大小直接决定着端面型线中渐开线所包含的角度大小,从而影响螺杆转子斜齿面的倾斜角度,也直接决定了梯形转子齿顶宽和齿槽底宽。基圆半径越小,斜齿面的倾斜角度越大,齿顶宽和齿槽底宽越小,齿槽顶部越宽,因此端面型线的有效抽气面积越大。

(4) 齿顶圆方程。

$$\begin{cases} x_4 = R_D\cos\theta_4 \\ y_4 = R_D\sin\theta_4 \end{cases} \tag{3.9}$$

式中,形式参数 $\theta_4 \in [0, \eta_e]$,其中 $\eta_e$ 为齿顶圆的起始角度,同时也是渐开线的终止相位角,由渐开线的参数确定。

(5) 渐开线的起始相位角。

$$\eta_s = \sqrt{\left(\frac{R_d}{R_0}\right)^2 - 1} - \arctan\sqrt{\left(\frac{R_d}{R_0}\right)^2 - 1} + \beta_m \tag{3.10}$$

（6）渐开线的终止相位角。

$$\eta_e = \sqrt{\left(\frac{R_D}{R_0}\right)^2 - 1} - \arctan\sqrt{\left(\frac{R_D}{R_0}\right)^2 - 1} + \beta_m \tag{3.11}$$

### 3.4.5 梯形齿转子端面型线的有效抽气面积

由式（3.1）和式（3.2）可知，计算干式螺杆真空泵几何抽速的关键是首先计算出螺杆转子端面型线的有效抽气面积 $A_e$。如图 3.8 所示，梯形齿转子端面型线的有效抽气面积 $A_e$ 即为图中不带阴影部分图形的面积，等于转子齿顶圆投影面积 $S_0$ 分别减去两转子重叠部分的弓形面积 $S_A$ 和端面型线所包络几何实体的横截面面积 $S_B$。其中，转子几何实体的横截面面积 $S_B$ 包括齿根圆扇形 $Oab$ 的面积 $S_1$、渐开线扇形 $Obcd$ 的面积 $S_2$ 和齿顶圆与单摆线围成的面积 $S_3$，其中 $S_3$ 是齿顶圆扇形 $Odefga$ 的面积 $S_4$ 与单摆线弓形 $ahfg$ 面积 $S_5$ 的差。下面分别进行计算。

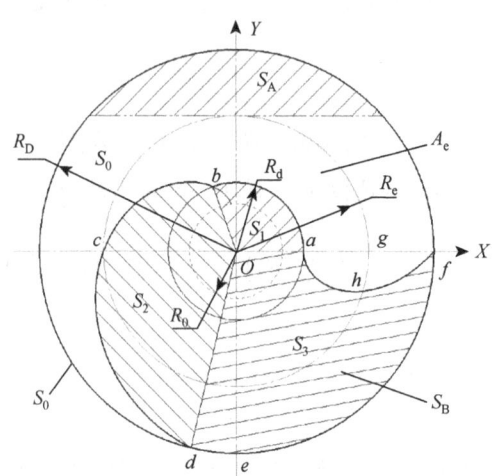

图 3.8 梯形齿（渐开线）转子端面型线有效抽气面积计算示意图

（1）两转子重叠部分的弓形面积 $S_A$。

$$S_A = R_D^2 \arccos\frac{R_e}{R_D} - R_e R_D \sin\left(\arccos\frac{R_e}{R_D}\right) \tag{3.12}$$

（2）齿根圆扇形面积 $S_1$。

$$S_1 = \pi R_d^2 \frac{\eta_s}{2\pi} = \frac{R_d^2}{2}\left[\sqrt{\left(\frac{R_d}{R_0}\right)^2 - 1} - \arctan\sqrt{\left(\frac{R_d}{R_0}\right)^2 - 1} + \beta_m\right] \tag{3.13}$$

（3）渐开线扇形面积 $S_2$。

$$S_2 = \frac{R_0^2}{6}\left\{\left[\left(\frac{R_D}{R_0}\right)^2 - 1\right]^{\frac{3}{2}} - \left[\left(\frac{R_d}{R_0}\right)^2 - 1\right]^{\frac{3}{2}}\right\} \tag{3.14}$$

(4) 齿顶圆扇形面积 $S_4$。

$$S_4 = \frac{R_D^2}{2}\left[\pi - \sqrt{\left(\frac{R_D}{R_0}\right)^2 - 1} + \arctan\sqrt{\left(\frac{R_D}{R_0}\right)^2 - 1}\right.$$
$$\left. + \sqrt{\left(\frac{R_e}{R_0}\right)^2 - 1} - \arctan\sqrt{\left(\frac{R_e}{R_0}\right)^2 - 1}\right] \quad (3.15)$$

(5) 单摆线弓形面积 $S_5$。

$$S_5 = 4R_e^2\left[\frac{\varphi_e}{2} - \frac{1}{4}\sin(2\varphi_e)\right]$$
$$+ R_D^2\left[\frac{\varphi_e}{2} - \frac{1}{4}\sin(4\varphi_e)\right] + R_e R_D[\sin(3\varphi_e) - 3\sin(\varphi_e)] \quad (3.16)$$

式中，$\varphi_e = \arccos(R_e/R_D)$。

综上，梯形齿（渐开线）转子端面型线的有效抽气面积为

$$A_e = S_0 - S_A - S_B = \pi R_D^2 - S_A - S_1 - S_2 - S_4 + S_5 \quad (3.17)$$

将 $A_e$ 代入式（3.1）和式（3.2），即可求出梯形齿（渐开线）转子的干式螺杆真空泵的几何抽速。

## 3.4.6 端面型线的实用化修正

螺杆转子的型线设计分为理论型线和实际型线。理论型线是指主、从转子在零间隙情况下满足啮合条件的基本型线模型。通过对理论型线的研究，能够分析计算出螺杆转子的有效抽气面积及面积利用系数，清晰地演示齿形面相互啮合的平滑顺畅性、形成的接触线长度和级间泄漏三角形，从而正确评估所设计型线模型的适用性。与大多数研究转子型线的文献相同，本节前述讨论和给出的转子端面型线也都是理论型线。

然而，理论型线的无间隙属性决定了它不能被直接做成实体模型投入使用，实际加工出的螺杆转子必须采用实际型线。实际型线是在理论型线基础上经过实用化修正后所获得的、做成实体后可在实际应用中可靠运行的型线模型。理论型线与实际型线的差别，源于主、从转子和泵体之间必须预留啮合间隙，以及在各段型线相互连接部位增加必要的过渡曲线，以便更易于加工或使过渡更平滑。

将理论型线修正为实际型线，首要工作是设计各啮合接触面间的啮合间隙。以前面所述的梯形齿（渐开线）转子端面型线为例，如图3.9所示，图中的 $M$、$N$ 两条粗实曲线分别为左、右两转子的理论型线，它们在啮合点处是无间隙相互接触的。为了在啮合点处获得期望的运动间隙 $\delta_1$，通常做法是在理论型线的基础上，向内构造一条与理论型线距离为 $\delta_1/2$ 的等距线，如图中的虚线 $M'$、$N'$ 所示。等距线的构造方法是以理论型线的每一点为圆心，以运动间隙的一半 $\delta_1/2$ 为半径，画出一系列圆，所有这些圆的内切包络线，即构成与理论型线各点的法向距离均为 $\delta_1/2$ 的等距线，相当于将理论型线模型向内缩小了半个间隙，从而在两个转子的啮合点处形成完整间隙值 $\delta_1$。若左侧转子的齿根圆和右

侧转子的齿顶圆的半径均减小 $\delta_1/2$（圆弧的等距线就是其同心圆弧），则在二者的啮合点处产生 $\delta_1$ 宽的间隙。同样，将转子齿顶圆弧线半径增大 $\delta_1/2$ 作为主泵体 8 字形泵腔的内径，则在两转子齿顶圆与泵腔之间也能够形成 $\delta_1$ 的运动间隙。

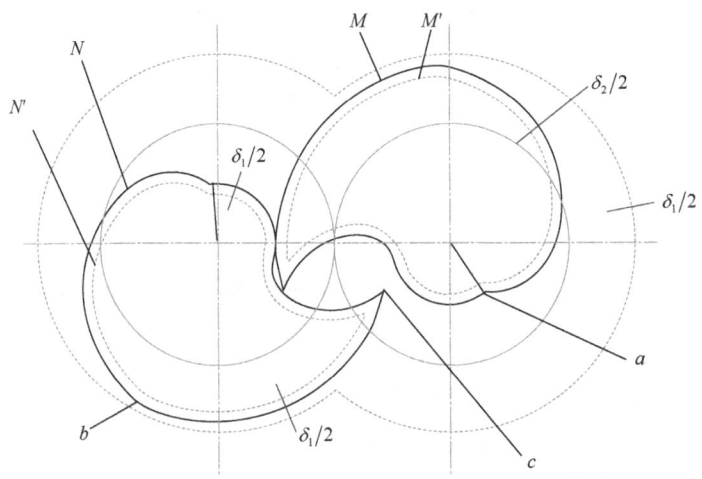

图 3.9　梯形齿（渐开线）转子端面型线的实用化修正示意图

从理论端面型线出发，采用等距收缩方法构成的实际型线，对于生成齿顶面、齿根面和泵体内腔表面之间的径向间隙十分有效。但是，对于单摆线和渐开线等连接齿顶圆与齿根圆的中间过渡曲线，则存在问题。尽管从端面型线上看，它们的啮合点处也产生了完整的间隙值，但必须注意，这是两条线在同一平面径向方向上的距离。当这些过渡曲线做螺旋展开形成倾斜的螺旋曲面后，相互啮合齿面之间的最短距离是其法向距离，该距离通常小于横截面上的径向距离。因此，若要使两转子上的斜齿面（由端面型线中的渐开线螺旋展开后形成）之间的最小间隙距离为 $\delta_1$，则在端面型线上，实际型线相对理论型线的收缩距离 $\delta_2$ 应大于 $\delta_1$，其量值关系还取决于螺旋展开的升角或者局部导程。

干式螺杆真空泵中两转子各个啮合面之间的间隙值设定需要考虑多方面的影响因素。单从抽速性能角度出发，各处运动间隙越小，泵内气体通过间隙产生的返流泄漏越少，泵的抽速效率和极限压力指标越好。但是，由于转子和泵体在加工过程中存在尺寸公差和形位公差，在装配过程中存在配合公差，因此在间隙设计时首先需要考虑所有这些几何误差的累加效果，保证转子各啮合面在转动时不发生干涉、剐蹭现象。其次，干式螺杆真空泵在工作过程中泵内温度升高，转子热膨胀尺寸变大，而主泵体内腔有水冷套冷却，尺寸变化较小，这直接导致转子齿顶圆与泵体内腔表面间的距离变小，因此在间隙设计时需根据预期的工作温度，为转子预留热膨胀裕量。鉴于转子排气侧温度最高而吸气侧温度较低，转子预留的热膨胀间隙通常也是排气侧大，吸气侧小。另外，许多干式螺杆真空泵工作时抽出的气体中含有固体微粒等杂质，或者某些有机化学成分在泵内可能发生碳化、焦化而形成黏附，间隙设计时还应考虑对这些外来杂质的耐受问题，必要时有意放大间隙以便能够顺利排出杂质不至于发生卡滞。

螺杆转子理论型线的实用化修正，即获得理想的实际模型，不单纯是生成转子的啮合间隙，还要从便于加工制造和改善工作性能等多方面加以考虑。仍以图 3.9 所示的梯形齿转子端面型线为例，理论型线中渐开线与齿根圆的交点 $a$ 处，是一个曲率不连续的尖角点，经螺旋展开后成为斜齿面与齿根面两个曲面呈夹角的交线，加工难度很大，实际"清根"作业时耗费很多工时。为改善其加工性能，可以在实际型线的 $a$ 点附近增加一段平滑连接渐开线和齿根圆的过渡曲线，通常为摆线或圆弧，从而消除了尖角的存在，在加工中能够大大节省工时。同时，为了保证转子型线的自啮合属性和啮合过程的顺滑性，与 $a$ 点对应的啮合点，即渐开线与齿顶圆的交点 $b$ 处，也需进行相应的变化，采用 $a$ 点过渡曲线的共轭曲线连接渐开线和齿顶圆。

从图 3.9 中还可以看出，单摆线与齿顶圆两条曲线的交点 $c$ 处也是一个尖点，经螺旋展开后就成为一个尖锐的单摆线齿顶尖角刃口，加工时不仅容易产生尺寸误差和变形，还容易造成划伤。为此，在实际加工中常常将其做一个圆弧倒角。但是，对该端面型线理论型线的啮合过程进行分析可知，两个转子端面型、线中心单摆线相互间属于点啮合，$c$ 点正是其啮合点；进一步对两转子空间啮合关系的研究表明，$c$ 点形成的齿顶尖角刃口，恰好成为与凹齿面（由单摆线螺旋展开形成）相对的啮合线；该啮合线在转子前后级间密封链中起到重要作用，其密封性对干式螺杆真空泵的抽气性能影响很大。目前这种尖角刃口形态，对保证密封性能十分不利。为此，有一种改进的设计方案，将其尖角刃口切断，在凹齿面和齿顶面间形成一个倾斜指定角度的新平面，如图 3.10 所示[9]；同时，通过调整凹齿面角度位置，使新平面与凹齿面形成面密封。这样，在加工过程中可以不用对尖角刃口进行小心翼翼的精加工；在包装、运输、检验、装配、维修等过程中能够有效地保护密封面不被破坏，减少不必要的废品率；而且由于将凹齿面的线密封改成了面密封，最大限度地减少了气体的级间返流，能有效提高泵的抽气性能。

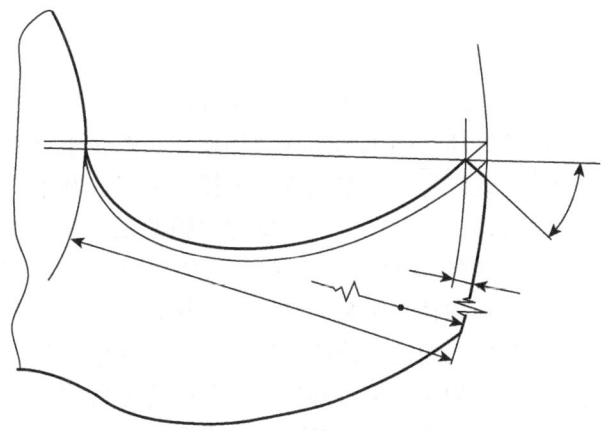

图 3.10 单摆线齿顶尖角修正为面密封的演示图

螺杆转子实际型线的实现，即适用的螺杆转子实体的造型和加工制造，应根据现场具备的设计、加工、检验条件确定其方法。以生成啮合间隙的方法为例，既可以在绘制端面型线时就直接做出带有间隙的实际型线，然后螺旋展开成为具有配合间隙的转子实体造型；也可以先按照理论型线完成无间隙实体造型，然后通过曲面平移等造型方法去除间隙裕量生成间隙。对于具有高级数控机床的单位，还可以直接采用理论型线的无间隙实体造型作为加工样本原型，然后利用加工机床的刀补功能，按照期望的间隙量进行进刀补偿，加工出有间隙的转子实体。

## 3.5　螺杆转子的螺旋展开与动平衡

在干式螺杆真空泵中广泛使用的等截面螺杆转子对，是以满足其自啮合条件的端面型线为基本图形，分别沿轴向做左、右螺旋展开而构成的实体模型；而少数变截面螺杆转子对，包括截面直径突变式和渐变式，也都是螺杆转子以端面型线为基础做螺旋展开构成的。螺杆转子齿形的螺旋展开形式直接确定了螺杆转子齿间储气腔容积的沿程变化规律，从而决定了被抽气体在泵内所经历的输运热力过程，并最终影响着干式螺杆真空泵的极限压力、抽速、功耗和排气温度等各方面工作性能指标。因此，针对干式螺杆真空泵的具体应用场合和工艺要求设计螺杆转子，选择合适的螺旋展开形式是十分重要的。

从螺杆转子的螺旋展开方式上划分，总体上有等螺距转子和变螺距转子两大类[7]，其中变螺距转子又可分为一段式、二段式、三段式和特殊方式等多种形式。这里等螺距转子和变螺距转子的真实含义是指螺杆转子的齿间储气腔容积沿轴向是否发生变化。最为通俗的理解就是，等螺距转子的吸、排气容积相同，泵内吸、排气容积压缩比 $\varepsilon = 1$；而变螺距转子的排气容积小于吸气容积，泵内吸、排气容积压缩比 $\varepsilon > 1$。鉴于大多数螺杆转子为常规等截面螺旋体，齿间储气腔容积正比于其螺旋导程，因此习惯上以等螺距转子和变螺距转子命名。

### 3.5.1　等螺距转子

早期开发螺杆真空泵产品的生产厂家大多是从等螺距转子做起。一方面，是因为等螺距转子易于加工，与螺杆气体压缩机和螺杆液体输送泵的转子更为相似；另一方面也是因为采用等螺距转子的干式螺杆真空泵无内压缩排气方式，利于抽除含有固体颗粒杂质或可凝性蒸气等不纯净气体；如果在排气口附近再辅助以气镇方式控制其外压缩（排气）过程，那么对安全输运含有可凝性蒸气成分的气体、避免在泵内发生相变凝结/沉积就是十分有利的，更适合干式螺杆真空泵的许多应用场合。例如，集成电路制造行业是最早提出无油直排大气真空泵迫切需求的应用领域之一，其中一些工艺作业需要经常抽除携带固体颗粒的气体，或者为了避免被抽气体中某些可分解成分在泵腔内碳化、焦化结成固体（或液体）微粒，这些设备一直在使用等螺距干式螺杆真空泵。

等螺距转子的构造方式是将端面型线沿一条螺旋导程恒定不变的圆柱螺旋线做旋转展开。以转子的排气端面与转子轴线的交点作为坐标系的原点，以转子的排气端面作为极坐标平面，以转子的轴线作为 $z$ 轴，且从排气端面指向吸气端面的方向作为 $z$ 轴的正方向，从而建立一个描述螺旋引导线的圆柱坐标系。为了便于讨论，规定后面几种类型的变螺距转子也采用相同的方法建立坐标系。

在该坐标系中建立生成等螺距转子的螺旋引导线,可以随意指定某一半径值(如齿顶圆半径 $R_D$)作为螺旋线的半径,设螺杆转子的总螺旋转角 $\theta_T = 2n\pi$,则螺旋引导线的方程为[10]

$$\begin{cases} r = R_D \\ z = \dfrac{\lambda}{2\pi}\theta \end{cases}, \quad \theta \in (0, 2n\pi) \tag{3.18}$$

式中,$r$ 为螺旋引导线的半径;$\lambda$ 为等螺距螺旋线的导程,m;$\theta$ 为圆柱坐标系下的转子螺旋线的螺旋转角,rad。

实际上,螺旋引导线的半径 $r$ 并不影响端面型线螺旋展开后的效果,因此后续不再给出半径方程式,仅给出轴向展开方程。总螺旋转角 $\theta_T$ 之所以采用 $2n\pi$ 形式给出,是因为转角 $\theta$ 每旋转 $2\pi$,端面型线旋转一周,相互啮合的两转子的齿形就构成一个储气腔容积,习惯上称为一级,总螺旋转角为 $2n\pi$ 的螺杆转子,称为 $n$ 级转子,图 3.11 中所示的即为 4.5 级转子,总螺旋转角等于 $9\pi$。

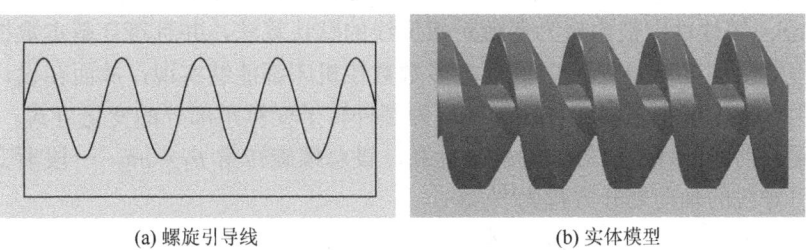

(a) 螺旋引导线　　　　　　　　(b) 实体模型

图 3.11　等螺距转子示意图

等螺距螺旋线的导程 $\lambda$ 也称为螺距,不随螺旋转角变化,因此等螺距转子的吸气导程和排气导程相同,$\lambda_{in} = \lambda_{out} = \lambda$,代入式(3.2)、式(3.4)即可计算螺杆转子的吸气容积和吸、排气容积压缩比;等螺距转子的吸、排气容积压缩比 $\varepsilon = 1$。

图 3.11(a)给出了以转子顶圆半径为螺旋半径、以转子轴线坐标为中心轴的螺旋引导线投影图[10];图 3.11(b)为做等螺距螺旋展开对应得到的渐开线转子实体模型示意图。出于螺杆转子的绘图习惯,图中将坐标原点设置在图的右侧,转子轴线 $z$ 轴的正向指向左侧。后面各图与此相同。

### 3.5.2　一段渐变式变螺距转子

干式螺杆真空泵内气体输运热力过程的研究表明,螺距转子采用不同的螺旋展开方式,通过调节螺杆转子的储气腔容积,可以改变被抽气体在泵内输运期间的热力过程,并最终影响干式螺杆真空泵的极限压力、抽速、功耗和排气温度等性能指标。其中,最被广泛接受的认知是变螺距转子干式螺杆真空泵比等螺距转子干式螺杆真空泵更为节能。

变螺距转子干式螺杆真空泵节能的原因如下:干式螺杆真空泵的总功耗包括输运和

排送气体的有用功耗（做功功耗）、泵腔内的气体摩擦功耗和转子系的机械摩擦功耗，其中有用功耗包括内压缩功耗（压缩功耗）和外压缩功耗（排气功耗）。通过对泵内气体输运过程的热力学分析可知，在排气压力一定的情况下，排气功耗占总功耗的比例很大，且正比于转子的排气容积。在相同抽速，即吸气容积相同的情况下，等螺距转子的排气容积大，因此排气功耗大；而变螺距转子的排气容积小，所以其排气功耗就小。这一效果在长期工作于吸气压力很低的工况下且吸排气容积压缩比大时，显得尤为突出，这就是众所周知的变螺距转子干式螺杆真空泵比等螺距转子干式螺杆真空泵更节能的根本原因。

螺距转子的螺旋展开方式，不仅要从节能降耗的角度去实现期望的压缩比，更重要的是通过调节螺杆转子储气腔容积的变化规律，改善被抽气体在泵内输运期间的热力过程，从而适应所服务的真空应用对象的实际要求。由此诞生出许多种不同的变螺距螺旋展开形式。

一段渐变式变螺距转子就是指转子的螺旋引导线是由一段渐变式变螺距螺旋线组成的，其线上的螺旋导程每一点都不相同，是线性变化的。一段渐变式变螺距转子的螺旋线可以有多种变化规律，其中最简单的是导程随螺旋展开转角线性变化。这种变化规律在 SolidWorks 等软件中被内嵌为变螺距螺旋线的默认算法，并且符合基本数控编程指令中的变导程螺纹加工 G34 指令，因此大多数数控机床都能够实现，故而在设计与制造中被广泛应用。在本书中采用这种螺旋线作为螺杆转子变螺距部分的变化方式。

依旧采用前述的螺旋引导线圆柱坐标系，设总螺旋转角 $\theta_T = n\pi$，一段渐变式变螺距转子螺旋引导线的轴向展开方程为[10]

$$z(\theta) = \frac{\lambda_1}{2\pi}(\theta + \alpha\theta^2), \quad \theta \in (0, n\pi) \tag{3.19}$$

式中，$\lambda_1$ 为一段渐变式变螺距转子螺旋引导线的初始导程，m，即排气端面处的螺旋导程；$\alpha$ 为一段渐变式变螺距转子螺旋引导线的变螺距系数，$rad^{-1}$；$\theta$ 为圆柱坐标系下的转子螺旋引导线的螺旋转角，rad。

为便于设计计算中的应用，下面给出一段渐变式变螺距转子螺旋引导线的其他相关参数计算式。

螺杆转子的总长度 $L_T$ 为

$$L_T = z(\theta_T) = \frac{\lambda_1}{2\pi}(\theta_T + \alpha\theta_T^2) = \frac{\lambda_1}{2}(n + \alpha\pi n^2) \tag{3.20}$$

螺旋转角 $\theta$ 与轴向坐标 $z$ 的关系为

$$\theta(z) = \frac{1}{2\alpha}\left[\sqrt{1 + 8\pi\alpha z/\lambda_1} - 1\right] \tag{3.21}$$

螺旋导程 $\lambda$ 与轴向坐标 $z$ 的关系为

$$\lambda(z) = \lambda_1\sqrt{1 + 8\pi\alpha z/\lambda_1} \tag{3.22}$$

螺旋导程 $\lambda$ 与螺旋转角 $\theta$ 的关系为

$$\lambda(\theta) = \lambda_1(1 + 2\alpha\theta) \tag{3.23}$$

螺旋引导线的终止导程 $\lambda_2$，即一段渐变式变螺距转子吸气端面处的螺旋导程为

$$\lambda_2 = \lambda(L_T) = \lambda_1 \sqrt{1 + 8\pi\alpha L_T/\lambda_1} \qquad (3.24)$$

或

$$\lambda_2 = \lambda(\theta_T) = \lambda_1(1 + 2n\pi\alpha) \qquad (3.25)$$

以螺杆转子总长度 $L_T$、螺杆转子排气端面初始导程 $\lambda_1$ 和吸气端面终止导程 $\lambda_2$ 为变量，则一段渐变式变螺距转子螺旋引导线的变螺距系数 $\alpha$ 可以表示为

$$\alpha = \frac{\lambda_2^2 - \lambda_1^2}{8\pi\lambda_1 L_T} \qquad (3.26)$$

总螺旋转角为

$$\theta_T = \frac{4\pi L_T}{\lambda_1 + \lambda_2} \qquad (3.27)$$

图 3.12 分别给出一段渐变式变螺距转子的螺旋引导线（以节圆半径为螺旋线半径）和实体模型示意图，为一个螺旋转角为 $10\pi$ 的 5 级转子。

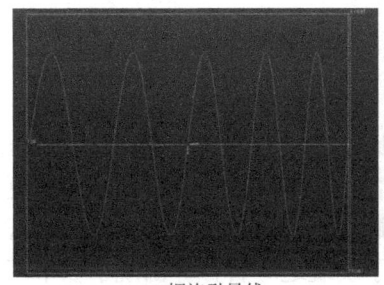
(a) 螺旋引导线
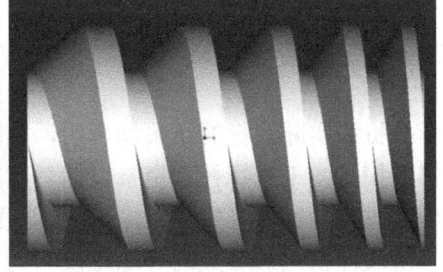
(b) 实体模型

图 3.12 一段渐变式变螺距转子示意图

为计算干式螺杆真空泵的几何抽速与压缩比，需要掌握吸气导程和排气导程；若要对泵内的气体输运全过程开展研究，则需要了解转子不同位置抽气空间的变化规律。对于一段渐变式变螺距转子，无法像等螺距转子那样直接获得在转子某一段的螺旋导程和储气腔容积，但可知，任意 $2\pi$ 转角之间都会形成一个完整封闭的储气腔。

基于轴向展开方程（3.19），在螺旋转角 $\theta_C$ 和 $\theta_C + 2\pi$ 之间的螺距宽度为

$$h(\theta_C) = z(\theta_C + 2\pi) - z(\theta_C) = \lambda_1(1 + 2\pi\alpha + 2\alpha\theta_C) \qquad (3.28)$$

其中，最靠近泵体排气口的 $2\pi$ 转角，即为 $\theta_C = 0$ 的排气端面，为转子的终止排气腔。因此，一段渐变式变螺距转子的排气导程为

$$\lambda_{\text{out}} = h(0) = \lambda_1(1 + 2\pi\alpha) \qquad (3.29)$$

同理，在螺旋转角 $\theta_d$ 和 $\theta_d - 2\pi$ 之间的螺距宽度为

$$H(\theta_d) = z(\theta_d) - z(\theta_d - 2\pi) = \lambda_1(1 - 2\pi\alpha + 2\alpha\theta_d) \qquad (3.30)$$

若干式螺杆真空泵主泵体吸气口的结束位置对应螺杆转子的螺旋转角 $\theta_D$，则一段渐变式变螺距转子的吸气导程为

$$\lambda_{\text{in}} = H(\theta_D) = \lambda_1(1 - 2\pi\alpha + 2\alpha\theta_D) \qquad (3.31)$$

一段渐变式变螺距转子的内压缩比为

$$\varepsilon = \frac{\lambda_{\text{in}}}{\lambda_{\text{out}}} = \frac{1 - 2\pi\alpha + 2\alpha\theta_{\text{D}}}{1 + 2\pi\alpha} \tag{3.32}$$

一段渐变式变螺距转子的特点是被抽气体在泵内的整个输运历程，一直处于缓慢均匀的压缩过程，气体热力学参数变化平缓，即使在吸气阶段和排气阶段，储气腔的容积也是周期性变化的。由于存在内压缩作用，被抽气体在排气前压力升高，因此相比于等螺距干式螺杆真空泵降低了排气温度、排气功耗及排气噪声。一段渐变式变螺距转子的另一个优点是利用较廉价的机械加工设备即可完成变螺距转子的加工制造，因此在早期干式螺杆真空泵研发过程中被较多采用。这种转子的不足之处也正是渐变问题，在吸气阶段和排气阶段被抽气体一直处于边压缩边吸气和排气的状态，吸气和排气速率、压力不稳定，因此后来逐渐被工作性能更佳的二段式和三段式变螺距转子所取代。但是，在二段式和三段式变螺距转子的变螺距段设计中，仍然保留了螺旋导程随螺旋转角线性变化的特征，一段渐变式变螺距转子的轴向展开方程和参数关系公式仍然可用。

### 3.5.3　二段突变式变螺距转子

热力学分析和实际运行的结果均表明，相比于一段渐变式变螺距转子边压缩边排气的非稳恒排气模式，干式螺杆真空泵以储气腔容积保持不变的均衡排气模式更有利于降低排气温度、排气功耗和排气噪声，因此期望螺杆转子在输运阶段实现较大压缩比的同时，在排气阶段保留足够级数的等螺距段。为了实现这一目标，出现了以下两种螺旋展开方式，分别为二段突变式变螺距转子和二段渐变式变螺距转子。

二段突变式变螺距转子就是将两段端面型线相同但导程不同的等螺距转子直接同轴连接成一体，因其导程在二者中间相接处不是平滑连续过渡，而是导程突变而得名。二段突变式变螺距转子的螺旋引导线是由两段等螺距螺旋引导线组成的，以转子的排气端面建立圆柱坐标系，若排气阶段等螺距部分螺旋转角为 $m\pi$，吸气阶段等螺距部分螺旋转角为 $n\pi$，则总螺旋转角 $\theta_T = (m+n)\pi$，以排气端面为极坐标原点平面，可建立如下方程：

$$z(\theta) = \begin{cases} \dfrac{\lambda_1}{2\pi}\theta, & \theta \in (0, m\pi) \\ \dfrac{m\lambda_1}{2} + \dfrac{\lambda_2}{2\pi}(\theta - m\pi), & \theta \in [m\pi, (m+n)\pi] \end{cases} \tag{3.33}$$

式中，$\lambda_1$ 为二段突变式变螺距转子排气阶段螺旋线的导程，m；$\lambda_2$ 为二段突变式变螺距转子吸气阶段螺旋线的导程，m；$\theta$ 为圆柱坐标系下的转子螺旋线的螺旋转角，rad。图 3.13 显示的是以齿顶圆半径为螺旋线半径、吸气阶段宽螺距和排气阶段窄螺距各有 2.5 级的二段突变式变螺距转子螺旋引导线和实体造型示意图[10]。

二段突变式变螺距转子的几何参数计算与等螺距转子相似，转子的吸气导程 $\lambda_{\text{in}} = \lambda_2$，排气导程 $\lambda_{\text{out}} = \lambda_1$，压缩比 $\varepsilon = \lambda_2/\lambda_1$。

二段突变式变螺距转子的特点是既保留了等螺距转子均衡吸气、均衡排气的固有优势，又实现了变螺距转子具有设定的压缩比；结构制造工艺是分别加工两段带有中心轴孔的等螺距转子，然后热胀装配串接在同一根转子轴上。等螺距转子的加工要比变螺距更为简单，一定程度上降低了制造成本。两段螺距不等的螺杆转子在相接处导程不连续，转子齿面上有一个印痕，被抽气体流过这里时有较大的摩擦；并且气体是在两段等螺距的连接处仅一个导程内完成了内压缩过程，热力状态变化更剧烈，如发热量更接近绝热过程。通过调节两段等螺距转子的级数，可以改变内压缩在泵内的发生位置，从而将气体内压缩与反冲排气的外压缩过程分开进行，利于干式螺杆真空泵的散热。

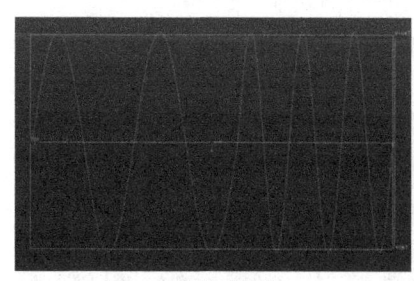

(a) 螺旋引导线　　　　　　　　　(b) 实体造型

图 3.13　二段突变式变螺距转子示意图

## 3.5.4　二段渐变式变螺距转子

为了解决一段渐变式变螺距转子边压缩边排气的非恒速排气模式和二段突变式变螺距转子内压缩过程过于激烈的问题，出现了二段渐变式变螺距转子设计方案，即在一段渐变式变螺距转子的排气侧之后，再增设一段等螺距转子。这样，既保留了前面吸气阶段渐变式变螺距转子沿程平稳均匀内压缩的特征，避免了二段突变式变螺距转子内压缩剧烈的问题，实现了预期的内压缩比；又具备了排气阶段储气腔容积保持不变的均衡排气模式。转子在变螺距段与等螺距段相接处，两侧螺旋导程相同，实现了连续平滑过渡。

二段渐变式变螺距转子的螺旋引导线是由排气侧一段等螺距螺旋线和吸气侧一段渐变式变螺距螺旋线组成的，并且变螺距螺旋线的初始导程与等螺距螺旋线的导程相等。以转子的排气端面建立圆柱坐标系，设排气阶段等螺距部分螺旋转角为 $m\pi$，吸气阶段变螺距部分螺旋转角为 $n\pi$，则总螺旋转角 $\theta_T = (m+n)\pi$，可建立如下方程：

$$z(\theta) = \begin{cases} \dfrac{\lambda_1}{2\pi}\theta, & \theta \in (0, m\pi) \\ \dfrac{m\lambda_1}{2} + \dfrac{\lambda_1}{2\pi}[(\theta - m\pi) + \alpha(\theta - m\pi)^2], & \theta \in [m\pi, (m+n)\pi] \end{cases} \quad (3.34)$$

式中，$\lambda_1$ 为等螺距螺旋线导程和变螺距螺旋线的初始导程，m；$\alpha$ 为变螺距螺旋线的变螺距系数，$rad^{-1}$；$\theta$ 为圆柱坐标系下的转子螺旋线的螺旋转角，rad。图 3.14 给出了一个 3 级渐变式变螺距转子吸气阶段和 2 级等螺距转子排气阶段串接的二段渐变式变螺距转子的示意图[10]。

二段渐变式变螺距转子中渐变吸气阶段的几何计算可以参照一段渐变式变螺距转子的相关公式。例如，二段渐变式变螺距转子的吸气导程的计算，假设主泵体吸气口的结束位置距离转子排气端面的总长度为 $L_D$，扣除等螺距的转子长度 $0.5m\lambda_1$ 后，转子变螺距段剩余部分的长度为 $L_D$-$0.5m\lambda_1$；代入式（3.21），得到吸气口结束点对应的转子变螺距段的螺旋转角为

$$\theta_D = \frac{1}{2\alpha}\left[\sqrt{1+8\pi\alpha(L_D-0.5m\lambda_1)/\lambda_1}-1\right] \quad (3.35)$$

再将计算得到的 $\theta_D$ 代入式（3.31），即可计算出该二段渐变式变螺距转子的吸气导程为

$$\lambda_{in} = \lambda_1\left(\sqrt{1+8\pi\alpha(L_D-0.5m\lambda_1)/\lambda_1}-2\pi\alpha\right) \quad (3.36)$$

二段渐变式变螺距转子的排气导程为其等螺距段的导程，即 $\lambda_{out}=\lambda_1$，压缩比 $\varepsilon=\lambda_{in}/\lambda_1$。

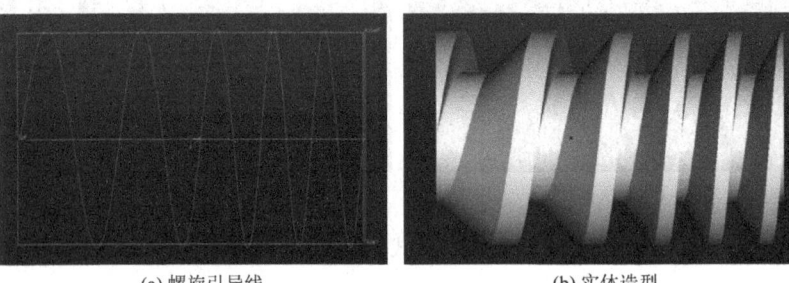

(a) 螺旋引导线　　　　　　　(b) 实体造型

图 3.14　二段渐变式变螺距转子示意图

### 3.5.5　三段式变螺距转子

二段渐变式变螺距转子虽然解决了一段渐变式变螺距转子的非恒速排气和二段突变式变螺距转子内压缩过程过于激烈的问题，但仍然存在一段渐变式变螺距转子吸气速率不均衡的问题。为此，三段式变螺距转子应运而生，其结构是在上述二段渐变式变螺距转子的吸气侧再增加一段等螺距转子，形成等螺距—变螺距—等螺距这样变化趋势的三段式变螺距转子，从而克服了变螺距转子的吸气容积随转子转动发生波动这一不足，改善了泵的抽气性能。

三段式变螺距转子的螺旋引导线是由一段变螺距螺旋线和两段等螺距螺旋线组成的，并且位于中间的变螺距螺旋线的初始导程与排气阶段等螺距螺旋线的导程相等，变螺距螺旋线的终止导程与吸气阶段等螺距螺旋线的导程相等。在三段式变螺距转子的设计中，以转子的排气端面为圆柱坐标系的原点平面，设排气阶段等螺距部分螺旋转角为 $m\pi$，中间段变螺距部分螺旋转角为 $n\pi$，吸气阶段等螺距部分螺旋转角为 $q\pi$，则总螺旋转角 $\theta_T=(m+n+q)\pi$，可建立如下方程：

$$z(\theta) = \begin{cases} \dfrac{\lambda_1}{2\pi}\theta, & \theta\in(0,m\pi) \\ \dfrac{m\lambda_1}{2}+\dfrac{\lambda_1}{2\pi}[(\theta-m\pi)+\alpha(\theta-m\pi)^2], & \theta\in[m\pi,(m+n)\pi) \\ \dfrac{m\lambda_1}{2}+\dfrac{\lambda_1}{2}(n+\alpha n^2\pi)+\dfrac{\lambda_2}{2\pi}[\theta-(m+n)\pi], & \theta\in[(m+n)\pi,(m+n+q)\pi] \end{cases} \quad (3.37)$$

式中，$\lambda_1$ 为排气阶段等螺距螺旋线导程，即中间段变螺距螺旋线的初始导程，m；$\lambda_2$ 为吸气阶段等螺距螺旋线导程，即中间段变螺距螺旋线的终止导程，m；$\alpha$ 为中间段变螺距螺旋线的变螺距系数，$\text{rad}^{-1}$；$\theta$ 为圆柱坐标系下的转子螺旋线的螺旋转角，rad。在指定排气导程 $\lambda_1$ 和吸气导程 $\lambda_2$ 的情况下，即限定了中间段变螺距螺旋线的初始导程和终止导程，中间段变螺距螺旋线的其他结构参数，如变螺距系数 $\alpha$、螺旋转角 $n\pi$ 和总长度等，相互间就存在制约关系，必须满足 3.4.2 节中的相关参数计算公式。为保证实现均衡吸气，通常要求在主泵体吸气口结束点之后，三段式变螺距转子吸气阶段的等螺距螺旋线转角不小于 $2\pi$，即构成一级初始吸气腔。图 3.15 给出了一个具有 1.5 级等螺距吸气阶段 +1.5 级变螺距压缩段 +2 级等螺距排气阶段的三段式变螺距转子示意图[10]。

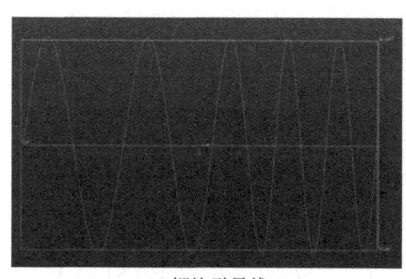 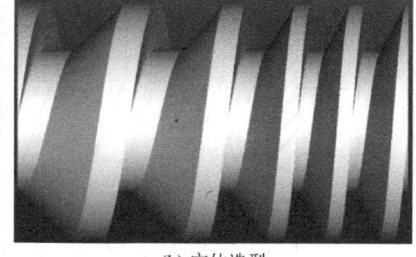

(a) 螺旋引导线　　　　　　　　(b) 实体造型

图 3.15　三段式变螺距转子示意图

三段式变螺距转子实现了恒速吸气和恒速排气，具有确定的压缩比（吸气阶段导程与排气阶段导程之比）。其均匀大导程的吸气阶段能够保证泵的抽速平稳无波动；均匀小导程的排气阶段能够有效限制排气反冲的影响区域，降低排气动力学噪声；而介于二者之间实现平滑过渡的变螺距段，通过调节变螺距的总转角或总长度，可以改变其气体内压缩过程的进度快慢，形成差异很大的气体热力过程，使其适应具体工艺的实际需求，因而三段式变螺距转子被越来越多地采用。由于三段式变螺距转子螺旋展开变化规律更复杂，增加了转子的加工难度，通常借助高级数控机床的配合才能大批量生产。

### 3.5.6　变截面螺杆转子

前述的各种变螺距转子，都是单纯通过改变转子的螺旋导程来实现泵内各级储气腔容积的变化；当设计吸排气容积压缩比过大时，会导致转子加工困难、性能下降。当排气阶段的螺旋导程变得很小时，螺杆的齿槽变得又深又窄，使机械加工难度变大。随着转子的螺旋导程变小，转子齿型的齿顶宽也变小了，气体通过齿顶面与泵腔内壁间的 8 字形泄漏通道的级间返流会增加；同时也发现，转子的有效储气腔容积变小，转子级间返流泄漏通道的结构和面积却没有变化，因此单位储气腔容积中气体所对应的级间返流泄漏量变得更大了，从而会使泵的极限压力和抽气效率下降。为解决上述矛盾，出现了变截面螺杆转子，即螺杆转子沿轴向的横截面形状不再保持不变。为便于制造，通常是在保持相互啮合的主、从动螺杆转子中心轴线平行且距离不变的前提下，转子的端面型线尺寸沿程变化，从而通过改变其有效抽气面积来实现转子储气腔容积的变化，包括锥形转子和阶梯转子两种形式。

锥形转子是解决上述问题的极好方案，即螺杆转子的齿顶圆直径以及泵腔内径，由吸气侧向排气侧线性减小，对应的齿根圆直径以相同比例线性增大，从而保持两转子轴线相互平行，即中心距保持不变；处于齿顶圆和齿根圆之间环形空间内的有效储气面积，随着齿顶圆的缩小和齿根圆的增大，沿轴向由吸气侧向排气侧迅速减小，能够在较短轴向距离内实现很大的内压缩比，因此不必将螺旋导程设计得很小，这是其他变螺距方式无法做到的。转子级间返流泄漏通道的结构和面积沿轴向也随之减小，而齿顶宽却不再变小。图 3.16 为锥形转子干式螺杆真空泵的结构示意图[11]，转子的吸气侧在图中左侧。

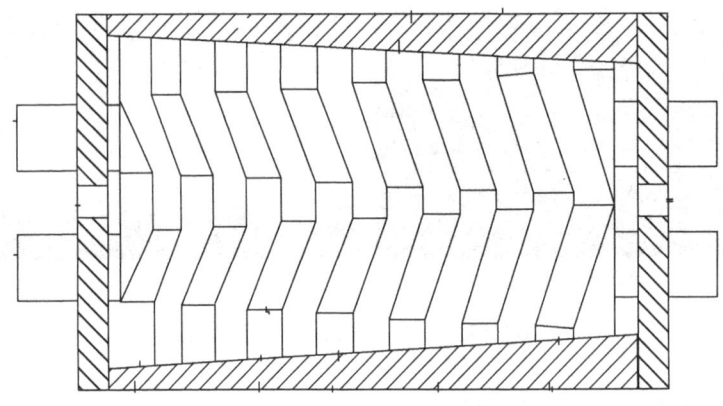

图 3.16 锥形转子干式螺杆真空泵结构示意图

设定锥形转子的排气侧齿顶圆半径为 $R_{D1}$，齿根圆半径为 $R_{d1}$；吸气侧齿顶圆半径为 $R_{D2}$，齿根圆半径为 $R_{d2}$；锥形转子的总长度为 $L_T$，两转子的中心距 $e = 2R_e$，则有如下关系：

$$R_{D1} + R_{d1} = R_{D2} + R_{d2} = 2R_e = e \tag{3.38}$$

$$R_{D2} - R_{D1} = R_{d1} - R_{d2} = \Delta \tag{3.39}$$

以转子排气端面为圆柱坐标系原点平面，$z$ 轴正向指向转子吸气侧，则在轴向坐标为 $z$ 的转子横截面处，其齿顶圆半径 $R_D(z)$ 和齿根圆半径 $R_d(z)$ 的值为

$$R_D(z) = R_{D1} + (R_{D2} - R_{D1})\frac{z}{L_T} = R_{D1} + \frac{\Delta}{L_T}z \tag{3.40}$$

$$R_d(z) = R_{d1} - (R_{d2} - R_{d1})\frac{z}{L_T} = R_{d1} - \frac{\Delta}{L_T}z \tag{3.41}$$

锥形转子的螺旋展开方式通常比较复杂，导程沿轴向的变化规律通常进行如下考虑：在靠近吸气口处的吸气端，希望获得足够大的初始吸气容积和均匀的抽速，所以螺旋导程需要采用由吸气端向排气侧逐渐增大的变化方式，从而弥补端面型线有效吸气面积变小的不足，其导程沿轴向的增长变化速率近似等于有效吸气面积减小的变化速率，从而使整个吸气阶段的各级吸气容积基本保持不变。在接下来的中间输运阶段，螺旋导程沿

轴向向排气侧的变化趋势应根据所期望的压缩进程来设计，即可以采用等螺距方式，即单纯依赖吸气面积的变小实现气体压缩；也可以采用导程逐渐变小的变螺距方式，从而强化气体压缩效果。在靠近排气阶段，为了实现等容输送和均衡排气，其螺旋导程又重新采取由吸气侧向排气侧逐渐增大的变化方式，导程增长变化速率与吸气阶段相同。锥形转子的这种导程变化规律，同时也使该螺杆转子靠近排气口处的齿顶宽相对较宽，有利于转子型线的加工和降低气体的级间返流。

锥形转子螺杆的技术难度在于沿轴向不同截面处的转子端面型线均不相同，为转子的设计与制造带来困难；对两锥形转子与泵体内腔锥形孔的尺寸加工精度要求高；两转子与泵体内腔之间的安装配合位置必须精准，不易调节，远难于普通螺杆转子的装配工艺。

阶梯转子与锥形转子有异曲同工之妙，同样可以实现大的容积压缩比而在排气侧无须很小的螺旋导程。阶梯转子借鉴了二段突变式变螺距转子的设计思路，采用储气腔容积突变的形式，不同的是二段突变式变螺距转子采用的是转子螺旋导程突变，而阶梯转子采用的是转子端面型线直径突变。最简单的阶梯转子就是两段节圆直径相同而齿顶圆直径不同的等螺距转子直接相连，二者之间可以留出退刀空挡作为储气腔容积变化的过渡段。阶梯转子的吸气阶段齿顶圆直径大，齿根圆直径小，端面型线的有效抽气面积大；排气阶段齿顶圆直径小，齿根圆直径大，有效抽气面积小；在二者的连接处，有效抽气面积的急剧变化对被抽气体形成快速的压缩。若再配合两段转子的螺旋导程变化，被抽气体在泵内的热力输送形式会非常丰富。

阶梯转子是通过抽气面积变小实现大压缩比的，因此克服了通过螺旋导程变化的变螺距转子排气阶段的螺旋导程过小、不易加工的问题。与锥形转子相比，阶梯转子由于泵腔内表面和转子外圆是两段直圆柱面，加工难度比圆锥形面低得多；两转子的装配可调节性也更好。阶梯转子排气阶段的齿顶圆直径小于吸气阶段，排气阶段齿顶圆与泵腔之间的间隙通道受到阻挡，所以阶梯转子的气体返流泄漏较小。阶梯转子的不足之处是其二段接合面处的气体压缩过程的可变性较弱，对不同实际工艺要求的适应性不强；阶梯转子的气体流动顺畅性不好，在二段转子的过渡处，极易积存气体中携带的粉尘、液滴等固液杂质成分，推荐用于立式螺杆真空泵或预留清理口；同时，在该过渡处，还建议设置中间排气阀通道，以便在启动初期吸气压力高于临界压力时排放气体，避免出现过压缩和电机过载的现象。

## 3.5.7 螺杆转子的动平衡

目前的干式螺杆真空泵，大多数采用单头螺杆转子。这种转子的共同特征是其端面型线的形心远离其回转轴线，转动时必然会产生质量不平衡。因此，在转子的设计、制造过程中，就必须对转子进行专门的动平衡计算与修正，以消除其不平衡量。鉴于干式螺杆真空泵所使用的螺杆转子及轴系，通常因其转轴较粗、刚性好，转子体径向尺寸小，转子的弹性变形小、转速低，工作转速远低于其一阶弯曲临界转速，因此可以看成刚性转子。刚性转子的动平衡条件包括静平衡（惯性力为零）和动平衡（惯性力偶为零）两方面的要求，分别是要求转子回转体的整体质心处于转动轴线上和转子回转体各部分对于垂直于转动轴线的任一转轴的转动力矩互相抵消，计算中表示为对垂直于回转轴的两坐标轴的惯性积为零。

对于等螺距转子，不论转子采用何种端面型线，当螺杆长度等于节距的整数倍时，都能自动保证质心处于转动轴线上，从而满足静平衡要求；但由于其偏心质量分布在不同的回转平面上，所产生的离心惯性力不能完全相互抵消，因而无法保证惯性力偶为零，且转子越长，惯性力偶的扭矩越大。而当转子长度不等于螺旋导程的整数倍时，转子的整体质心会偏离轴线，无法满足静平衡条件。对于变螺距转子，由于螺旋展开的升角随处变化，旋转相同角度时轴向延伸量不同，即使螺杆长度等于节距的整数倍，也无法保证质心处于回转轴上。因此，在任何一种螺杆转子的设计与制造过程中，都需要进行动平衡。

实际生产中广泛采用质量补偿法来实现转子的动平衡，即在转子适当的位置处去除或添加一部分材料，来调节转子质量的空间分布，从而满足惯性力和惯性力偶同时为零的条件。依据补偿质量的位置是否在转子体本体之上，可分为转子体上补偿和转子体外补偿；根据补偿质量的方式是增加质量还是减少质量，可分为添加法和去除法。鉴于主、从动螺杆转子近乎所有齿形表面都参与精准的相互啮合运动，因此在进行转子体上质量补偿时，转子的所有齿形表面之上都不能采用添加法，避免转子相互间发生干涉；而只适合采用质量去除法。根据干式螺杆真空泵中螺杆转子制造材料和工艺的不同，质量去除法目前有铸造法和机加法两种方式。

对于转子毛坯采用铸造成型的螺杆转子，可以在铸造转子毛坯时直接预留出质量补偿孔，即转子动平衡的铸造法。等螺距铸造转子的质量补偿孔通常开设在转子两端的侧面，随转子的螺旋展开方向向内自然延伸，如图3.17（a）所示。确定质量补偿孔的形状、位置和延伸深度等结构参数，就是转子动平衡设计的主要任务。已有适用于等螺距铸造转子的动平衡设计理论，对于任意长度的螺杆转子，都可以通过在转子两端侧面开设几何结构完全相同的质量补偿孔，来实现转子的完全动平衡，并给出了质量补偿孔的形状、位置和延伸深度的计算公式。

对于没有采用铸造成型工艺的纯机械加工转子，可以通过在转子上直接加工质量补偿孔来实现动平衡。出于加工的方便，以及减少对转子抽气过程的影响，机加转子的质量补偿孔大多设置在转子的齿顶面上，且尽可能向转子轴向两端排布，以便去除最小的质量来获得更大的惯性积。等螺距转子的动平衡孔，在两端的位置分布还常常呈现对称性趋势，如图3.17（b）所示[7]。

(a) 铸造法

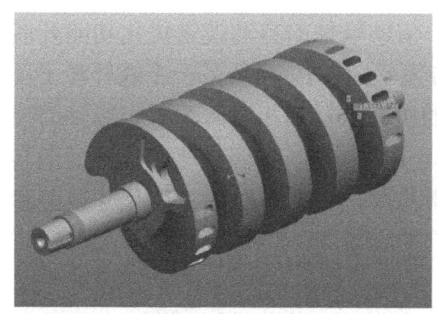

(b) 机加法

图 3.17　等螺距转子的两种动平衡质量去除法

对于变螺距转子，由于排气侧的齿形通常偏薄，已经不适合在其内部或外表面上去除质量了，所以其动平衡设计习惯于在吸气端去除补偿质量。变螺距转子的吸气端不但齿形十分厚重，而且两转子在与泵吸气口相重合的区域不需要双向全封闭啮合，因此可以在此处直接切削偏向吸气侧的齿形面以实现转子动平衡，仅保留偏向排气侧的齿形面用于引导被吸入气体。图 3.18 为一段渐变式变螺距转子的动平衡质量补偿示意图[12]。

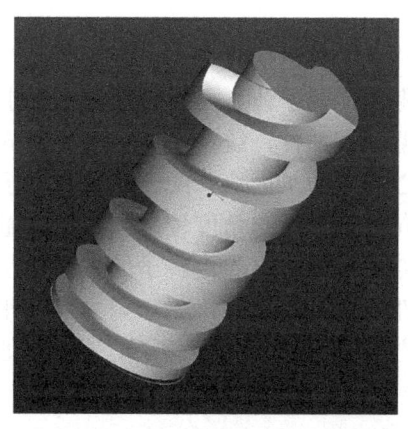

图 3.18　一段渐变式变螺距转子的动平衡质量补偿

调整螺杆转子的螺旋展开方式，有助于改善转子的动平衡属性。一种自平衡式螺杆转子的设计方案是在变螺距转子的吸气阶段，增设一段螺旋导程向吸气侧逐渐变小的转子，该段转子的螺旋导程与转子压缩段螺旋导程的变化趋势相反，所产生的惯性力偶也与之相反，从而可以形成惯性力偶相互抵消的效果，使转子趋于动平衡。

理论上，任何种类端面型线进行任何方式螺旋展开所构造的变螺距转子，都能够通过质量补偿法进行动平衡优化设计，最终满足惯性力和惯性力偶同时为零的动平衡条件。尽管目前还没有转子动平衡优化设计的统一规律可循，也缺少关于去除质量补偿体形状和位置的直接计算方法，但各种现代机械设计 3D 绘图软件的运用，使实现螺杆转子的动平衡变得相当方便。利用 Pro/E 等软件中的分析功能来分析转子模型的质量属性，可以直观地得到转子模型的质心位置及惯性张量;借助软件的自动搜索优化功能开展动平衡优化,可以得到满足转子动平衡条件的设计方案。图3.19显示了一个螺杆转子动平衡优化设计前后的质量属性分析[12],优化后转子的质心坐标和相对两垂直坐标轴的惯性矩均已归零,$e = 0$,$I_{zx} = I_{yz} = 0$,转子已经完全实现了动平衡。依照动平衡优化后的转子模型去加工实体转子,仍需对成品转子进行动平衡检验,主要是对因加工尺寸误差和材料密度不均匀所带来的不平衡量进行修正。

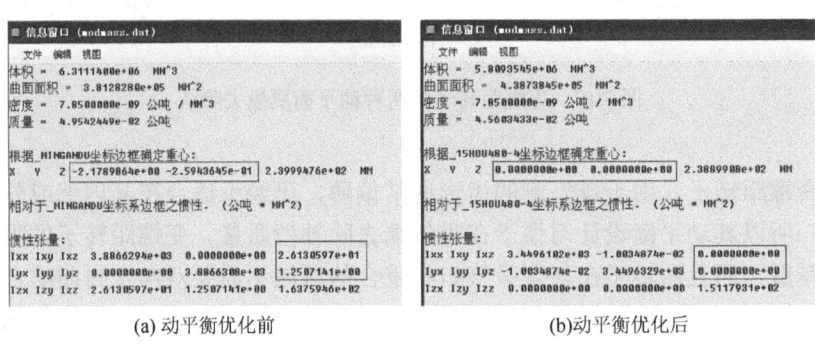

(a) 动平衡优化前　　　　　　　　(b) 动平衡优化后

图 3.19 螺杆转子动平衡优化设计前后的质量属性分析

干式螺杆真空泵螺杆转子的动平衡设计,也可以通过转子体外补偿的质量添加法来实现。具体设计方法是将包括转子体、两端转子轴、轴上同步齿轮等同步回转部件在内的整个转子系作为完整回转部件,统一考虑其动平衡问题,可以在超出泵体抽气腔的转子轴外端,加设偏心质量动平衡块,配合套装在转子外伸轴上。通过调整偏心质量块在转子外伸轴的轴向位置、周向角度位置和自身重量,来实现整个转子系的动平衡。体外补偿方法的优点是保持了泵腔内转子的表面形状完整,转子表面涂层不易受到破坏,更适合对腐蚀性气体进行抽除;由于附加的动平衡质量块距离转子较远,因此能够依靠较小的质量产生更大的惯性力偶;动平衡块处于泵腔外,现场进行动平衡调整修复更便捷。

## 3.6 干式螺杆真空泵抽气过程的热力分析

深入了解干式螺杆真空泵抽气过程的内在机制,掌握被抽气体在泵腔内输运过程的热力变化规律,对正确设计干式螺杆真空泵的结构、优化其抽气性能指标,以及合理使用干式螺杆真空泵,都具有重要的理论指导作用。

### 3.6.1 干式螺杆真空泵抽气过程的分解

如图3.1所示,干式螺杆真空泵中的主、从动转子与主泵体内腔表面,通过相互啮合和间隙配合,在齿槽空间中构成了一个个相对封闭的独立储气腔。其中,两转子左右相邻的齿槽储气腔之间通常有较大的孔洞相通，可视为气体压力相同的同一储气腔；而同一转子前后相邻的齿槽储气腔之间有连续啮合线分割，只有很小的间隙相通，被视为存在明显压力差的不同储气腔。伴随两转子的同步反向转动，各级储气腔中的气体被连续地从吸气口移向排气口，完成一次完整的抽气过程。

详细分析一个储气腔内部的气体输运过程，可以分解为吸气、输运与压缩、反冲、排气四个阶段，各阶段在泵腔内的位置如图 3.20 所示，具体描述如下。

(1) 吸气阶段。两个螺杆转子最前端的储气腔与干式螺杆真空泵吸气口直接相连通，在螺杆转动、吸气齿槽向后移动的过程中，就相当于该储气腔容积不断地膨胀扩大，泵外的被抽气体在压力差作用下进入该储气腔，同时有少量气体从上一级储气腔返流泄漏回来；储气腔内的气体总量为吸入气体与返流气体之和，对于极限压力工况，储气腔气体则全部来自上一级储气腔向本腔的返流泄漏量。吸气阶段中该储气腔内的气体总量随时间呈线性增加，直至该储气腔与吸气口完全隔离开，这一级储气腔的吸气过程结束，而下一级储气腔的吸气过程随之开始。每一级储气腔的吸气过程用时等于螺杆转子旋转一周所需的时间。

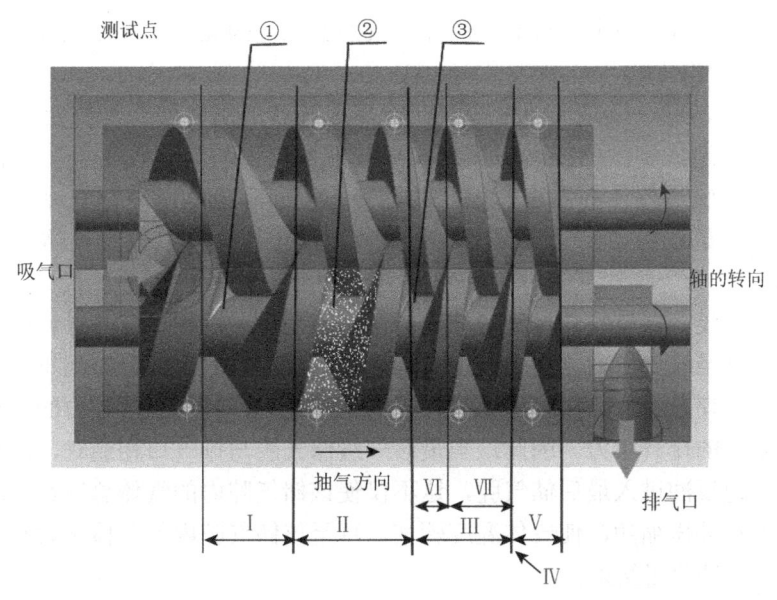

图 3.20　干式螺杆真空泵内气体输运过程的分解

Ⅰ：吸气过程；Ⅱ：压缩过程；Ⅲ：输运过程；Ⅳ：反冲过程；Ⅴ：排气过程；Ⅵ：输运 a 过程；Ⅶ：输运 b 过程；
①：下一级储气腔；②：研究对象；③：上一级储气腔

(2) 输运与压缩阶段。接下来，随着螺杆转子的继续转动，被隔离的储气腔连同其内部被吸入的气体继续向后移动，进行着由泵吸气口向泵排气口的气体输送过程。每一级储气腔的输运阶段从前端与泵吸气口隔离开始，至后端与泵排气口接通前为止，所占用时间是最长的，其螺杆旋转周数等于由吸气口结束点到排气端面的螺杆螺旋导程数减去 1 (不一定是整数)[13]。

对于等螺距转子的干式螺杆真空泵，吸气齿槽的容积始终保持不变，因此在此过程中，这部分被隔离的气体也没有受到压缩，储气腔内气体处于等容输运阶段，随着上一级储气腔向本级的返流泄漏和本级向下一级储气腔的返流泄漏持续进行，本级储气腔中的气体总量略有增加。

对于变螺距转子的干式螺杆真空泵，当储气腔运行至螺杆转子的变螺距段时，储气腔容积逐渐变小，腔内气体处于压缩输运阶段，气体压力和温度均有对应提升；本级储气腔向下一级储气腔的返流泄漏要比等螺距转子的级间泄漏量大。

在整个被抽气体由低压侧向高压侧输运的过程中，一直存在着相邻储气腔之间的气体级间返流泄漏。每个储气腔都在持续接收着来自上一级储气腔向此腔的返流，同时此腔气体也向下一级储气腔泄漏。由于接收上一级的返流泄漏量始终大于排向下一级的返流泄漏量，因此二者的综合效果是使每个腔内气体质量持续增加，同时接收和排出的级间返流气体泄漏量也持续增长。

依据接收上一级气体返流泄漏量的不同，气体输运过程将分成两个阶段，第一阶段为上一级储气腔与泵排气口相通前，此阶段上一级储气腔向本级储气腔的返流泄漏量较小；第二阶段为上一级储气腔与泵排气口相通后，上一级储气腔内气体压力骤增至排气压力，此时本级储气腔与上一级储气腔压差突然变大，因此上一级储气腔向本级储气腔的返流泄漏量更大。

在输运阶段，每一级储气腔中都存在着高速旋转的螺杆转子与固定不动的泵体定子，对被抽气体造成剧烈的搅动与摩擦，以及被抽气体与具有较高温度的转子之间的热交换，会使被输送气体的温度有上升的趋势；但同时泵体水冷壁的冷却作用又会使被抽气体有降温的趋势。调整变螺距段在泵体内的位置，可以改变气体在输运过程中的散热状态。

（3）反冲阶段。储气腔与排气口相通的一瞬间为反冲过程，反冲过程中储气腔内气体压力快速提升至排气压力。由于在干式螺杆真空泵工作的大部分时间里，真空泵吸气压力都很低，即使是经过大压缩比螺杆转子的压缩之后，转子储气腔内的气体压力也远远低于真空泵外的排气压力。因此，当最后一级储气腔与排气口相通时，泵体排气通道内的气体会迅速反冲进入最后储气腔，这不仅使该储气腔内的气体总质量大增，同时携带进来气体的反冲压缩功，使气体温度骤增，直至该储气腔内的气体压力与泵外排气压力达到平衡，反冲阶段结束。

反冲过程发生后，最后一级储气腔对于相邻下一级储气腔的返流泄漏量瞬间大增，使下一级储气腔（转子排气侧的第二级储气腔）进入输运过程的第二阶段；如果第二级储气腔处于等容输送状态而不是压缩输送状态，由最后一级储气腔反冲过程引起的返流激增就难以继续向上游蔓延，对更下一级储气腔的输运过程影响很小。这正是在螺杆转子排气侧设置等螺距段的优点之一。

在干式螺杆真空泵启动初期吸气压力接近于排气压力，变螺距干式螺杆真空泵内输送的气体有可能被过压缩，致使储气腔内的气体压力在未到达排气端面之前就已经超过排气压力。泵腔内的过压缩状态，会导致向吸气侧的气体级间返流泄漏更加严重，致使泵的实际抽速降低；当储气腔与排气口接通的瞬间，没有气体反冲现象发生，反而是泵内气体向外喷射而出，产生剧烈的气体动力学噪声。大压缩比的变螺距干式螺杆真空泵，储气腔内气体的过压缩状态十分严重，需要消耗巨大的压缩功，所以启动功率大增；为避免电机过载，这种情况下常常采用变频降速的运行方式，通过牺牲泵的抽速来降低启动功耗。等螺距转子干式螺杆真空泵不存在过压缩现象。

与吸气、输运和排气阶段所需时间相比，气体的反冲过程几乎是在瞬间完成的，正是由于压缩阶段所经历的时间很短，可以认为储气腔经历了一个绝热充气过程。在反冲阶段完成后，与排气孔相通的储气腔内的气体由两部分组成，一部分是由吸气侧传输过来的原始被抽气体，另一部分是由排气口反冲回来的反冲气体。如果干式螺杆真空泵的排气口直接面向开放的大气环境，那么反冲气体成分主要由外部大气组成，其初始温度相对较低；如果排气口连接有相对较长的排气管道，那么反冲气体主要是积累在排气管路中前几周期所排出的气体，其初始温度相对很高。反冲气体进入螺杆转子与排气孔相通的储气腔的过程，相当于外部气体对一个低压空间的膨胀充气过程，外部气体以恒压推动反冲气体所做的流动功，最终转化为混合气体的内能，使其温度剧增。反冲压缩阶段结束时，储气腔中的气体总质量大增，压力等于排气压力，温度为两部分气体的混合温度，其总的能、焓、熵也为两部分气体之和。

为了抑制反冲过程的温升和调控排气腔的气体成分，可以在泵体对应最后一级储气腔之前设置充气口，对即将进入反冲阶段的储气腔充入外界常温空气或其他指定成分气体，提升储气腔内的气体压力，从而减少从排气口反冲过来的高温气体的总量，具有降温降噪的良好效果。

（4）排气阶段。实际上，从储气腔与排气口连通时开始，干式螺杆真空泵的排气过程即已同时开始。随着螺杆转子的恒速转动，两转子最末一级啮合点持续后移，排气端面前的储气腔容积不断缩小，使具有排气压力和排气温度的气体逐渐通过排气口被排出。这个过程一直持续到末端啮合点到达排气端面，此时储气侧的体积变为零，其内的气体通过排气口完全排出泵外。每一级储气腔排气过程的用时等于从储气腔与排气口连通至储气腔容积为零的时间段，通常是螺杆转子旋转一周所需的时间。

在排气阶段，储气腔的气体向下一级储气腔（转子排气侧的第二级储气腔）的返流泄漏一直很严重，但是储气腔通过排气口与排气通道连通，储气腔中气体的压力变化不大，可以作为等压过程处理，即相当于一个采用恒压活塞将气体推出泵外的过程。这一阶段中，螺杆转子对气体（包括原始被抽气体和反冲气体）做功最多，这些功最终转化为排出气体的动能（体现为速度）、内能（体现为温度）和放热量而消散于泵的冷却系统和排气环境空间中。

## 3.6.2　干式螺杆真空泵抽气过程的热力参数

螺杆转子的螺旋展开方式会直接影响着干式螺杆真空泵内被抽气体的热力性能变化规律。为了充分比较不同螺旋展开方式的影响作用，下面以抽速相同、总螺旋转角相同的等螺距干式螺杆真空泵及四种变螺距干式螺杆真空泵为例，计算给出被抽气体的常规热力学量在泵腔内随螺旋转角的变化规律。为了简化计算，忽略了泵内气体的级间返流泄漏和对外散热。为了便于比较，选取的四种变螺距干式螺杆真空泵的压缩比相同。干式螺杆真空泵的结构参数与被抽气体的相关参数见表 3.1[10]。

表 3.1 热力计算中所需相关参数

| 分类 | 变量名称 | 符号 | 单位 | 数值 |
| --- | --- | --- | --- | --- |
| 螺杆结构参数 | 吸气体积 | $V_0$ | $m^3$ | 0.0033 |
| | 转子转速 | $n$ | r/min | 3000 |
| | 周期 | $\tau_0$ | s | 0.02 |
| | 理论抽速 | $s = V_0/\tau_0$ | $m^3/s$ | 0.165 |
| | 总螺旋转角 | $N$ | rad | $12\pi$ |
| | 变螺距转子压缩比 | $\varepsilon$ | — | 2∶1 |
| 气体工艺参数 | 吸气口压强 | $p_0$ | Pa | 20000 |
| | 吸气口温度 | $T_0$ | K | 293 |
| | 排气口压强 | $p_a$ | Pa | 100000 |
| | 反冲气体温度 | $T_a$ | K | 293 |
| 气体物性参数 | 气体常数 | $R_g$ | (J/kg)/K | 288 |
| | 定容比热容 | $C_V$ | (J/kg)/K | 720 |
| | 定压比热容 | $C_p$ | (J/kg)/K | 1008 |
| | 标准比熵 | $S_s$ | (J/kg)/K | 6700 |

在图 3.21～图 3.27 中，等螺距转子用 CLS 标注，一段渐变式变螺距转子用 SGLS 标注，二段突变式变螺距转子用 DCLS 标注，二段渐变式变螺距转子用 DGLS 标注，三段式变螺距转子用 MGLS 标注。

1. 被抽气体体积变化规律

在五种干式螺杆真空泵的吸气过程中，被抽气体的体积随转子螺旋转角变化的规律如图 3.21 所示。在吸气过程中，五种类型转子的吸气容积呈线性或非线性增大，在吸气终了时，各类转子的吸气体积均达到最大，且都为 0.0033m³。在气体输运过程中，等螺距转子中的气体体积始终保持不变，转子对被抽气体无内压缩；变螺距转子中的气体体积发生了改变，转子对被抽气体存在内压缩，且一段渐变式变螺距转子在整个输运过程中对气体都有内压缩，二段突变式变螺距转子只在两段等螺距连接处对气体有内压缩，二段渐变式及三段式变螺距转子在变螺距段与等螺距段连接处以及整个变螺距段对气体均有内压缩。由于各类变螺距转子的压缩比相同，四种变螺距转子的排气体积相等，而等螺距转子中的气体体积始终没有变化，所以要比四种变螺距转子的排气容积大。在排气过程中，五种类型转子的排气体积呈线性或非线性减小，最终各类转子的气体体积都降为零，排气过程结束。

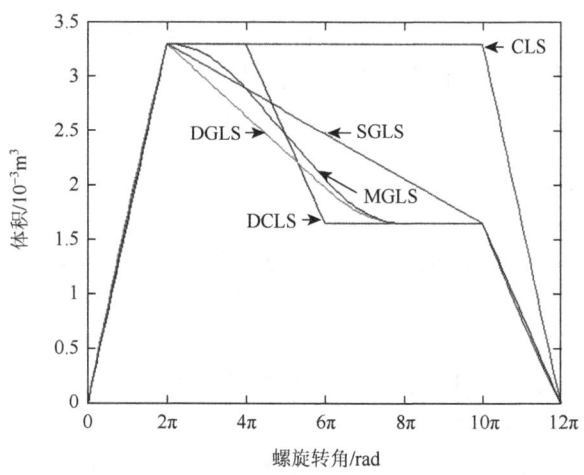

图 3.21 被抽气体体积随转子螺旋转角的变化规律

**2. 被抽气体压强变化规律**

五种干式螺杆真空泵中被抽气体的压强随转子螺旋转角变化规律如图 3.22 所示。在吸气过程中,泵吸气口处的吸气腔与真空室相通,故此时五种类型转子的压强都等于吸气口压强。在气体输运过程中,等螺距转子中的气体体积始终保持不变,转子对被抽气体无内压缩,在忽略返流泄漏的前提下,气体压强依旧为吸气口压强;变螺距转子中的气体体积发生了改变,转子对被抽气体存在内压缩,且一段渐变式变螺距转子在整个输运过程中对气体都有内压缩,在此过程中气体压强逐渐变大,二段突变式变螺距转子只在两段等螺距连接处对气体有内压缩,在此过程中气体压强逐渐变大,二段渐变式及三段式变螺距转子在变螺距段与等螺距段连接处以及整个变螺距段对气体均有内压缩,故气体压强在这些过程中依次增大。由于各类变螺距转子的压缩比相同,因此在输运过程终了时,四种变螺距转子的被抽气体压强相等。在反冲过程中,排气腔与大气相通,气体压强瞬间

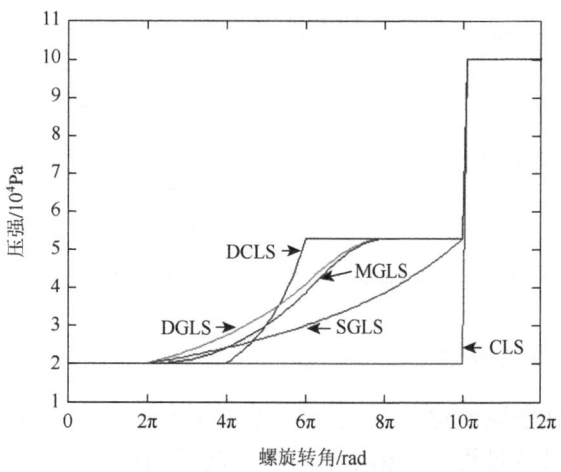

图 3.22 被抽气体压强随转子螺旋转角变化规律

达到排气压强,从图中可以看出,等螺距转子在这一过程中压强变化大,所以会导致排气脉冲大,因此等螺距干式螺杆真空泵的喘振和噪声最大。在排气过程中,五种类型转子的排气腔与大气相通,因此排气压强始终等于大气压强。

3. 被抽气体温度变化规律

五种干式螺杆真空泵中被抽气体的温度随转子螺旋转角变化规律如图 3.23 所示。在吸气过程中,泵吸气口处的吸气腔与真空室相通,由于是等温等压过程,故此时五种类型转子的温度都等于其吸气口温度。在输运过程中,等螺距转子中的气体体积始终保持不变,转子对被抽气体无内压缩,故气体温度依旧为吸气口温度;变螺距转子中的气体体积发生了改变,转子对被抽气体存在内压缩,且一段渐变式变螺距转子在整个输运过程中对气体都有内压缩,二段突变式变螺距转子只在两段等螺距连接处对气体有内压缩,二段渐变式及三段式变螺距转子在变螺距段与等螺距段连接处以及整个变螺距段对气体均有内压缩,故在这些有内压缩的部分,气体温度会随之升高。由于各类变螺距转子的压缩比相同,因此在压缩输运过程终了时,四种变螺距转子的被抽气体的温度相等。由于忽略了气体散热,将压缩过程作为绝热过程计算,因此计算温度比实际工作温度高。在反冲过程中,排气腔与大气相通,外界气体瞬间冲入排气腔,对气体进行外压缩,又使气体温度进一步升高,从图中可以看出,与变螺距干式螺杆真空泵相比,等螺距转子在反冲过程中的温升更大。在排气过程中,由于是等温等压过程,因此五种类型转子的排气温度各自保持不变。

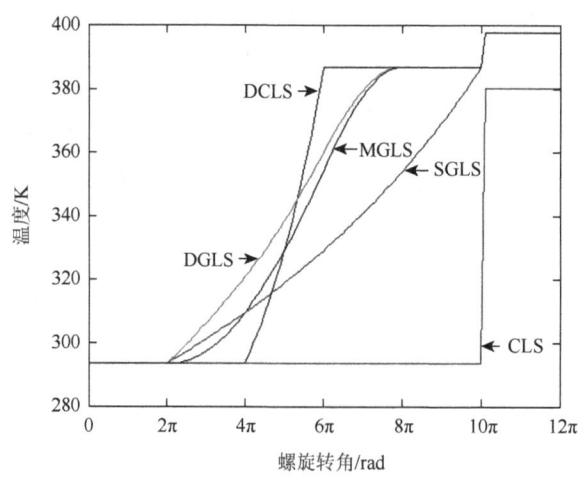

图 3.23 被抽气体温度随转子螺旋转角变化规律

4. 被抽气体质量和总熵的变化规律

五种干式螺杆真空泵的储气腔空间中被抽气体的质量随转子螺旋转角变化规律如图 3.24 所示。在吸气过程中,由于五种类型转子的吸气容积呈线性或非线性增长,因此被抽气体的质量也相应增长,在吸气终了时,各类型转子的被抽气体质量均达到最大，且都为 0.0008kg。在气体输运过程中，等螺距转子中被抽气体是等容输运，变螺距转子中被抽气体是绝热压缩，五种类型转子的气体质量均没有变化。在反冲过程中，各类变螺距转子在输运过程终了时的气体压强相等，且比等螺距转子的气体压强大，导致气体反冲的压强差就会比等螺距转子的压强差小很多，使变螺距转子中的反冲气体量比等螺距转子的小很多，最终等螺距转子排气腔中的气体质量比变螺距转子排气腔的大。在排气过程中，因为五种类型转子的排气容积呈线性或非线性减小，排气腔中的气体质量也随之减小，最终各类转子的气体质量都降为零，排气过程结束。

因为气体的熵值是比熵与质量的乘积，因此被抽气体的总熵值由气体质量决定，所以其变化规律与质量变化规律相似，只是数值上有所不同，不再给出图示。

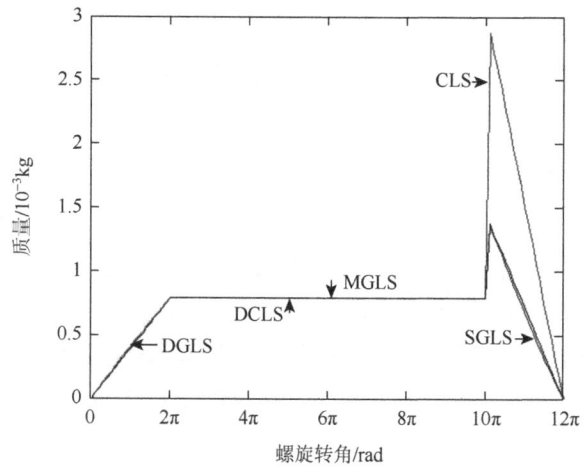

图 3.24 被抽气体质量随转子螺旋转角变化规律

5. 轴功率变化规律

五种干式螺杆真空泵中轴功率随转子螺旋转角的变化规律如图 3.25 所示。这里设定转子对气体做功的值为正，气体对转子做功的值为负。转子的轴功由两部分组成，分别是转子驱动气体所做的推动功和转子压缩气体所做的压缩功。从图中可知，在吸气过程中，泵外气体是在压力差作用下自动流入吸气腔的，对五种类型转子均有推动作用，属于气体对转子做功，因此轴功为负。在其他阶段，转子对气体有推动和压缩作用，因此轴功为正。在忽略气体摩擦功耗的情况下，对等螺距转子而言，其对被抽气体所做的功均集中在排气过程。而变螺距转子在输运过程所做的功一部分对气体压缩，另一部分又对气体起了推动作用，因此转子在输运过程中对气体做的功等于二者的叠加。在排气过程中，因为变螺距转子排气腔中的气体质量比等螺距转子排气腔的气体质量少，所以变螺距转子对气体所做的功明显低于等螺距转子。此外，图中轴功率曲线与水平坐标轴围成的面积即螺杆转子对气体所做的总功。作为压缩比相等的四种变螺距转子，各曲线所围成的面积相等，即其对气体做的总功相等；且变螺距转子的曲线所围成的面积与等螺距转子相比小很多，说明变螺距转子要比等螺距转子对外输出的功耗小得多。

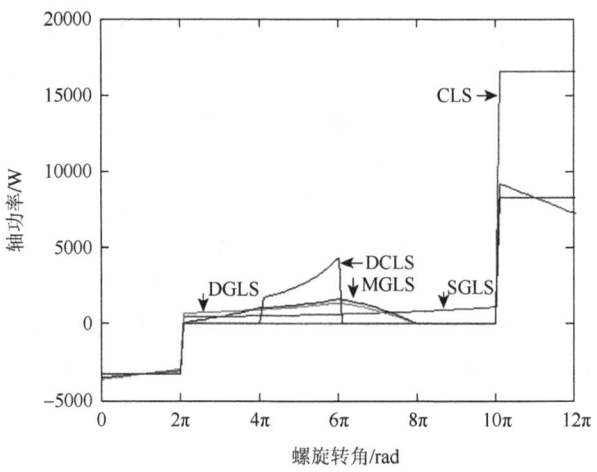

图 3.25 轴功率随转子螺旋转角变化规律

**6. 被抽气体的示功图和示热图**

结合图 3.21 和图 3.22 中气体体积和压强的变化规律，可以画出被抽气体在整个泵内输运过程的压强-体积图，如图 3.26 所示。图中各个曲线所围成的面积就是螺杆转子对被抽气体所做的有用功。从图中可以简单看出，由于变螺距转子的内压缩作用，气体体积减小了一半，从而在排气阶段所消耗的功明显比等螺距转子少，起到节省功耗降低成本的作用。同时，可以看出，四种变螺距转子的压缩比都是 2，因此它们的过程曲线和总功耗相同。

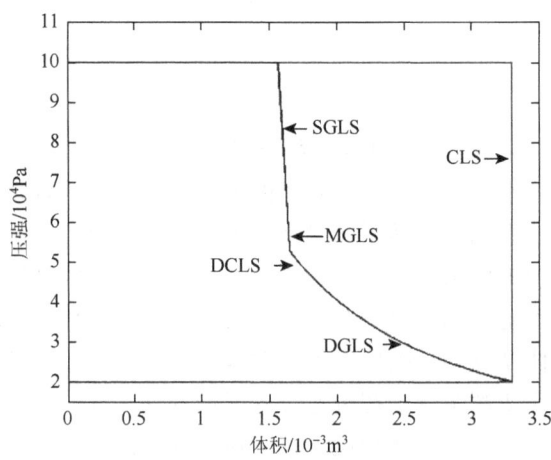

图 3.26 被抽气体输运过程的压强-体积图（示功图）

结合图 3.23 中气体温度和总熵（未给出数据）的变化规律，可以画出被抽气体在整个泵内输运过程的温度-熵图，如图 3.27 所示，图中各条曲线与纵轴所围成的面积就是被抽气体与外界所交换的总热量。从图中可以看出，被抽气体在变螺距转子中所得到的热量明显比等螺距转子的小。尽管图中显示当气体到达泵排气口后，在变螺距干式螺杆真空泵的排气口处所测得的温度会比等螺距干式螺杆真空泵的排气口处的温度高，但是等螺距干式螺杆真空泵的气体与外界所交换的总热量明显多于变螺距干式螺杆真空泵，这是因为等螺距干式螺杆真空泵最终排出的气体更多。

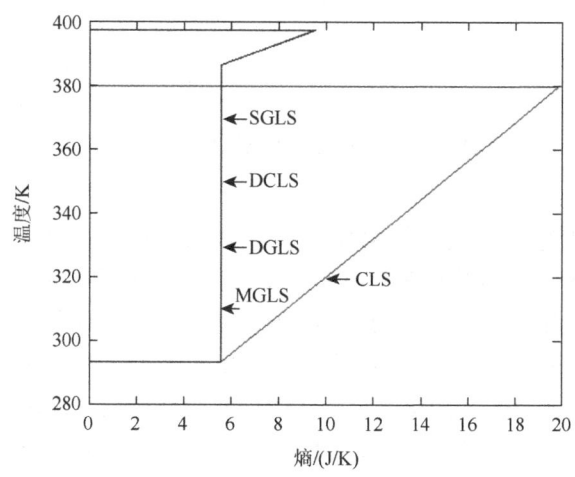

图 3.27 被抽气体输运过程的温度-熵图（示热图）

### 3.6.3 干式螺杆真空泵的性能指标

干式螺杆真空泵的极限压力、实际抽速和消耗功率是设计、制造和应用过程中最受关注的性能指标，虽然目前尚未有准确的计算公式，但可以通过相关分析给出相对合理的计算方法。

1. 干式螺杆真空泵的功率计算

为了分析干式螺杆真空泵功率消耗的影响因素，以及更深刻地理解变螺距干式螺杆真空泵采用不同压缩比时的差异，选择吸气体积同为 $V_0$，转子压缩比分别为 1、2、3 的三款干式螺杆真空泵，分析其内部气体输运过程的压强-体积图，如图 3.28 所示（该图纵坐标没有采用准确定量标尺刻度）。

在吸排气容积压缩比 $\varepsilon = 1$ 的等螺距干式螺杆真空泵中，被抽气体所经历的热力过程如图 3.28 中 a-b-c-d 路线所示，其中 a-b 对应吸气压强为 $p_0$ 的吸气阶段；b-b′为考虑气体级间返流泄漏引起储气腔压力升高的等容输运阶段；b′-c 为压力骤增的气体反冲阶段；c-d 为对应排气压强为 $p_a$ 的排气阶段。整个热力过程的转子功耗对应为 a-b-c-d 所包围区域的面积，全部为排气功耗。

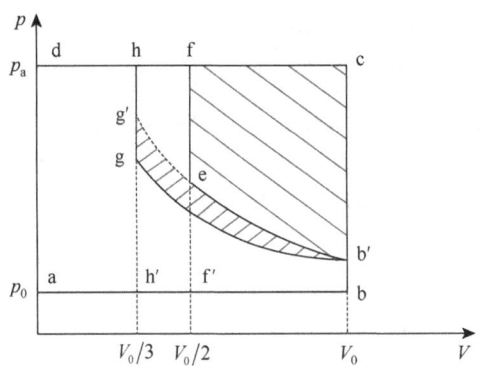

图3.28 不同压缩比干式螺杆真空泵的示功图

对于 $\varepsilon = 2$ 的变螺距干式螺杆真空泵，泵内气体所经历的热力过程对应路线为 a-b-b'-e-f-d，其中 a-b 和 b-b'阶段与等螺距转子相同；b'-e 则是变螺距转子的内压缩引起的气体体积减小、压力升高阶段；此后是反冲阶段 e-f 和排气阶段 f-d。整个热力过程的转子功耗对应为 f'-b-b'-e 所包围区域的压缩功耗和 a-f'-e-f-d 所包围区域的排气功耗。与等螺距干式螺杆真空泵相比，该变螺距干式螺杆真空泵排气容积减少了一半，对应的排气功耗也减少了一半；只是增加了压缩功耗；总体上节省了 b'-c-f-e 所包围阴影区域面积所对应的功耗。

更进一步，对于 $\varepsilon = 3$ 的变螺距干式螺杆真空泵，泵内气体所经历的热力过程对应路线为 a-b-b'-g-h-d。由于该变螺距干式螺杆真空泵的排气容积只有等螺距干式螺杆真空泵排气容积的 1/3，其排气功耗区域 a-h'-h-d 的面积也随之减少为 1/3，即排气功耗降低为等螺距干式螺杆真空泵的 1/3。与 $\varepsilon = 2$ 的变螺距干式螺杆真空泵相比，通过强化被抽气体在泵内的冷却散热，降低气体压缩过程的温升和压力增长速率，被抽气体所经历的内压缩过程为路线 b'-g，而不是路线 b'-e-g'。由此可以看出，通过改善换热，节省了图中 g-b'-e-g' 所包围阴影区域对应的压缩功耗。

总结上述规律可以得出，干式螺杆真空泵排气功率 $w_P$ 为

$$w_P = (p_a - p_p)S_t / \varepsilon = (p_a - p_0\varepsilon^n) \cdot S_t / \varepsilon \tag{3.42}$$

式中，$p_a$ 为排气压强，Pa；$p_p$ 为反冲过程前储气腔内气体压强，Pa；$\varepsilon$ 为吸、排气容积压缩比；$S_t$ 为干式螺杆真空泵的几何抽速，m³/s；$p_0$ 为吸气压强，Pa。由式（3.42）可知，在排气压强 $p_a$ 恒定的条件下，反冲过程前储气腔内的气体压强 $p_p$ 越小，排气功率越大；当 $p_p \geq p_a$ 时，排气功率为零。

对于变螺距转子的干式螺杆真空泵，被抽气体在泵内所经历的压缩输运过程，可以看成一个热力学的多变过程，在指定的吸、排气容积压缩比 $\varepsilon$ 下，气体的压缩功率可以近似计算为

$$w_Y = \frac{n}{n-1}(\varepsilon^{n-1} - 1)p_0 S_t \tag{3.43}$$

式中，$n$ 为气体热力过程的多变指数，依据气体压缩过程的换热条件，其值在气体绝热指数 $k$ 和 1 之间。

干式螺杆真空泵的总功率消耗 $w_T$ 包括压缩功率 $w_Y$ 和排气功率 $w_P$ 这两项对被抽气体施加的有效功，以及泵内气体摩擦和转子传动系的摩擦消耗的摩擦功 $w_M$，因此有

$$w_T = w_P + w_Y + w_M \tag{3.44}$$

**2. 干式螺杆真空泵的实际抽速与极限压力**

干式螺杆真空泵的抽气通道内没有作为润滑和密封的液体工作介质，两转子的啮合面以及与泵体内腔的配合面，均保留必要的运动间隙；伴随着螺杆转子储气腔由低压吸气侧向高压排气侧快速抽气的过程，始终存在着由排气侧向吸气侧的级间返流气体泄漏现象。干式螺杆真空泵的实际抽气能力，就是其理论抽气流量扣除返流气体流量后所剩余的部分。因此，干式螺杆真空泵的实际抽速 $S_d$ 可以表述为

$$S_d = S_t - \frac{q_L}{p_0} \tag{3.45}$$

式中，$S_t$ 为泵的几何抽速，$m^3/s$；$p_0$ 为吸气压强，Pa；$q_L$ 为吸气压强 $p_0$ 下的气体返流泄漏气体流量，$Pa \cdot m^3/s$，是一个随 $p_0$ 变化的参量。

干式螺杆真空泵的抽气效率 $\eta$ 可表述为

$$\eta = \frac{S_d}{S_t} = 1 - \frac{q_L}{p_0 S_t} \tag{3.46}$$

对应干式螺杆真空泵实际抽速为零的极限压力状态下，干式螺杆真空泵的极限压力 $p_{0min}$ 可表述为

$$p_{0min} = \frac{q_L}{S_t} \tag{3.47}$$

由此看出，干式螺杆真空泵的实际抽速和极限压力主要取决于气体返流泄漏气体流量的多少。控制气体返流泄漏是干式螺杆真空泵设计、制造过程中的核心问题。

图 3.29 给出了面向常规工业领域应用的两种干式螺杆真空泵的抽速曲线和对应的功率曲线，可供参考。

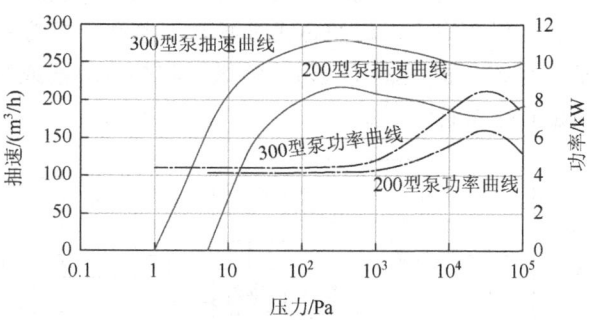

图 3.29　两种干式螺杆真空泵的抽速曲线和功率曲线

## 3.7 干式螺杆真空泵的工程应用

20世纪90年代中后期，伴随进口的真空应用设备进入我国工业市场，干式螺杆真空泵的刚性需求领域从最初的泛半导体行业，逐渐扩展至生物医药、石油化工、航空航天、冶金材料等众多领域。国内高校和真空企业于21世纪初开始干式螺杆真空泵的开发研制工作，并迅速成为真空获得设备制造行业的发展热点，增长速度长期居于各类真空泵产品之首，其应用领域也得以快速推广。

### 3.7.1 干式螺杆真空泵在医药化工领域的应用

药化行业是我国国产干式螺杆真空泵产品最早得以大量实际工程应用的工业领域，以替代传统湿式真空系统，尤其是液环式真空泵为主要推广使用方式。

在药化行业的生产过程中，涉及大量的真空分离过程，如物料中有机溶媒的低真空回收、高沸点热敏性物料的高真空蒸馏、去除固体杂质的真空过滤、固态粉状药物中间体或化工产品的真空干燥、脱除液体产品中溶解或残留气体的真空除气等，均要用到真空泵。

下面以原料药生产中的抽滤、干燥、溶媒回收工艺为例进行介绍[3]。采用溶媒结晶工艺的原料药，通常在结晶后进行真空过滤、洗涤和干燥，将被处理湿物料中的溶媒脱出回收，处理后的最终含湿量希望在0.5%以下。湿物料所含溶媒常常是易燃、易爆、有毒、有害的介质，如甲醇、丙酮、乙醇等有机溶剂或其他复合溶剂，共同特点是低沸点、高饱和蒸气压。原料药抽滤、干燥工艺的目的就是将溶媒以蒸发的方式转变为蒸气被真空机组抽走，从而实现与物料的固液分离；同时，期望将溶媒液体回收以便提纯后再次利用。

有机溶媒会导致油封类真空泵（旋片泵、滑阀泵、往复泵等）中起润滑、密封作用的真空泵油变质劣化，药化行业中有大量有机溶媒蒸气生成的工艺环节都无法使用油封类真空泵。传统的抽滤、干燥、溶媒回收工艺设备使用的真空系统大多为湿式真空系统，即以水蒸气喷射真空泵、单一液环式真空泵或罗茨-液环真空机组作为主泵，基本能够满足设备的极限压力和物料最终含湿量的要求。在干式螺杆真空泵没有进入药化行业之前，湿式真空系统是适用于该技术领域的唯一选择。

以干式螺杆真空泵替代湿式真空系统，在原料药生产中真空抽滤、减压干燥、溶媒回收等工艺中应用的典型干式真空系统流程图如图3.30所示，包括对物料从事真空过滤、洗涤、真空干燥等作业的真空室，入口滤芯式过滤器，由单一干式螺杆真空泵或罗茨-螺杆真空机组构成的抽气系统，担任蒸气吸附、溶媒回收的冷凝器或气体吸附塔，以及负责冷凝液回收的积液罐和排空管[14,15]。

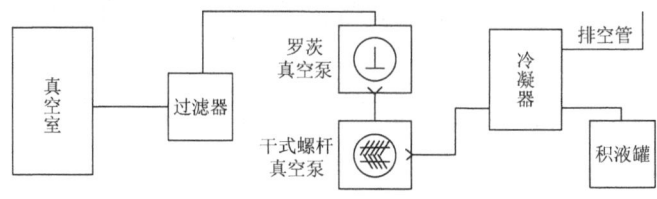

图3.30 典型干式真空系统流程图

与传统湿式真空系统相比，采用干式螺杆真空泵抽除有机溶媒蒸气的干式真空系统具有如下优点。

（1）环保。应用于药化行业的传统湿式真空系统存在的最大问题就是有机溶媒废气及其废液的产生与排放，以及由此带来环境污染和溶剂损失。以生产某种原料药脱除丙酮溶剂的干燥工艺为例，传统设备采用双级罗茨-水环真空机组作为抽气系统，在将初始含湿量约10%的丙酮溶剂抽除的过程中，在气液分离器内有少部分丙酮蒸气作为废气排放，大部分丙酮蒸气均溶解于水环真空泵的工作液中，成为不可直接排放的高浓度有机工业污水。这两部分都需要后期处理，既无法回收丙酮溶剂，造成化工原料的损失，又增加了污水处理负荷，产生后续环保问题。即使在真空室与真空系统之间增设低压深冷式冷凝罐来凝结捕集丙酮蒸气，其回收效率也很低，并不能完全解决废液排放问题。改用罗茨-螺杆真空机组后，在其排气口后设置常压普冷（水冷）冷凝器和冷凝液收集罐，对丙酮蒸气的回收率可达95%以上，且没有水分混入其中，可以直接回收，大大节省了原料成本；同时，减少了尾气处理负荷，杜绝了工业污水的产生，解决了环保问题。

（2）节能。相比于抽气效率低、功耗大的水环真空泵，相同抽速的干式螺杆真空泵所配电机的型号和运行功率都更小；在与罗茨增压真空泵组成多级真空机组时，罗茨-螺杆真空机组的级间压缩比（罗茨真空泵抽速与前级泵抽速之比）可以比罗茨-水环真空机组更大，从而选配较小型号的干式螺杆真空泵，因此以干式螺杆真空泵代替水环真空泵，具有明显的节能效果。另外，作为回收溶剂的气液分离冷凝器，在传统湿式真空系统中需要配置在真空泵前，捕集低压溶媒蒸气，因此必须采用温度更低的深冷式冷凝器，制冷机功耗更多；而在干式螺杆真空泵系统中，气液分离冷凝器设置在真空泵后，在常压下工作，通常使用普通水冷式冷凝器即能满足要求，从而节省了制冷机能耗。

（3）高效。在传统湿式真空系统中，由于水环真空泵抽气性能受工作液水温的影响较大，在脱水干燥工作点下工作时抽气量衰减严重，因此实际抽速变小，抽气时间变长。而干式螺杆真空泵的抽速在脱水干燥工作点处的抽速曲线平稳，抽速大，抽气时间短，同比效率大大提高。

（4）优质。湿式真空系统受液环真空泵工作液饱和蒸气压的限制，液环真空泵的工作极限压力普遍不高；而干式螺杆真空泵摆脱了所有的工作液体，因此干式真空系统极限压力低，物料最终含湿量低，脱液、干燥效果更好。

对于服务于药化行业的干式螺杆真空泵，其抽气通道内构件（主要是转子和泵腔内壁）的防腐蚀问题至关重要，必须根据具体工艺环节中涉及的腐蚀性物质，来选择对应的耐腐蚀材料和防腐措施。常用的方法包括在螺杆转子和泵腔内壁上制备防腐涂层（如聚醚醚酮、聚醚胺、聚四氟乙烯等有机涂层，铬、镍、磷、哈氏合金等金属涂层，纳米陶瓷涂层），对铝合金转子和泵体进行阳极化处理，直接用不锈钢、钛合金、哈氏合金或聚芳酯塑料等耐腐蚀材料制作抽气通道构件，等等。

## 3.7.2 干式螺杆真空泵在钢铁冶金领域的应用

真空冶金是生产高品质金属材料的重要方法之一，多用于金属的熔炼、精炼、浇铸和热处理等工艺环节，可以实现大气中无法进行的冶金过程，能防止金属氧化，分离不同沸点的物质，除去金属中的气体或杂质，增强金属中碳的脱氧能力，提高金属和合金的质量，真空冶金在稀有金属、钢材和特种合金的冶炼方面被广泛应用。

熔融金属的炉外真空精炼是生产高品质钢材和特种合金的常用真空冶金方法，基本原理是把由炼钢转炉初炼的钢水倒入钢包或专用容器中，并将其置于真空环境下完成二次精炼，达到脱气，脱硫、磷、碳等杂质，调节合金成分和调节温度的目的，具体工艺方法包括真空脱气、真空吹氧脱碳和真空循环脱气等。炉外真空精炼设备对工作真空度的要求不高，通常在几十帕水平，但其具有放气量大、温度高、含粉尘多的特点。早期设备所配置的真空系统多为 4 级水蒸气喷射真空泵，配合 3 级中间冷凝器，与大型水环真空泵共同组成真空机组。近年来，出于节能、节水的目的，开始采用多级罗茨-螺杆真空机组，即以机械真空机组替代水蒸气湿式真空机组。

一套用于 220t 真空循环脱气炉的干式机械真空系统构成如图 3.31 所示。该真空系统为由三级罗茨真空泵和一级干式螺杆真空泵组成的四级干式机械真空系统，其中一级泵阵列由 42 台抽速为 30500$m^3$/h 的罗茨真空泵并联组成；二级泵阵列由 11 台抽速为 30500$m^3$/h 的罗茨真空泵并联组成；三级泵阵列由 11 台抽速为 7300$m^3$/h 的罗茨真空泵并联组成；四级泵阵列由 11 台抽速为 2000$m^3$/h 的干式螺杆真空泵并联组成。每一级泵阵列前都有总气体分配管道与各台泵的吸气口连接，各台泵的排气口则均与下一级的总气体分配管道连接，从而保证被抽气体在同一级泵阵列中均匀分配，各台泵工作状态相同。在相邻两级总气体分配管道之间，设置了级间旁通管路，兼做前级泵预抽管道，并为每一级气体分配管道设置了过压保护旁通阀。一旦发生较大的气体波动冲击，旁通阀会自动打开，气体可通过旁通管路环流，避免罗茨真空泵吸、排气口间气体压力差过大，从而防止罗茨真空泵损坏。各级真空泵均采用矢量变频控制，在气体压力升高、压比过大、负载变大的情况下，变频器会自动降速运行，保证系统的安全；而当负载变小时，变频器又会自动提升泵的转速，使真空系统能始终获得最大的抽气能力。该套真空系统特意增加一级罗茨真空泵阵列的并联台数，从而确保在 67Pa 工作真空度下具备 $10^6 m^3$/h 的有效抽速，同时也有利于钢液脱氢处理工艺的顺利完成。由于由真空循环脱气炉产生的气流温度高，含尘量大，因此在该真空系统总入口前设置水冷换热器和布袋除尘器。

与传统的水蒸气喷射真空泵相比，钢液真空处理采用干式机械真空系统的节能优势十分明显，符合当前低碳、环保的工业发展方向；但是干式机械真空系统基础建设投资较高，并且对大型号干式螺杆真空泵和罗茨真空泵的运行可靠性有较高要求。

### 3.7.3　干式螺杆真空泵在空间环境模拟领域的应用

航天技术是人类探索、开发和利用宇宙空间的技术，涉及各类航天飞行器的设计、制造、发射和应用，是高度综合当代最先进科学知识与技术成果的领域，也是国家综合国力的体现。为确保航天器在轨运行的可靠性，航天器整机以及几乎所有部件都需要首先在地面完成空间环境模拟实验，即开展与空间环境相当的光照、辐射、温度、真空、振动等全方位的测试检验，以验证所测试部件或航天器整机能够承受其考验，未来在太空环境中能够正常工作。

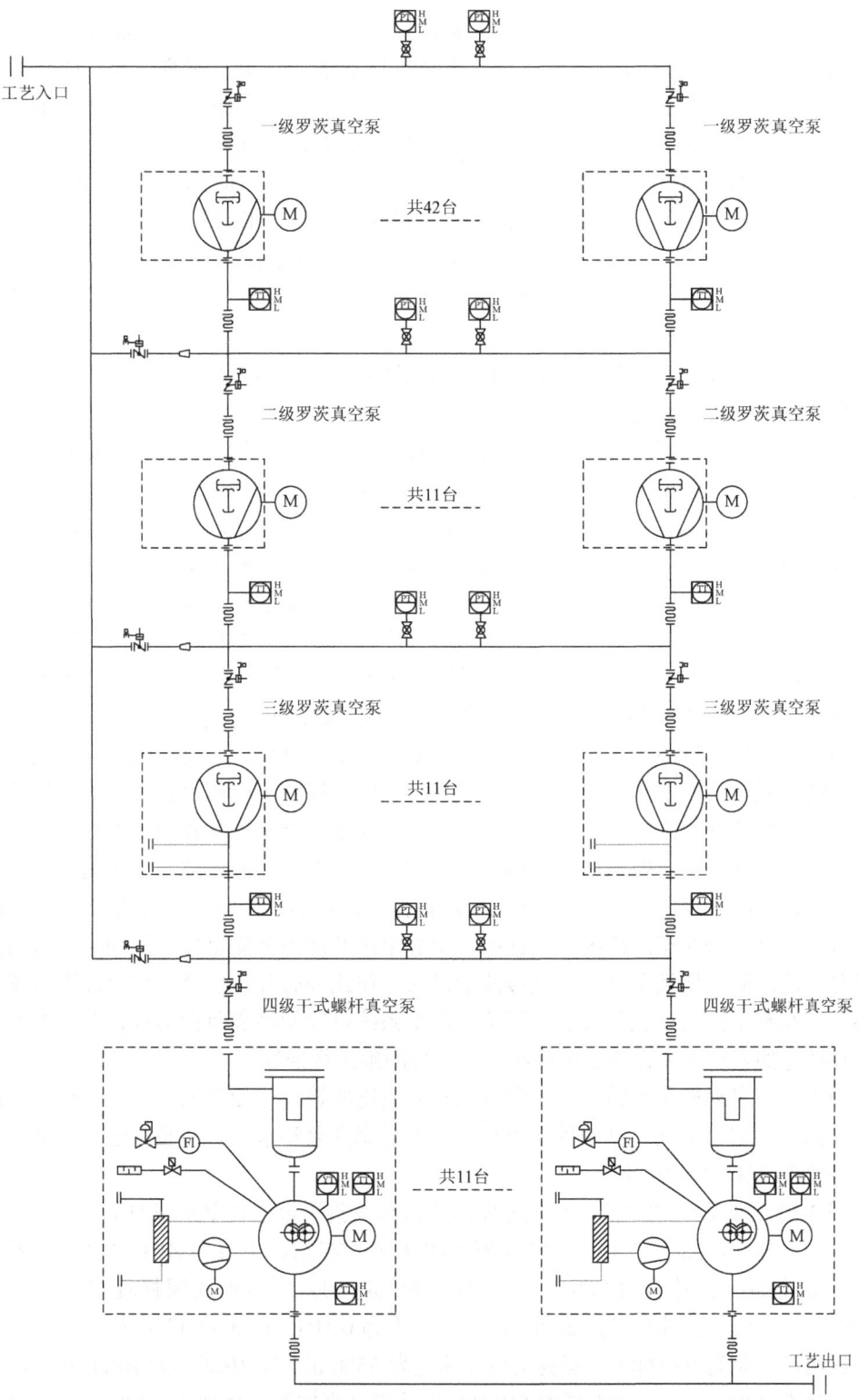

图 3.31　220t 真空循环脱气炉的干式机械真空系统

在地面上开展空间环境模拟实验的装置称为空间环境模拟器。随着我国航天事业的迅猛发展，国内对空间环境模拟器的需求也日益增加。由于所测试部件的种类、大小、用途不同，所对应使用的空间环境模拟器的规格尺寸、结构形状、性能指标、测试项目等也大有不同。绝大多数空间环境模拟器都要求开展热真空环境的模拟实验，因此这些空间环境模拟器都属于真空装置，从而必须配备对应真空度要求的真空抽气系统。干式螺杆真空泵作为抽速大、适应性强的直排大气低真空泵，近年来已经成为各类空间环境模拟器真空系统的首选泵型，通常与罗茨真空泵串联构成二级或三级罗茨-螺杆真空机组作为低真空粗抽系统，配合分子泵和低温泵共同组成空间环境模拟器的真空系统。

下面以某二级、三级航天运载火箭发动机地面点火试车实验平台为例，介绍该空间环境模拟装置的真空系统配置[3,14]。

多级航天运载火箭的二级、三级火箭，是在前一级火箭将其推送至一定高度后开始点火启动工作的，根据点火启动高度的不同，其发动机排气口处的环境气体压力也有所不同，总体均为低压气体条件；且随着火箭启动点火后运行时间的延续，对应火箭的飞行高度不断升高，火箭发动机喷口处的气体压力还会随之不断下降。二级、三级航天运载火箭发动机地面点火试车实验平台就是要为发动机模拟这种工作状态，在点火、试车全过程中，在发动机喷口处产生所要求的真空度，因此需要配置真空系统。在点火、试车过程中，要求真空系统不仅必须及时抽除火箭发动机排出的燃料燃烧后产生的尾气，还要使喷口处的气体压力按照设定的速度随着时间不断降低。

由于火箭发动机的排气量非常大，单纯依靠真空泵直接、即时地抽除这些气体是难以实现的。通常的做法是在排气口与真空机组之间设置数个容积足够大的真空缓冲罐，在火箭点火实验开始之前，利用真空泵将真空缓冲罐抽空至预备真空。然后，在点火实验过程中，发动机排出的尾气主要储存在真空缓冲罐中，通过调节节流阀的开度，实时调节真空系统的有效抽速，从而使火箭发动机排气口处的气体压力按照设定的规律变化。对于有多个真空缓冲罐的情况，当其中一个真空缓冲罐不能满足实验的抽速或压力控制要求时，通过阀门切换至另一真空缓冲罐进入工作或同时开启多个真空缓冲罐来满足实验要求。在整个点火、试车实验过程中，真空系统可以始终满负荷运行，对正在处于充气工作状态的真空缓冲罐或已经饱和的真空缓冲罐进行抽气。

由于火箭发动机排出的尾气中含有未充分燃烧的燃料（如煤油）蒸气，因此不适合使用油封类真空泵抽气。早期曾采用水蒸气喷射真空泵和水环真空泵机组，后来改为使用二级罗茨-螺杆真空机组。

图3.32为航天运载火箭发动机地面点火试车实验平台中真空系统的单套真空泵机组实物照片。其中，图3.32（a）为二级罗茨-螺杆真空机组，主泵为ZJB-1200型号带旁通阀罗茨真空泵（抽速为1200L/s），前级泵为SP1500型号干式螺杆真空泵（抽速为1300$m^3$/h），单套机组抽速为1200L/s，极限压力为0.1Pa。图3.32（b）为三级罗茨-螺杆真空机组，主泵为RP3600罗茨真空泵（抽速为5500$m^3$/h），中间泵为RP2000罗茨真空泵（抽速为2400$m^3$/h），前级泵为SP1500干式螺杆真空泵（抽速为1300$m^3$/h），单套机组抽速为1500L/s，极限压力为0.01Pa。

在航空领域，与此类似的飞机发动机高空加力实验平台也有真空实验需求，常常采用与之类似的真空系统。

(a) 二级罗茨-螺杆真空机组

(b) 三级罗茨-螺杆真空机组

图 3.32　航天火箭发动机地面点火试车实验平台真空系统实物照片

## 3.7.4　干式螺杆真空泵在油气回收技术中的应用

油气回收是一项节能环保型的新技术，即在油品的储运、装卸过程中回收自然散失的油气，防止油气挥发造成大气污染，消除安全隐患，减少油品损失，从而得到可观的效益回报。

油品在常温下的饱和蒸气压普遍很高，在大气环境下极易挥发扩散。在我国的原油和成品油的储运过程中，每年都因油气挥发至大气中，造成大量损耗。仅以分布于城乡各地的车辆加油站为例，汽油、柴油均是极易挥发的液体，在储存、装卸、运输、加油的每一个环节都会有油气逸散挥发。油气挥发不仅产生油料损耗带来的经济损失，还存在着燃爆等巨大的安全隐患；油气对人的中枢神经系统有麻醉作用，对皮肤黏膜产生刺激，甚至可能引起皮炎和湿疹；油气中的物质还会在阳光的作用下与大气中的氮氧化物发生光化学反应，生成毒性更大的光化学烟雾，污染大气环境。因此，推广油气回收技术势在必行。

吸附式油气回收系统的主要结构如图 3.33 所示[3, 14]，主体设备包括两个吸附器、一个吸收塔，以及真空泵、气液分离罐、管路和阀门等配套部件。其工作原理与流程如下：两个吸附器内部是活性炭或硅胶构成的吸附床，并通过阀门切换，交替工作于吸附和再生两种状态下；当油枪为车辆加注油品时，油气回收管按照注油容积的 1.2 倍吸入挥发的油气和空气的混合气体，送入处于吸附工作状态的吸附器 A，气体中的油气被吸附床吸收，空气经放空管排出；当吸附器吸附的油气接近饱和状态时，通过阀门切换连通真空泵，进入再生工作状态，如图中的吸附器 B；在真空泵产生的低压状态下，吸附床中的油气脱附并被真空泵抽走，经气液分离罐分离后，排入吸收塔；吸收塔可以是喷淋塔或者填料塔，利用循环油泵将油库中的液体油从塔上端注入，并与从塔下端进入的油气相遇，将其吸收凝结为液体，一同从吸收塔底部经油泵输送回油库；塔顶部的残余油气及空气经管道送至吸附塔再次吸附回收；再生过程持续至吸附塔内吸附的油气充分释放，为下一次吸附过程做好准备，如此循环工作。

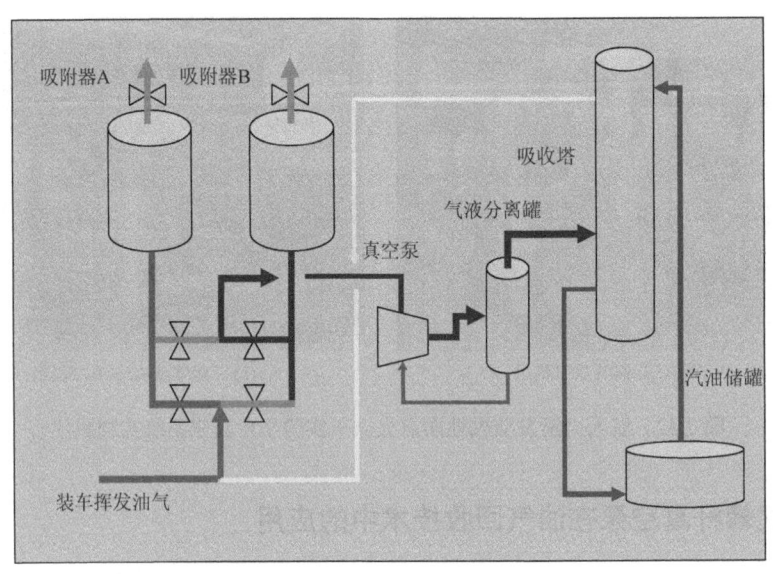

图 3.33　吸附式油气回收系统主要结构示意图

干式螺杆真空泵非常适合油气回收系统，是其中的关键设备。由于所抽气体为容易挥发的汽油蒸气和柴油蒸气，通常要求泵的运行温度控制在 80℃ 以下，然而仅仅依靠泵体夹套冷却无法使泵的运行降低到如此低的温度，另外在多数现场都不能提供冷却水，可以提供的冷却液就是汽油。为了降低泵的运行温度，除了向泵体夹套内通入汽油，最有效的方法就是向泵腔内（在温度最高点）注入适量的汽油，以此蒸发吸热来降低泵腔内的温度。同时，泵腔内的油液还具有密封效果，有利于阻止扩散性强的油气的返流，获得更高的真空度。为了防止冷凝的汽油堆积在泵的排气口处造成泵的异常振动和噪声，必须及时排出积液，可以采取如下改进措施：将泵的排气管置于比排气口更低的位置并向下倾斜，以利于油液流入气液分离罐；在泵的排气口或消声器最低位处安装一台循环泵以消除积液现象；在泵的排气口处安装单向阀，以防止泵在停止运行时由于虹吸现象造成冷凝液倒流入泵腔内。

## 3.7.5　干式螺杆真空泵在新能源领域的应用

经过一百多年的工业化进程，人类社会对能源的需求越来越多，以至于造成煤炭、石油、天然气等化石能源的过度消耗，并引发了严重的环境问题，如空气污染、温室效应、废渣废液排放等。为此，在 20 世纪中叶，人类从可持续发展的角度考虑，开始寻求解决能源问题的途径，新能源、绿色能源、清洁能源的概念应运而生。为了切实解决上述环境问题，20 世纪后期至 21 世纪，联合国多次主办联合国气候变化大会，敦促与会各国承诺改变能源结构，减少温室气体排放，践行低碳发展的原则。调整能源结构、推动清洁能源的生产与应用，成为现阶段我国能源发展的关键环节。因此，对环境友好的新能源的使用越来越普及，新能源技术的发展也突飞猛进。

新能源主要是指来源广阔、对环境友好、基本上不会产生或加重环境问题的清洁能源，主要包括太阳能、核能、地热能、潮汐能等，也包括由上述清洁能源转变而来的二次能源，如锂电池、氢能及由此衍生的氢燃料电池等。在各种新能源的开发利用过程中，真空工程做出了突出贡献。

在新能源技术中，太阳能利用技术是最被看好而且应用较为广泛的技术。太阳每年辐射到地球上的能量比当前全球能源年消耗量高出 4 个数量级，太阳能是一种清洁、环保、无污染、可再生的理想能源。大规模利用太阳能的关键在于解决太阳能向其他能量形式的转换问题，其中光电转换，即太阳能转化为电能，是最为常见而且使用便利的一种转换形式。在光电转换技术方面，真空工程的应用是非常普遍的。以硅基太阳能电池的生产过程为例，无论是拉制单晶硅棒的单晶炉，还是对电池硅片完成扩散、刻蚀、镀制各种膜层的管式（或板式）真空镀膜机，均离不开干式真空泵的应用。

拉制单晶硅棒的单晶炉是一种在惰性气氛（氮气、氩气等）低压环境下，通过加热熔化多晶硅粉料，采用直拉法生长无错位单晶体的设备。在工作过程中，首先利用石墨加热器将石英坩埚中的多晶硅原料熔化为高温液体；然后利用籽晶作为晶体种子，引导熔池中的液体在其上再结晶，生长为单晶体；最后利用上部提拉杆或下部坩埚杆的旋转、升降运动，完成单晶体的种晶、引晶、放肩、转肩、等径拉伸等一系列生长过程，从而获得单晶硅棒材。为了防止气体杂质污染和硅料蒸发飞散，并精确控制晶体生长温度，需要使用惰性气体保护熔池。因此，在整个单晶体的生长过程中，始终向单晶炉内充入惰性气体；同时，利用真空泵和自动控制压力调节阀，全程精准控制炉内的气体压力。由于熔池中液态硅的蒸发作用，从单晶炉中抽除的气体中携带部分硅分子，这些分子在进入常温气体环境或遇到固体表面时，会重新凝华并相互团聚成粉体颗粒。尽管在真空机组前设置了粉尘捕集器，但仍会有部分硅粉尘颗粒进入真空泵中。传统单晶炉使用罗茨-滑阀真空机组抽真空，当粉尘颗粒进入作为前级泵的滑阀泵中时，会混入真空泵油中，使其成为黏稠的粥状物，失去了润滑与密封效果，并容易造成泵体内腔的划伤。因此，不得不频繁地更换真空泵油，不仅增加了泵油采购成本和人力维修成本，废油的处理还会带来环保问题。使用耐粉尘能力较强的干式螺杆真空泵替代滑阀泵，与罗茨增压真空泵构成干式真空系统，既彻底避免了真空泵废油的产生，又延长了真空泵的维修周期，使单晶炉的运行成本得以降低，性能可靠性得以提高。

不仅拉制单晶硅棒的单晶炉中需要真空系统，在将单晶硅棒切割成晶圆并抛光制成硅电池基片后，在对电池基片后续加工的生产流程中，无论是 PERC 型还是 TOPCon 型单晶电池，电池基片都要多次送入不同类型和功能的真空镀膜设备中，反复完成扩散、刻蚀、镀膜等工艺作业，这些镀膜设备也都需要配置耐粉尘的干式真空系统。PERC 型和 TOPCon 型单晶电池的生产工艺流程如图 3.34 所示。

图 3.34 单晶电池的生产工艺流程

PSG 指磷硅玻璃（phosphorosilicate glass）；LPCVD 指低压化学气相沉积（low pressure chemical vapor deposition）；PEALD 指等离子体增强原子层沉积（plasma enhanced atomic layer deposition）；PECVD 指等离子体增强化学气相沉积（plasma enhanced chemical vapor depostition）

仅以减反射膜的镀膜工艺为例，减反射膜所用材料可以是氮化硅、氧化硅、氧化铝、氧化钛、氟化镁等陶瓷类材料，其中氮化硅膜既具有良好的减反射效果，又有很好的表面钝化和体钝化作用，所以在生产中使用最普遍。采用等离子体增强化学气相沉积（plasma enhanced chemical vapor deposition，PECVD）方法镀制氮化硅膜时，向镀膜室内充入硅烷和氨气，在射频等离子体激发下发生化学反应，生成氮化硅和氢气。氮化硅沉积在电池基片表面成为固体膜层，氢气伴随着其他工艺气体和未完全反应的原料气体，一同被真空泵抽除。被抽气体中携带的以及陆续反应生成的氮化硅分子会凝华为固态并相互团聚成粉体颗粒，大部分会被粉尘捕集器截留，但仍有部分粉尘会进入真空泵。为此，目前在绝大多数硅太阳能电池生产设备中，都选择耐粉尘能力强的罗茨-螺杆真空机组作为真空系统。而提高干式螺杆真空泵的耐粉尘能力、延长可靠运行寿命和线下维护周期、简化维护作业方法、降低维护作业成本成为面向该领域真空系统解决方案的最关键问题。

此外，在二次新能源利用方面，电动汽车以其环保、经济的强大优势，逐渐得到人们的青睐；随着电动汽车的迅速普及，作为车载动力电源的锂电池得到极大发展，目前我国已成为电动汽车和动力电池的全球第一大生产国。另外，太阳能电站所需要的配套储能系统对大容量蓄能电池提出迫切需求，也为锂电池开拓出巨大的应用空间。

在锂电池的制造过程中，真空工程在制浆、干燥、注液、化成等主要工艺流程中发挥着重要作用，真空系统性能的优劣与锂电池的品质密切相关，真空泵的选择至关重要，其中干式螺杆真空泵成为首选产品。

在锂电池生产工艺的前段制浆工序中，当电极粉材与溶剂混合时，粉体表面原来吸附的气体会混入浆料，这时需要对电极浆料进行真空搅拌脱气，消除浆料内部的气体，从而避免在随后进行的涂布工序中产生气泡，以实现优质的极卷涂覆。由于有机溶剂的挥发蒸气具有强烈的腐蚀性，被抽气体还会携带固体微粉颗粒，使用传统油封式真空泵抽真空，需要频繁更换泵油并存在机械卡滞磨损故障风险；使用液环式真空泵则存在真空度不够、脱气不能满足工艺需要的问题。而单台干式螺杆真空泵的抽速和极限压力指标恰好满足该工序的要求，因此被普遍采用，唯一需要重视的问题是要求干式螺杆真空泵具备相应的耐腐蚀能力。

在随后的干燥、注液和化成工序中，更是需要真空系统执行长时间的真空保持作业。当电池极板与绝缘膜卷扎成电池芯、焊接好电极引线并装入电池外壳后，需要整体放入真空室中进行干燥处理，以便电极材料中吸附残存的水分释放出来。由于极板中间的水分向外扩散迁移十分困难，电池外壳的抽气通道又十分狭小，因此干燥工序耗时很长，并要求最终达到的真空度较高。干燥过的电池盒在降温后转入注液工序，将其放入注液室内，在正式注液前还需要再次对注液室抽真空，使电池盒内的气体及吸附于电池芯体中的气体释放出来，然后才向盒内注入电解液；电池盒注满电解液后，对注液室充入高压氮气，以便加速电解液进入电池芯体内。注液完成后的电池盒进入化成工序，即对电池反复充放电从而激活电池，使其具有更高的能量密度、更大的放电容量、更长的循环寿命和更好的安全性。由于化成期间电池芯体中会有许多气体释放出来，如果在化成前对电池盒进行完全封口，很容易发生气胀现象，因此通常采用负压化成，即化成期间对电池盒抽真空，使其内部气体顺利脱出。用于注液和化成工序的真空泵，都会有电解液中的易挥发成分进入泵内。例如，电解液中含有的六氟磷酸锂，遇水反应生成氟化氢气体或氢氟酸，有较强的腐蚀性。干式螺杆真空泵是目前被广泛采用的泵型，解决泵的耐腐蚀问题是该领域中的技术关键。

## 参 考 文 献

[1] 赵瑜. 螺杆型干式真空泵转子结构和性能研究[D]. 沈阳：东北大学，2008.
[2] 杨乃恒. 干式真空泵的原理、特征及其应用[J]. 真空，2000，37（3）：1-9.
[3] 姜燮昌. 螺杆真空泵的特点与应用[J]. 真空，2013，50（2）：1-7.
[4] 张世伟，孙坤，韩峰. 螺杆真空泵设计的常见问题分析[J]. 真空，2021，58（1）：23-28.
[5] Edwards. Product Catalogue[EB/OL]. https://www.edwardsvacuum.com/en-us[2024-01-25].
[6] Gmbh S C, Dahmlos C, Rook D, et al. Vacuum pump: WO 9701037A [P]. 1995-08-12.
[7] 张世伟，赵凡，张杰，等. 无油螺杆真空泵螺杆转子设计理念的回顾与展望[J]. 真空，2015，52（5）：1-12.
[8] 赵晶亮. 无油螺杆真空泵变螺距螺杆转子型线的研究[D]. 沈阳：东北大学，2013.
[9] 戈普弗特 O. 具有非对称轮廓转子的容积转动机器：CN200580048107.2[P]. 2008-03-12.
[10] 赵凡. 无油螺杆真空泵四种变螺距转子的性能研究[D]. 沈阳：东北大学，2016.
[11] 诺尔思 M H，特纳 N，达文尼 T R G，等. 螺杆泵：CN101351646A[P]. 2009-01-21.
[12] 顾中华. 无油螺杆真空泵转子的动平衡问题研究[D]. 沈阳：东北大学，2012.
[13] 翟云飞. 螺杆真空泵内气体热力过程的模拟与实验研究[D]. 沈阳：东北大学，2020.
[14] 姜燮昌. 干式螺杆真空泵的结构、性能与应用[J]. 真空，2018，55（4）：6-12.
[15] 李爱珍，帅新发，廖雪松. 干式螺杆真空泵在原料药生产工艺中的应用[J]. 广东化工，2014，41（21）：190-191，193.

# 第 4 章 干式复合真空泵

## 4.1 概　述

在半导体行业中的真空室中,一般需要达到 $10^{-3}$Pa 或更高的真空度,需要配置高真空系统。一般来说,为了获得清洁高真空,需要串联多台工作在不同压力区域的真空泵构成机组来完成抽气任务。典型的高真空机组通常采用高真空泵串接干式前级泵,高真空泵有分子泵、低温泵等,前级泵有干式爪型真空泵、干式罗茨真空泵、干式涡旋真空泵、干式螺杆真空泵、干式活塞真空泵、干式膜片真空泵等。

采用高真空机组(图 4.1),需考虑各种真空泵的工作压力范围,系统中的真空泵、连接管道、阀门、真空计等辅助元件及其控制单元增加了系统成本。典型的高真空系统至少额外需要三个阀门和一个旁通管路。在半导体工厂中,前级真空泵一般都安装在生产车间的下一层,前级真空泵的抽速损失较大,必须选用昂贵的、高性能干式真空泵。此外,在现代工业的一些真空应用场合中,如太阳能电池制备、半导体器件制备、小型精密实验设备等,由于真空泵机组占用空间庞大、维护麻烦、抽气效率损失等问题,在一定程度上影响了工艺的进行,因此需要有直排大气干式复合真空泵。

图 4.1　高真空机组

为了降低半导体设备中真空系统的成本,实现高真空获得设备的清洁化、简单化和小型化,人们一直在寻求能达到高真空并且可以直排大气的真空泵。国外已经出现了一些直排大气高真空干泵,常常采用抽气级(涡轮叶列或大螺旋槽,保证大的抽速)、压缩级(牵引级)和再生级(旋涡级,保证高的压缩比)的组合方式,并开发出商业化的产品。典型高真空干泵,如英国 Edwards 公司的 EPX 直排大气高真空干泵(图4.2)[1]、德国普发真空公司的 OnTool 直排大气高真空干泵(图4.3)等[2,3],已经应用于实际生产中,使真空系统的安装变得容易了很多。

第 4 章　干式复合真空泵

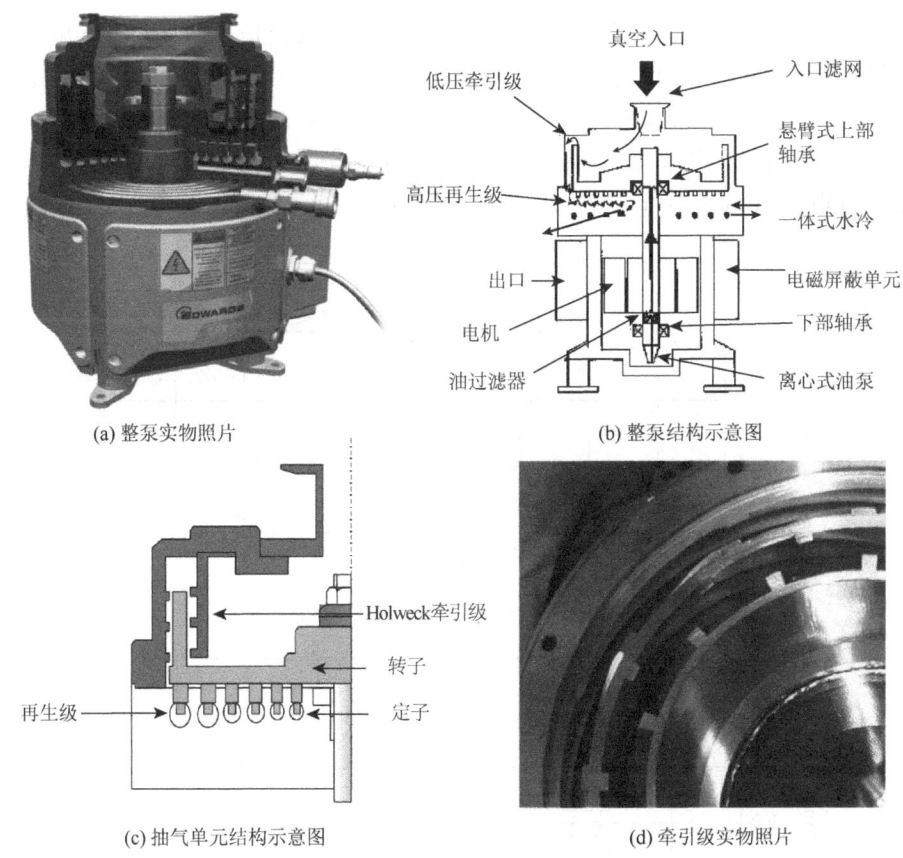

图 4.2　EPX 直排大气高真空干泵

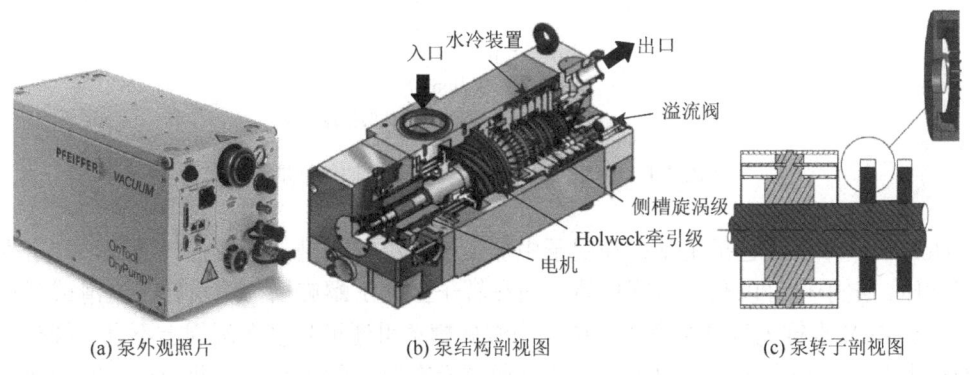

图 4.3　OnTool 直排大气高真空干泵

EPX 直排大气高真空干泵由大螺旋级、Holweck 牵引级和旋涡级三级组成，OnTool 直排大气高真空干泵由 Holweck 牵引级和侧通道旋涡级两级组成，实现高真空干泵的直排大气能力。

EPX 直排大气高真空干泵靠近泵吸气口处的大螺旋牵引结构为第一级，主要是完成大排量的吸气传输过程，压缩比很小；第二级为 Holweck 牵引级，其基于牵引分子泵的工作原理，由内外螺旋槽定子和光滑圆筒转子组成，有效延长了抽气通道长度，能够得到较大的压缩比和抽速，并有效减少了气体返流泄漏量；第三级为旋涡级，工作在黏滞流状态下，最终排到大气侧。两款 EPX 直排大气高真空干泵的抽气特性如图 4.4（a）所示，EPX500 干泵对不同气体的抽速曲线如图 4.4（b）所示[4]。不同型号的高真空干泵可以从大气压一直抽到 $10^{-4}$mbar（1bar = $10^5$Pa）或 $10^{-6}$mbar 的极限真空。

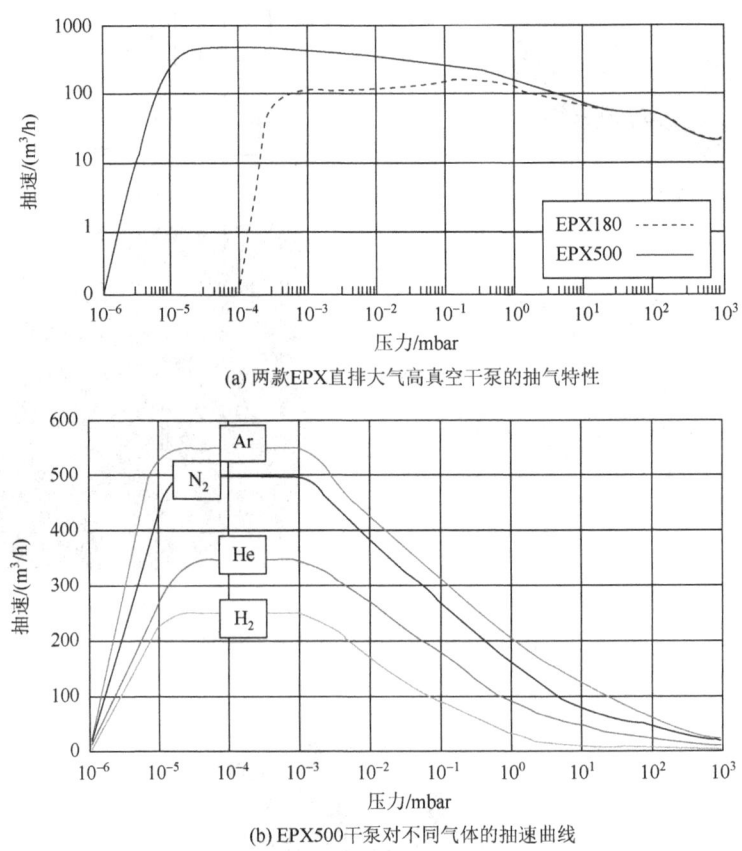

(a) 两款EPX直排大气高真空干泵的抽气特性

(b) EPX500干泵对不同气体的抽速曲线

图 4.4　EPX 直排大气高真空干泵抽气性能

Holweck 牵引级包括定子，在定子中加工出一组螺旋槽，形成抽气通道，转子为光滑圆柱体。定子也可以是光滑圆柱体，而在转子上加工螺旋槽，牵引转子光滑或开槽结构都用于 EPX 直排大气高真空干泵中。当螺旋槽牵引通道长度在圆周上不足一圈时，每个通道中的压力分布相同。由于相邻抽气通道没有较大的压差，因此通道之间的泄漏最小化，单位长度通道具有较高的压缩比和抽速，这种设计特征使轴向十分紧凑，但抽气通道相对较短，限制了压缩比和排气压力。对于 300Hz 的旋转频率，牵引级仍然可以实现 $10^7$ 量级的压缩比，能够提供足够高的排气压力供旋涡级正常运行。

在 EPX 直排大气高真空干泵中，牵引级和旋涡级设计在同一转轴上，通过增加更多的 Holweck 牵引级，同时保持相同数量的旋涡级，可以获得更高的抽速和更低的极限压力。最接近旋涡级的 Holweck 牵引级有最小的横截面，并为旋涡级入口提供最大的压缩比。在过渡流和接近黏性流的高压下，这一点尤为重要，这样设计的 Holweck 牵引级才能产生足够高的压力，使旋涡级处于更好的工作状态。由于牵引级是径向布置的，因此当增加更多的 Holweck 牵引级数时，整泵的轴向长度不会显著增加。

OnTool 直排大气高真空干泵（图 4.3）由多达 10 个侧通道旋涡级和多达 5 个 Holweck 牵引级串联组成，如果泵在极限压力下工作，串联的 10 个侧通道旋涡级的压缩比约为 600，每级的平均压缩量约为 1.9。侧通道旋涡级在提高压缩比、抽速的同时，降低了旋涡级的功率消耗，可显著增强泵的整体性能。泵重量为 35kg，尺寸为 410mm×148mm×163mm，体积为 10L，在 20Pa 时最大抽速为 130m$^3$/h，在 105Pa 时最大抽速为 20m$^3$/h。

目前出现的直排大气高真空干泵均具有高达每分钟几万转的转速，结构紧凑，在良好的动平衡基础上，可实现很低的噪声，带氮气吹扫的泵种适用于抽取蒸气以及低腐蚀性蒸气和微粒等工况，能够在很宽的吸气口压力条件下连续工作，特别适用于大气压和高真空之间频繁循环的应用场合。

EPX500 干泵与 500L/s 涡轮分子泵-30m$^3$/h 涡旋真空泵（TMP-Scroll）系统进行了抽气特性比较，如图 4.5 所示[4]，可知直排大气高真空干泵具有很好的抽气特性，并且增加一个阀门就可以替代常规涡轮分子泵、前级泵、三个阀门以及真空系统零部件配置，同时还能降低控制系统的复杂性。

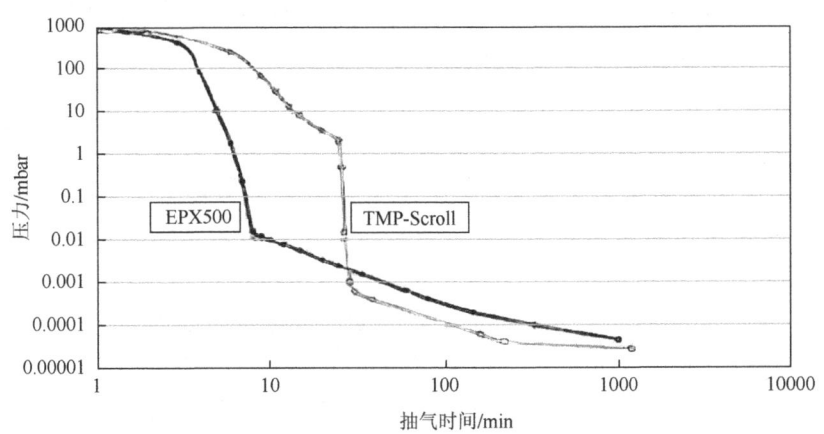

图 4.5　高真空干泵与涡轮分子泵系统抽气特性的比较

由于高速旋转引起旋涡扰动，泵的发热量很大，需要良好的水冷。通过运用稀薄气体动力学和计算流体力学方法，对泵进行结构设计和性能分析，满足应用需求，这是高真空清洁获得的重要泵种，应用领域不断扩大。

## 4.2　干式复合真空泵的工作原理

### 4.2.1　涡轮级的工作原理

干式复合真空泵的抽气级可设置为涡轮级，工作原理与 Becker 于 1956 年发明的适于高真空、超高真空环境下工作的涡轮分子泵一致。涡轮分子泵的结构组成如图 4.6 所示[5]。涡轮分子泵是以高速旋转的动叶片和静止的定叶片相互配合来实现抽气的,具有高的运转可靠性以及大的抽速,极限压力可达 $10^{-9}$Pa,在很多科研和工业领域得到应用[5]。

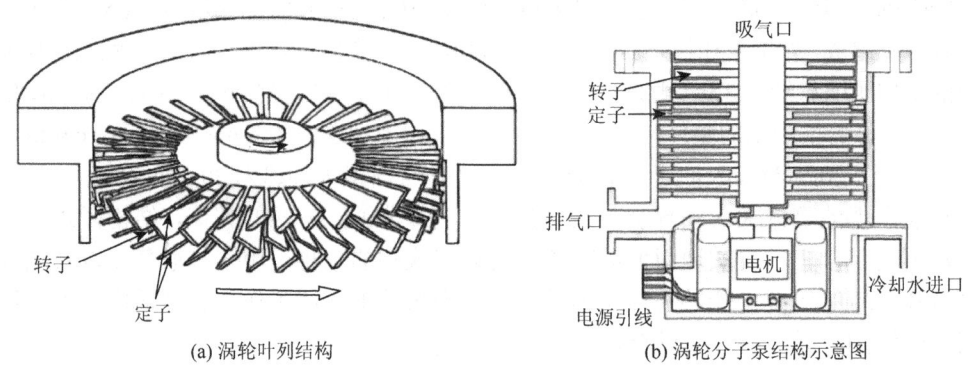

图 4.6 涡轮分子泵的结构组成

涡轮级由多个单级涡轮叶列串联组成。单级涡轮叶列及其展开如图 4.7 所示,涡轮叶列的几何参数包括叶轮直径、叶齿数量 $z$、叶片倾角 $\alpha$、叶片厚度 $t$、叶轮高度 $h$、叶片弦长 $b$、涡片节距 $a$ 等,叶片弦长 $b$ 可由叶轮高度 $h$ 和叶片倾角 $\alpha$ 求得,涡片节距 $a$ 可由叶轮直径、叶齿数量 $z$ 和叶片厚度 $t$ 求得。

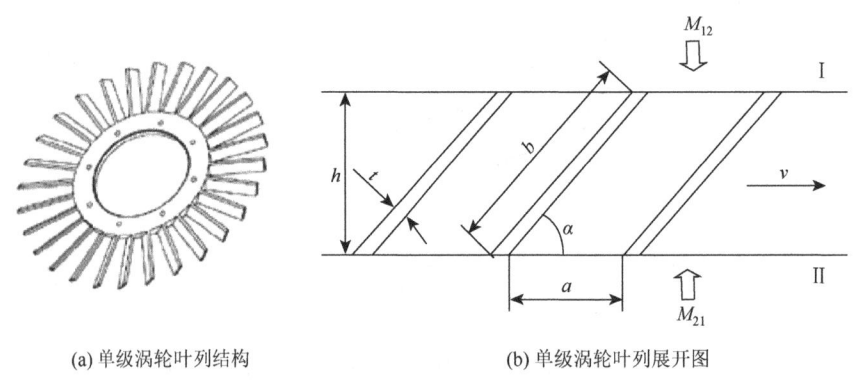

图 4.7 单级涡轮叶列及其展开

单级涡轮叶列的抽气能力与其几何参数以及转速有关(对应线速度 $v$),可以通过计算气体分子涡轮叶列的正向传输概率 $M_{12}$、反向传输概率 $M_{21}$ 来确定单级涡轮叶列的抽速和压缩比。单级涡轮叶列的正向、反向传输概率由叶片倾角 $\alpha$、节弦比 ($a/b$)、速度比 $v/\bar{c}$ ($\bar{c}$ 为气体分子热运动速率)决定。一般地,速度比越大,涡轮叶列的压缩比越大、抽速越高,叶片倾角越大、节弦比越大、抽速越大而压缩比越小。

1. 涡轮叶列抽气机理

涡轮级转子叶列沿某一直径展开后,如图 4.8(a)所示,单级涡轮叶列简化为叶片彼此平行的二维结构[6-8]。若涡轮叶片的线速度为 $v$，为了分析方便，取 $v=\bar{c}$（气体分子热运动速率），相对于 $v$，气体分子的速度分布由图4.8所示的（b）和（c）变为图4.8所示的（d）和（e）相对速度分布，这使得空间①、②内的气体分子通过涡轮叶片通道的通过概率产生差别。

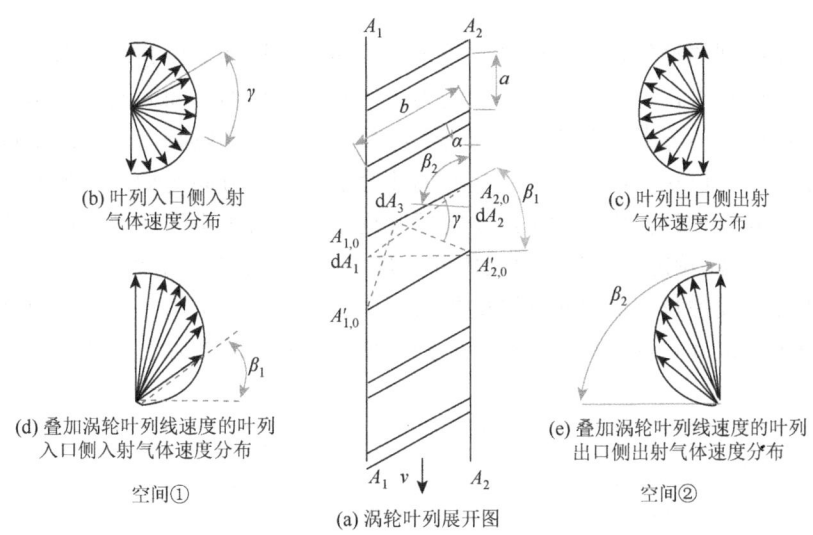

图4.8 单级涡轮叶列抽气原理图

令图4.8中 $A'_{1,0}$、$A'_{2,0}$、$A_{2,0}$ 之间的叶片通道空间为 $K$。在 $A_{1,0}$-$A'_{1,0}$ 面上任取表面元 $dA_1$，与 $A_{2,0}$-$A'_{2,0}$ 出口面形成的夹角为 $\beta_1$。从空间①入射到表面元 $dA_1$ 上的气体分子，当其运动方向落 $\beta_1$ 角空间内时，气体分子可自由地通过叶片通道，而不与涡轮叶片发生碰撞。在 $A_{2,0}$ 和 $A'_{2,0}$ 之间任取表面元 $dA_2$，入射气体分子的入射角为 $\beta_2$，任何从空间②入射到表面元 $dA_2$ 上的气体分子都不能直接飞过 $K$ 区到达空间①，至少要与涡轮叶片发生一次碰撞。因此，由空间①向空间②自由飞过 $K$ 区的通过概率大于由空间②向空间①自由飞过 $K$ 区的通过概率，即 $M_{12\text{free}} > M_{21\text{free}}$。

对于不能直接飞过 $K$ 区的气体分子，则要入射到叶片的上壁 $A_{1,0}$-$A_{2,0}$ 或下壁 $A'_{1,0}$-$A'_{2,0}$ 上，这些气体分子将被吸附在壁上停留一段时间后被解吸，各向同性地向空间发射。叶片表面上发射气体分子，其热运动速度与温度有关。假设叶片表面温度与气体分子温度相同，此时气体分子平均热运动速率与气体分子入射速率相等，均为 $\bar{c}$。取 $A_{1,0}$-$A_{2,0}$ 上表面元 $dA_2$，使 $dA_2$ 对 $A_{1,0}$-$A'_{1,0}$ 面和 $A_{2,0}$-$A'_{2,0}$ 面的张角均为 $\gamma$，则 $dA_2$ 上解吸的气体分子入射到空间①侧和空间②侧的概率相等。对于 $dA_2$ 右侧的所有表面元，对空间②侧的张角（$\gamma_2$）总是大于空间①侧的张角（$\gamma_1$），即 $\gamma_2 > \gamma_1$，即单元 $dA_3$ 右侧表面上发射的气体分子飞向空间②侧的比飞向空间①侧的多。反之，单元 $dA_3$ 左侧表面上发射的气体分子飞向空间①侧的较多。由于 $A_{1,0}$-$A_{2,0}$ 面上 $dA_3$ 左侧单元数少于右侧单元数，因此由 $A_{1,0}$-$A_{2,0}$ 面上解吸的气体分子飞向空间②侧的数量要大于飞向空间①侧的数量。对于 $A'_{1,0}$-$A'_{2,0}$ 面气体分子的发射情况，与 $A_{1,0}$-$A_{2,0}$ 面的情况相反，即壁面上解吸的气体分子飞向空间①侧的数量要大于飞向空间②侧的数量。由于入射气体分子速度分布不同，入射到 $A_{1,0}$-$A_{2,0}$

面上的气体分子数量远多于入射到 $A'_{1,0}$-$A'_{2,0}$ 面上的气体分子数量，因此从涡轮叶片壁面上解吸的气体分子进入空间②侧的粒子数要多于进入空间①侧的粒子数。

实际上，由壁面解吸的气体分子还可能入射到对面的叶片壁上被吸附，再解吸，经过多次与壁面的碰撞后飞出空间 $K$，最终进入空间①侧或空间②侧，这是一个十分复杂的过程。

涡轮定子叶列的抽气机理可以参照转子叶片的工作机理加以分析。当定子叶片两侧均有涡轮转子叶片时，与转子叶列两侧均为定子叶列（自由空间）的情况相似。从涡轮动叶片上解吸的气体分子，其速度分布受到叶片牵引速度的影响，此时，相对于涡轮动叶片，定子叶列可以认为以转子叶列相同的速度及相反的方向运动，因此涡轮静叶片对气体分子同样具有抽气作用。如果涡轮定子叶列一侧是自由空间（没有转子叶列，即速度比 $c=0$），此时涡轮定子一侧入射气体分子与叶列不存在相对速度，因而抽气效果会受到影响。为充分发挥每一级涡轮叶列的抽气作用，涡轮分子泵第一级叶轮应设计为转子叶列，而最末一级叶轮也应设计为转子叶列，使涡轮叶列的实际工作条件与理论分析相一致。

若气体分子从空间①经叶片通道进入空间②的通过概率为 $M_{12}$，气体分子从空间②经叶片通道进入空间①的通过概率为 $M_{21}$，通过上述分析总有 $M_{12}>M_{21}$，这是涡轮叶片线速度对气体分子的动量传递作用的结果，而二者之差反映了单级涡轮叶列的抽气能力。

2. 单级涡轮叶列的抽气性能

假设图 4.8 中，空间①、②侧的气体压力、分子数密度、气体温度、热运动速率、通道面积分别为 $p_1$、$p_2$，$n_1$、$n_2$，$T_1$、$T_2$，$\bar{c}_1$、$\bar{c}_2$，$A_1$、$A_2$，气体分子从空间①侧到空间②侧的通过概率为 $M_{12}$，从空间②侧到空间①侧的通过概率为 $M_{21}$，则单位时间内气体分子通过空间①侧单位面积到空间②侧上的净流量为

$$\frac{n_1\bar{c}_1}{4}A_1M_{12}-\frac{n_2\bar{c}_2}{4}A_2M_{21}=\frac{n_1\bar{c}}{4}A_1H \tag{4.1}$$

式中，$H$ 为涡轮叶片的抽气系数（何氏系数）。

一般地，$A_1=A_2=A$，$T_1=T_2$，$p_2/p_1=n_2/n_1$，根据式（4.1），何氏系数可表示为

$$H=M_{12}-\frac{p_2}{p_1}M_{21} \tag{4.2}$$

根据式（4.2），可计算单级涡轮叶片的压缩比为

$$\frac{p_2}{p_1}=\frac{M_{12}}{M_{21}}-\frac{H}{M_{21}} \tag{4.3}$$

当 $p_1=p_2$（即 $n_1=n_2$）时，由式（4.2）得到单级涡轮叶片的最大抽气系数为

$$H_{\max}=M_{12}-M_{21} \tag{4.4}$$

当 $H=0$（即抽速等于零）时，由式（4.3）得到单级涡轮叶片的最大压缩比为

$$K_{\max}=\left(\frac{p_2}{p_1}\right)_{\max}=\frac{M_{12}}{M_{21}} \tag{4.5}$$

单位时间入射到单位面积上的分子数为 $\frac{1}{4}n\bar{v}$，若气体分子净通过涡轮叶列的概率为 $H_{max}$，则单位时间通过涡轮叶列的分子数为 $\frac{1}{4}n\bar{v}H_{max}$，当涡轮叶片抽气通道进出口面积相等且为 $A$ 时，单级涡轮叶片的最大抽速为

$$S_{max} = \frac{\frac{1}{4}n\bar{v}H_{max}A}{n} = \frac{1}{4}\bar{v}H_{max}A \tag{4.6}$$

将气体分子热运动速率公式代入式（4.6），则最大抽速公式为

$$S_{max} = \frac{1}{4}\bar{v}H_{max}A = \frac{1}{4}\sqrt{\frac{8RT}{\pi\mu}}H_{max}A \tag{4.7}$$

式中，$R$ 为普适气体常数，$R = 8.31 \text{J/(mol·K)}$；$T$ 为被抽气体温度，K。若气体分子摩尔质量单位采用 g/mol，其他参数采用国际单位制，则最大抽速公式为

$$S_{max} = 36.4 H_{max} A \sqrt{\frac{T}{\mu}} \tag{4.8}$$

由式（4.5）、式（4.6）可见，单级涡轮叶片抽气性能的计算归结于对气体分子通过叶片的正、反向传输概率的计算。

分子泵工作在高真空环境中，在分子流态下，经过涡轮叶列的气体分子的平均自由程远远大于叶列通道的几何尺寸。假设气体分子的速率分布遵从麦克斯韦速率分布规律，气体分子与叶列碰撞及漫反射过程遵从克努森定律（余弦定律），可以对大量气体分子跟踪统计，计算得到气体分子在叶列空间内的传输过程和最后通过涡轮叶片的正、反向传输概率。

气体分子正向入射涡轮叶片，并通过涡轮叶片到达另一侧的概率为

$$M_{12} = \frac{N_1}{N} = \frac{通过叶片的分子数}{总分子数} \tag{4.9}$$

若以叶片的速度比 $c$ 负值（即反向入射时）代入入射分布函数进行计算，则可求得气体分子从反向入射涡轮叶片，并通过涡轮叶片到达另一侧的通过概率值 $M_{21}$。

采用实验粒子蒙特卡罗方法，可以模拟计算获得不同参数（节弦比、速度比、叶片倾角）的单级涡轮叶列传输概率[9]。根据单级涡轮叶列抽气特性的计算结果，如表 4.1 所示，通过数据回归得到涡轮分子泵单级叶列抽速、压缩比与涡轮叶片倾角、节弦比以及速度比的关系曲线[10]，如图 4.9、图 4.10 所示。

表 4.1 单级涡轮叶列抽气性能数值表

| 性能参数 | | 节弦比 $a/b$ | | | | | | | | |
|---|---|---|---|---|---|---|---|---|---|---|
| | | 0.4 | 0.6 | 0.8 | 1 | 1.2 | 1.4 | 1.6 | 1.8 | 2 |
| $\alpha = 10°$ $c = 0.2$ | $M_{12}$ | 0.0565 | 0.0831 | 0.1171 | 0.1714 | 0.2634 | 0.3557 | 0.4314 | 0.4922 | 0.5416 |
| | $M_{21}$ | 0.0344 | 0.0515 | 0.0738 | 0.1104 | 0.1908 | 0.2855 | 0.3668 | 0.4332 | 0.4877 |
| | $H_{max}$ | 0.0221 | 0.0316 | 0.0433 | 0.0610 | 0.0725 | 0.0702 | 0.0645 | 0.059 | 0.0538 |
| | $K_{max}$ | 1.641 | 1.615 | 1.588 | 1.552 | 1.380 | 1.246 | 1.176 | 1.136 | 1.110 |

续表

| 性能参数 | | 节弦比 $a/b$ | | | | | | | | |
|---|---|---|---|---|---|---|---|---|---|---|
| | | 0.4 | 0.6 | 0.8 | 1 | 1.2 | 1.4 | 1.6 | 1.8 | 2 |
| $\alpha=10°$ $c=0.4$ | $M_{12}$ | 0.0715 | 0.1042 | 0.1452 | 0.2081 | 0.3024 | 0.3917 | 0.4638 | 0.5215 | 0.5682 |
| | $M_{21}$ | 0.0269 | 0.0405 | 0.0584 | 0.0872 | 0.1589 | 0.2525 | 0.3355 | 0.4043 | 0.4611 |
| | $H_{max}$ | 0.0446 | 0.0637 | 0.0868 | 0.1209 | 0.1435 | 0.1392 | 0.1283 | 0.1173 | 0.1072 |
| | $K_{max}$ | 2.656 | 2.572 | 2.488 | 2.386 | 1.903 | 1.551 | 1.382 | 1.290 | 1.233 |

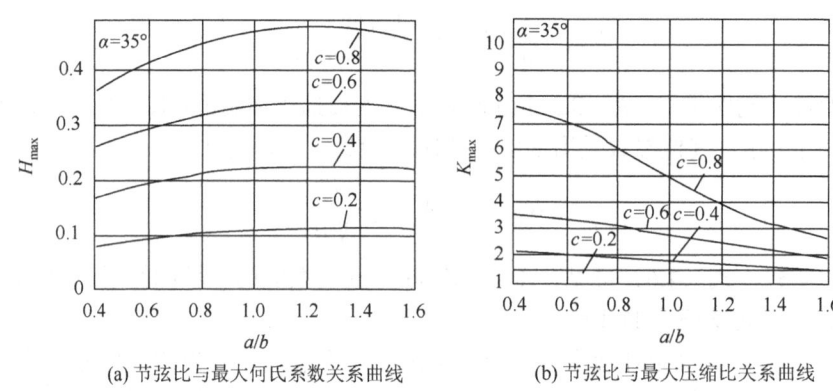

(a) 节弦比与最大何氏系数关系曲线　　(b) 节弦比与最大压缩比关系曲线

图 4.9　单级涡轮叶列抽气性能与速度比、节弦比的关系

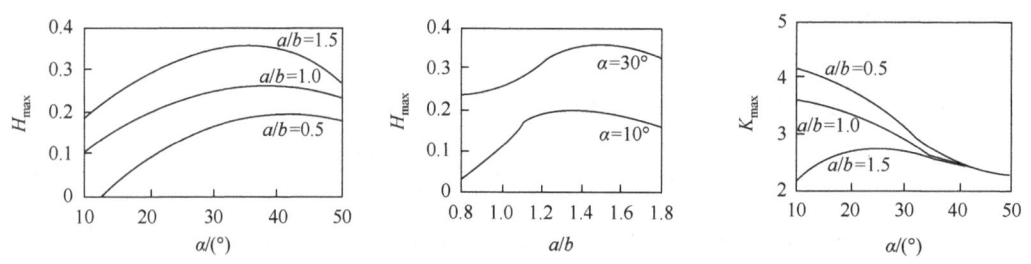

(a) 叶片倾角与最大何氏系数关系曲线　　(b) 节弦比与最大何氏系数关系曲线　　(c) 叶片倾角与最大压缩比关系曲线

图 4.10　单级涡轮叶列抽气性能与叶片倾角、节弦比的关系

### 3. 多级涡轮组合叶列抽气性能的计算模型

涡轮级由多级涡轮叶列串联组成,转子与定子叶片相间排列,相邻涡轮叶列的倾斜方向相反。

对于定子叶列,可以用对转子叶列相同的办法进行分析。当定子的两侧均为转子时,本质上与转子叶列的两侧均为定子叶列的情况是相同的。如果由转子叶列观察定子叶列,定子叶列则以转子叶列相同的速率向相反的方向旋转。对于从动叶片上飞来的气体分子,静叶列两侧气体分子的传输概率会存在差别,因此设置在动叶片之间的静叶片同样具有抽气能力。如果定子叶列一侧是自由空间(无转子叶列),即气体分子与定子叶列不存在相对速度 $\bar{u}$,则该侧的速度比 $c=0$,此时,静叶片的抽气能力会下降。因此,为了发挥每级涡轮叶列的抽气作用，涡轮分子泵第一级叶轮通常设置为转子叶列，而最末一级叶轮也设置为转子叶列。

从涡轮级入口、出口飞入组合叶列的气体分子，在多级叶列中间经历与叶片壁面多次复杂碰撞、漫反射过程，最终从泵吸气口或排气口溢出。气体分子通过组合叶列的正、反向传输概率可以用实验粒子蒙特卡罗等方法求得。

对于涡轮级的组合叶列，叶列之间运动的气体分子因受到动叶片的牵引作用，其速率分布不再符合麦克斯韦速率分布规律。但一般认为，按麦克斯韦速率分布计算组合叶列中气体分子传输概率带来的误差不大。因此，可将按麦克斯韦速率分布计算得到的单级叶列传输概率计算结果用于涡轮级串联叶列传输概率的分析与计算，这样使组合叶列传输概率的计算问题得以简化。

涡轮叶片组合叶列传输概率的计算模型如图 4.11 所示。设 $P$ 和 $Q$ 分别为气体分子通过涡轮叶列的正向和反向传输概率，且单级涡轮叶列传输概率计算结果对多级涡轮组合叶列仍然适用，多级叶列抽气特性的计算问题还是基于组合叶列正、反向传输概率的计算。

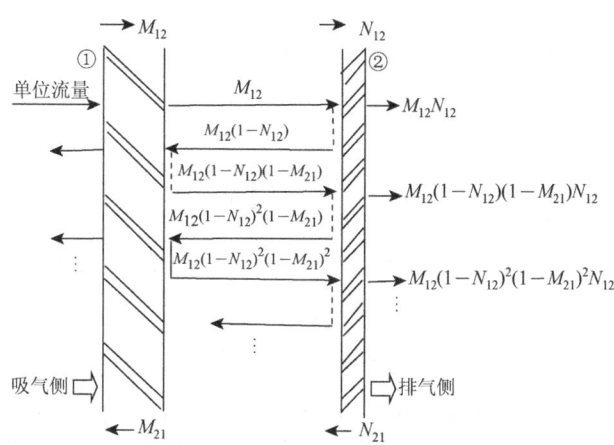

图 4.11 组合叶列传输概率的计算模型

$n$ 级组合叶列的正、反向传输概率可由如下公式近似求得，即

$$P_n = \frac{P_{n-1}P_1}{1-(1-P_1)(1-Q_{n-1})} \tag{4.10}$$

$$Q_n = \frac{Q_{n-1}Q_1}{1-(1-P_1)(1-Q_{n-1})} \tag{4.11}$$

式中，$P_1$、$Q_1$ 为单级叶列正、反向传输概率；$P_{n-1}$、$Q_{n-1}$ 为 $n-1$ 个叶列组合的正、反向传输概率。

$n$ 级组合叶列的最大压缩比和最大何氏系数为

$$K_n = \frac{P_n}{Q_n} = \frac{P_1 P_{n-1}}{Q_1 Q_{n-1}} \tag{4.12}$$

$$H_n = P_n - Q_n = \frac{P_1 P_{n-1} - Q_1 Q_{n-1}}{1-(1-P_1)(1-Q_{n-1})} \tag{4.13}$$

采用上述近似计算公式计算组合叶列的抽气性能简易方便，可以满足工程设计中对涡轮级抽气性能计算精度的要求。

4. 涡轮级抽气性能的计算

当涡轮级出口侧气体流动处于分子流态时，其极限压力与叶列级数、吸气侧泵体内表面及转子表面的放气率、抽速以及抽气腔的密封程度有关。抽速与每个工作叶列通道的几何参数以及叶列组合的合理匹配有关[11-15]。

由于涡轮级自身结构具有非常好的气密性，因此极限压力主要取决于吸气侧零部件的表面放气率。当前泵体多由不锈钢制造，工作叶轮多由铝合金制造，材料放气率、放出气体成分与零部件表面加工质量、高真空下烘烤除气状态以及表面氧化膜的情况有关。

不考虑泵漏气量，泵所能获得的极限压力为

$$p_{\min} = \frac{\sum_{j=1}^{m} F_j q_j}{S} \tag{4.14}$$

式中，$F_j$ 为吸气侧第 $j$ 个放气表面的面积，$m^2$；$q_j$ 为第 $j$ 个放气表面的出气率，$Pa \cdot m^3/(s \cdot m^2)$；$S$ 为泵工作抽速，$m^3/s$。

涡轮级的总压缩比为

$$K_t = \frac{p_f}{p_{\min}} = \prod_{i=1}^{n} K_i \tag{4.15}$$

式中，$p_f$ 为前级压力，$Pa$；$K_i$ 为第 $i$ 级涡轮叶列的压缩比；$n$ 为涡轮叶列的总级数。

第一级涡轮叶列的抽速可由式（4.16）计算，即

$$S_{01} = S_1 + u_1(K_1 - 1) \tag{4.16}$$

式中，$u_1$ 为径向环形间隙的流导，$m^3/s$；$u_1(K_1-1)$ 为经过径向环形间隙返流气体的体积流量，$m^3/s$，仅被第一级涡轮叶列抽除；$S_1$ 为第一级涡轮叶列抽除的气体体积流量，由式（4.17）求得，即

$$S_1 = S_p + \frac{F_1 \cdot q_1}{p_1} \tag{4.17}$$

式中，$S_p$ 为涡轮级抽速，$m^3/s$；$q_1$ 为吸气侧的放气量，$Pa \cdot m^3/s$；$p_1$ 为入口压力，$Pa$。

类似地，第 $i$ 级涡轮叶列的抽速为

$$S_{0i} = S_i + u_i(K_i - 1) \tag{4.18}$$

式中，$u_i$ 为第 $i$ 个径向环形间隙的流导，$m^3/s$；$S_i$ 为第 $i$ 级涡轮叶列抽除的气体体积流量，由式（4.19）计算：

$$S_i = \frac{S_{i-1}}{K_{i-1}} + \frac{F_i \cdot q_i}{p_i} \tag{4.19}$$

式中，$p_i$ 为第 $i$ 级涡轮叶列的吸气压力。

第 $i$ 个径向环形间隙流导 $u_i$ 的计算公式为

$$u_i = \frac{8}{3}\sqrt{\frac{RT}{2\pi\mu}} \frac{ab^2}{h} \varGamma'' \qquad (4.20)$$

式中，$\mu$ 为被抽气体摩尔质量，kg/mol；$a$ 为工作轮周长，m；$b$ 为径向间隙，m；$h$ 为工作轮的高度，m；$\varGamma''$ 为与 $h/b$ 有关的系数，由图 4.12 确定。

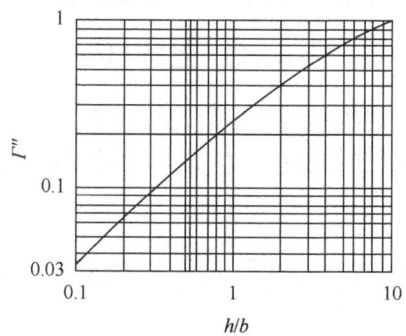

图 4.12　分子流态下 $\varGamma''$ 与 $h/b$ 的关系曲线

对于 293K 的氮气，$u_i$ 为

$$u_i = 314ab^2\varGamma''/h \qquad (4.21)$$

考虑被抽气体经过径向环形间隙返流和存在零部件表面放气时，第 $i$ 级涡轮叶列的压缩比为

$$K_i = K_{\max gi} - \frac{S_i}{S_{\max i}}(K_{\max gi} - 1) \qquad (4.22)$$

式中，$K_{\max gi}$ 为第 $i$ 级涡轮叶列在有间隙返流时的最大压缩比，且

$$K_{\max gi} = \frac{S_{\max i} K_{\max i} + u_i(K_{\max i} - 1)}{S_{\max i} + u_i(K_{\max i} - 1)} \qquad (4.23)$$

式中，$S_{\max i}$ 和 $K_{\max i}$ 为第 $i$ 级涡轮叶列的理论最大抽速和最大压缩比，在第 $i$ 级涡轮叶列的几何参数确定后，可由式（4.5）和式（4.8）求得。

在已知涡轮级抽气通道结构参数和制造材料的条件下，可以按如下计算步骤对抽气性能进行校验。

（1）确定泵体和转子、定子涡轮叶列在吸气侧和叶轮之间的表面放气量，即 $F_1 \cdot q_1$ 和 $F_2 \cdot q_2$。

（2）按式（4.14）求极限压力。

（3）选择牵引前级，保证涡轮级最后一级涡轮叶列出口侧气体处于分子流态。

（4）确定工作轮的数量（转子和定子总数）。

采用式（4.15），从第一级涡轮叶列开始依次对压缩比进行计算，直到计算到泵前级侧，获得计算抽速为零时（即 $p_{\min}$）的最大压缩比。其中，第一级涡轮叶列的抽速由吸气侧放气量和间隙返流决定，则

$$S_{01} = \frac{F_1 \cdot q_1}{p_{\min}} + u_1(K_1 - 1) \qquad (4.24)$$

第一级涡轮叶列所建立的压缩比 $K_1$ 由式（4.22）确定，则第 $i$ 级涡轮叶列入口侧的吸气压力为

$$p_i = p_{i-1} K_{i-1} \tag{4.25}$$

（5）确定涡轮级的抽气性能。

前级抽出的最小气流量 $Q_{\min f}$（此时涡轮级有效抽速为零）由总放气流量确定，即

$$Q_{\min f} = Q_1 + \sum_{i=2}^{n} Q_i + Q_{3f} \tag{4.26}$$

式中，$Q_{3f}$ 为涡轮级最后一级涡轮叶列抽口侧的放气量。

根据连续性方程，当前级抽气量 $Q_f = Q_{\min f}$ 时，确定涡轮前级压力 $p_f$，最后一级涡轮叶列的压缩比为

$$K_n = \frac{K_{\max gn} S_{\max n}}{S_{\max n} + (S_{n+1} - Q_{3f}/p_{n+1})(K_{\max gn} - 1)} \tag{4.27}$$

式中，$S_{n+1} = Q_{\max f}/p_{n+1}$；$p_{n+1} = p_f$。

对于第 $i$ 级涡轮叶列，有

$$K_i = \frac{K_{\max gi} S_{\max i}}{S_{\max i} + (S_{i+1} - Q_{i+1}/p_{i+1})(K_{\max gi} - 1)} \tag{4.28}$$

由 $K_n$ 值确定最后一级涡轮叶列的抽速，即

$$S_n = (S_{n+1} - Q_{3f}/p_{n+1}) K_n \tag{4.29}$$

最后一级涡轮叶列抽气测的压力 $p_n = p_f / K_n$。

按此方法，逐级确定各级参数 $K_i$、$S_i$、$p_i$，泵的实际极限压力 $p_{\min}$，以及吸入压力 $p_p$ 与对应抽速 $S_p$ 的关系式 $S = f(p)$。在特定吸气压力和给定抽速下，来确定涡轮级数时，第一级涡轮叶列的抽速为

$$S_{01} = S_p + \frac{Q_1}{p_p} + u_1(K_1 - 1) \tag{4.30}$$

### 4.2.2 牵引级的工作原理

牵引级能够提供大的压缩比，是直排大气干式复合真空泵的重要组成部分。在稀薄气体条件下，牵引级抽气以气体外摩擦作用原理为理论基础，其工作原理如图 4.13 所示。在高真空条件下，忽略气体之间的相互碰撞，气体分子以热运动速度 $v$ 由位置 1 入射到固体表面上，若发生镜面反射，气体分子的速度仍为 $v$，反射位置为 2；高速运动的固体表面速度为 $u$，气体分子与固体表面进行动量交换，在外摩擦力的作用下，气体分子反射时带有牵连速度 $u$，实际反射位置为 3，即在固体运动方向上产生定向流动，从而使运动表面具有了抽气能力。从图中可知，运动固体表面对气体的抽气效率与运动表面的牵引速度密切相关。要想获得好的抽气效果，运动表面的速度应与气体分子热运动速度相当，这就是泵转速普遍很高（几万转/分钟）的原因。此外，由于小分子热运动速度更快，分子泵对小分子气体（如氢气）的动量传递和抽气能力较弱。由于泵对大分子气体（如油

蒸气）具有更强的压缩能力，即使在有稀油对轴承进行润滑的情况下，分子泵吸气口处的油蒸气返油量也几乎测量不到，因此常常把有油润滑的泵视为准无油的清洁真空获得设备。若采用磁悬浮轴承作为转子系统的支撑，则可以实现无油清洁真空获得。

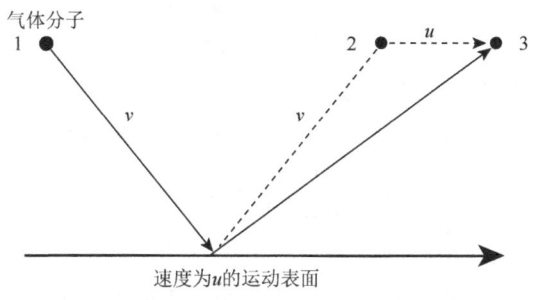

图 4.13 气体外摩擦牵引工作原理图

1923 年，Holweck[16]开发了一种筒式牵引分子泵，其结构如图 4.14 所示。筒式牵引分子泵压缩比很高，但泵吸气口的有效抽气面积不大、抽速较小。为了防止气体分子的返流，转子与定子之间的间隙尺寸应小于气体分子的平均自由程，以有效控制被抽气体沿牵引分子泵转子-定子间隙的泄漏量，保证泵的抽气性能。筒式牵引分子泵转子与定子之间的设计间隙非常小。

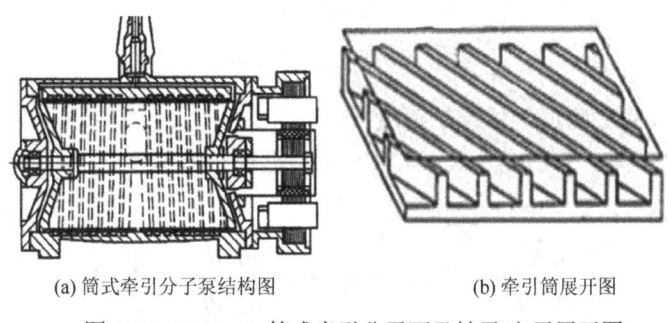

(a) 筒式牵引分子泵结构图　　　　　　　(b) 牵引筒展开图

图 4.14　Holweck 筒式牵引分子泵及转子/定子展开图

牵引分子泵抽气理论模型首先由 Gaede[17]提出，其工作原理图如图 4.15 所示。气体在两个平行运动平面 1 和 2 之间流动，两平面的速度分别为 $u_1$ 和 $u_2$，运动方向为 $x$ 方向。假设气体在垂直于运动平面上的 $y$ 方向以及 $z$ 方向上的速度分量为 0，即 $v_y = v_z = 0$，气体压力为常数。

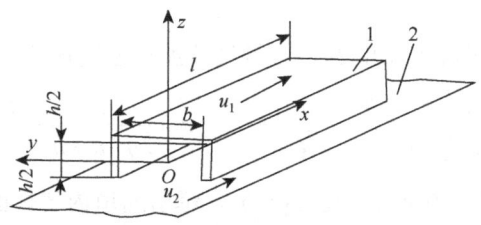

图 4.15　牵引分子泵工作原理图

1. 单槽螺旋式牵引分子泵抽气特性

气体在运动方向 $x$ 上的动量方程为

$$\frac{\mathrm{d}^2 v_x}{\mathrm{d}z^2} = \frac{1}{\eta}\frac{\mathrm{d}p}{\mathrm{d}x} \tag{4.31}$$

式中，$\eta$ 为气体的动力黏性；$v_x$ 为 $x$ 方向上的气体速度。

对式（4.31）积分，得到两行平板间某一位置上气体速度与通道高度的关系式为

$$v_x = \frac{1}{\eta}\frac{\mathrm{d}p}{\mathrm{d}x}\frac{z^2}{2} + C_1 z + C_2 \tag{4.32}$$

式中，$C_1$、$C_2$ 为积分常数。

取 $xOy$ 平面与两运动平面平行，且处于两平行平面距离的中心，则 $xOy$ 平面与上下两板的距离为 $z = h/2$。

运动表面 1 附近的气体受到动表面外摩擦力 $R_1 = -\varepsilon f(v'_{x1} - u_1)$ 和气体内摩擦力 $R'_1 = -\eta f(\mathrm{d}v'_{x1}/\mathrm{d}z)$ 的共同作用，其中 $f$ 为摩擦力作用面积。当气体稳态流动时，气体层受力处于平衡状态，即

$$\varepsilon(v'_{x1} - u_1) + \eta \frac{\mathrm{d}v'_{x1}}{\mathrm{d}z} = 0 \tag{4.33}$$

式中，$\varepsilon$ 为外摩擦系数（固体表面对气体的阻力）；$v'_{x1}$ 为运动表面 1 附近气体层的速度。

同理，靠近运动表面 2 气体层受力平衡条件为

$$\varepsilon(v'_{x2} - u_2) + \eta \frac{\mathrm{d}v'_{x2}}{\mathrm{d}z} = 0 \tag{4.34}$$

式中，$v'_{x2}$ 为运动表面 2 附近气体层的速度。

将 $z = h/2$、$z = -h/2$ 分别代入式（4.31）求得近壁气流速度 $v'_{x1}$ 和 $v'_{x2}$，再引入气体受力平衡方程式（4.33）、式（4.34），得到

$$\varepsilon\left(\frac{\mathrm{d}p}{\mathrm{d}x}\frac{h^2}{8\eta} + C_1\frac{h}{2} + C_2 - u_1\right) + \eta\left(\frac{\mathrm{d}p}{\mathrm{d}x}\frac{h}{2\eta} + C_1\right) = 0 \tag{4.35}$$

$$\varepsilon\left(\frac{\mathrm{d}p}{\mathrm{d}x}\frac{h^2}{8\eta} - C_1\frac{h}{2} + C_2 - u_2\right) + \eta\left(\frac{\mathrm{d}p}{\mathrm{d}x}\frac{h}{2\eta} - C_1\right) = 0 \tag{4.36}$$

由式（4.35）、式（4.36）求得积分常数 $C_1$、$C_2$ 分别为 $C_1 = \dfrac{u_1 - u_2}{2\eta/\varepsilon + h}$、$C_2 = \dfrac{u_1 + u_2}{2} - \dfrac{\mathrm{d}p}{\mathrm{d}x}\left(\dfrac{h}{6\eta} + \dfrac{1}{\varepsilon}\right)$。

将积分常数表达式代入式（4.32），可得气体流动速度在两板间的分布为

$$v_x = \frac{\mathrm{d}p}{\mathrm{d}x}\left(\frac{z^2}{2\eta} - \frac{h^2}{8\eta} - \frac{h}{2\varepsilon}\right) + (u_1 - u_2)\frac{z}{2\eta/\varepsilon + h} + \frac{u_1 + u_2}{2} \tag{4.37}$$

若牵引槽宽为 $b$（在 $y$ 方向上，$y_1 - y_2 = b$），牵引通道内气体的体积流量为 $S$，即牵引通道对气体的抽速为

$$S = b\int_{-h/2}^{h/2} v_x \mathrm{d}z = \frac{u_1+u_2}{2}hb - \frac{\mathrm{d}p}{\mathrm{d}x}\frac{bh^2}{2}\left(\frac{h}{6\eta}+\frac{1}{\varepsilon}\right) \tag{4.38}$$

式中，外摩擦系数 $\varepsilon$ 与气体压力 $p$ 成正比，则有

$$\varepsilon = \theta p \tag{4.39}$$

式中，$\theta$ 为外黏滞性系数，对于 293K 空气，$\theta = 1.61 \times 10^{-3}$ s/m。

根据理想气体状态方程，牵引通道内气体的体积流量（抽速）可表示为

$$S = m\frac{RT}{Mp} \tag{4.40}$$

式中，$m$ 为气体的质量流量，kg/s；$M$ 为气体的分子量，kg/mol。

将式（4.38）、式（4.40）联立，再把式（4.39）代入，并积分，若牵引通道 $x_1$、$x_2$ 处对应的气体压力分别为 $p_1$ 和 $p_2$，则得到几何参数、速度和抽气参数之间的函数关系为

$$\begin{aligned} x_1 - x_2 &= \frac{h^2}{6\eta(u_1+u_2)}(p_1-p_2) \\ &+ \left[\frac{h}{\theta(u_1+u_2)}+\frac{mRTh}{3M6\eta(u_1+u_2)^2}\right] \times \ln\frac{p_1-2mRT/[Mbh(u_1+u_2)]}{p_2-2mRT/[Mbh(u_1+u_2)]} \end{aligned} \tag{4.41}$$

在压力平衡条件下，即 $p_1 = p_2 = p$，由式（4.41）可得抽气通道最大质量流量为

$$m = \frac{Mbhp(u_1+u_2)}{2RT} \tag{4.42}$$

当质量流量 $m = 0$ 时，牵引通道两端有最大压力差，即

$$l(u_1+u_2) = \frac{h^2}{6\eta}(p_1-p_2) + \frac{h}{\theta}\ln\frac{p_1}{p_2} \tag{4.43}$$

式中，$l$ 为通道长度，$l = x_1 - x_2$。

式（4.43）反映了黏性力和外摩擦力对牵引通道内工作压力的共同影响。当气体压力较高时，式中右侧第二项比第一项小很多，即在较高压力下（黏性流动），最大压差为

$$(p_1-p_2)_{\max} = \frac{6\eta l(u_1+u_2)}{h^2} \tag{4.44}$$

当上板静止时，可得 $u_1 = 0$，令 $u_2 = u$，则有

$$(p_1-p_2)_{\max} = \frac{6\eta lu}{h^2} \tag{4.45}$$

可见，在气体压力较高的黏滞流态下，牵引通道两端的最大压差为常量，与通道内气体压力 $p$ 无关。

在气体压力较低（气体流动近于分子流状态）时，式（4.43）中右侧第一项非常小，与第二项相比，可以忽略，此时牵引通道两端最大压差为

$$l(u_1+u_2) = \frac{h}{\theta}\ln\frac{p_1}{p_2} \tag{4.46}$$

若 $u_1 = 0$，则牵引通道在分子流态时的最大压缩比 $\tau_{\max}$ 为

$$\tau_{\max} = \frac{p_1}{p_2} = e^{\ln\theta/h} \tag{4.47}$$

当牵引通道两端压力相等，即 $p_1 = p_2 = p$ 时，抽气通道获得最大抽速，由式（4.38）可得

$$S_{\max} = \frac{mRT}{Mp} = \frac{buh}{2} \tag{4.48}$$

由式（4.38）给出的牵引通道气体抽速计算公式，可得出抽气通道内气流量公式为

$$Q_0 = Sp = \frac{u_1 + u_2}{2}bhp - \frac{bh^2}{2}\left(\frac{h}{6\eta}p + \frac{1}{\theta}\right)\frac{\mathrm{d}p}{\mathrm{d}x} \tag{4.49}$$

式中，$Q_0$ 为通道内气流量，$Pa \cdot m^3/s$。

将式（4.49）中气流量 $Q_0$ 写成 $Q_1$ 和 $Q_2$ 两项之差，即

$$Q_1 = \frac{u_1 + u_2}{2}bhp \tag{4.50}$$

$$Q_2 = \frac{bh^2}{2}\left(\frac{h}{6\eta}p + \frac{1}{\theta}\right)\frac{\mathrm{d}p}{\mathrm{d}x} \tag{4.51}$$

式中，$Q_1$ 为在牵引表面作用下气体沿 $x$ 方向上的正向流量；$Q_2$ 为在压差作用下气体沿反 $x$ 方向上的逆向流量。

从式（4.51）中可见，$Q_2$ 由两部分组成，可进一步分为

$$Q_{2\eta} = \frac{bh^3}{12\eta} \cdot p\frac{\mathrm{d}p}{\mathrm{d}x} \tag{4.52}$$

及

$$Q_{2\theta} = \frac{bh^2}{2\theta} \cdot \frac{\mathrm{d}p}{\mathrm{d}x} \tag{4.53}$$

式中，$Q_{2\eta}$ 为黏滞流态下由内摩擦引起的返流；$Q_{2\theta}$ 为分子流态下由外摩擦引起的返流。

当 $Q_{2\eta}$ 与 $Q_{2\theta}$ 相等时，对应的压力为特征压力，即黏滞流态内摩擦与分子流态外摩擦作用结果均等时的分界压力，用 $p_s$ 表示。令 $Q_{2\eta} = Q_{2\theta}$，有

$$p_s = \frac{6\eta}{\theta h} \tag{4.54}$$

从式（4.54）中可以看出，分界压力 $p_s$ 与通道的几何量 $h$ 及 $\eta/\theta$ 有关。这样可以把牵引分子泵抽气通道内气体按压力分成 $p > p_s$ 和 $p \leqslant p_s$ 两个区域，分别讨论牵引通道对气体的压缩能力。

对于 $p > p_s$ 区域，气体为黏滞流态，此时牵引分子泵的抽气流量为

$$Q_0 = \frac{u_1 + u_2}{2}bhp - \frac{bh^3}{12\eta} \cdot p\frac{\mathrm{d}p}{\mathrm{d}x} \tag{4.55}$$

对于 $p \leqslant p_s$ 区域，气体为分子流态，此时牵引分子泵的抽气流量为

$$Q_0 = \frac{u_1 + u_2}{2} bhp - \frac{bh^2}{2\theta} \cdot p \frac{\mathrm{d}p}{\mathrm{d}x} \tag{4.56}$$

分界压力 $p_s$ 处定义为 $x$ 轴坐标原点。黏滞流态与分子流态的分界压力 $p_s$ 对应的牵引通道长度定义为分界长度 $x_s$。当 $p = p_r$（大气压）时，其坐标 $x = x_s$，当 $p \leqslant p_s$ 时，$0 > x > -\infty$。

对于黏滞流态，即 $p > p_s$，当牵引分子泵抽气量为零时，有最大压缩比。此时，对式（4.55）积分，得到抽气通道内气体压力 $p$ 随抽气长度变化的关系式为

$$p = \frac{u_1 + u_2}{h^2} 6\eta x + p_s = m'x + p_s \tag{4.57}$$

式中，$m' = \dfrac{u_1 + u_2}{h^2} 6\eta$。

对于分子流态，即 $p \leqslant p_s$，当牵引分子泵抽气量为零时，有最大压缩比。此时，对式（4.56）积分，得到抽气通道内气体压力 $p$ 与抽气长度的关系式为

$$p = p_s \exp\left[\frac{(u_1 + u_2)\theta}{h} x\right] = p_s \exp m_1 x \tag{4.58}$$

式中，$m_1 = \dfrac{u_1 + u_2}{h}\theta$。

由式（4.57）可以看出，当压力 $p$ 处于 $p_r$ 和 $p_s$ 区间内时，压力 $p$ 与距离 $x$ 呈线性关系；由式（4.58）可以看出，当 $p \leqslant p_s$ 时，$p$ 与 $x$ 呈负指数关系。

考虑牵引通道内气体经间隙的泄漏，牵引通道的最大压缩比 $\tau_{\max}$ 为

$$A\left(\tau_{\max} + \frac{1}{\tau_{\max}} - 2\right) + B(\tau_{\max} - 1) - C\lg\tau_{\max} + \lg^2\tau_{\max} = 0 \tag{4.59}$$

式中，$A = (2\pi r h')^3/l'b(2.303h)^2$；$B = s'\omega h'\theta(2\pi r)^3/b(2.303h)^2$，其中，$\omega$ 为转子旋转频率，$s' = (2b + h)/(2\pi r)$；$C = (u_1 + u_2)2\pi r\theta/2.303h$，其中，$u_1 = u_2 = 2\pi(r - b/2)\omega$；其中，$h'$ 为转子与定子间隙；$l'$ 为凸台轴向展开宽度；$b$ 为牵引槽宽度；$r$ 为牵引转子半径。

对于设计抽速 $S$，保证 $S_{\max} > (5 \sim 10)S$。依据许可的工作轮外表面运动速度 $u$，由式（4.37）确定牵引通道的几何参数 $h$ 和 $b$（$b > 5h$）。

在干式复合真空泵中，牵引级转子运动速度 $u$ 取决于高真空涡轮级转子的旋转频率和尺寸，与涡轮级工作叶轮外径许可速度 $u_2$ 相当。根据气体的流动状态，由式（4.41）、式（4.47）和式（4.49）可计算出牵引分子泵所能建立的压力差或压力比。

**2. 多槽螺旋式牵引分子泵抽气特性**

多槽螺旋式牵引分子泵因其结构简单，加工制造方便，可以获得很高的压缩比，成为现代牵引分子泵中最常见的结构形式之一，常常作为干式复合真空泵的压缩级，其展开形式如图 4.16 所示，其中右图为左侧 $C$ 处的局部放大图。有 $\gamma$ 个宽度为 $b$ 的抽气槽，各槽之间由宽度为 $l'$ 的凸台分隔，转子与定子的间隙为 $h'$。抽气槽与转轴 $AA'$ 的垂线成 $\varphi$ 角（螺旋通道的螺旋升角），螺旋槽深度为 $h$，转子转速为 $n$，转子沿螺旋槽方向的速度分量为 $u = 2\pi rn\cos\varphi$，是牵引槽实现抽气的有效牵引速度。

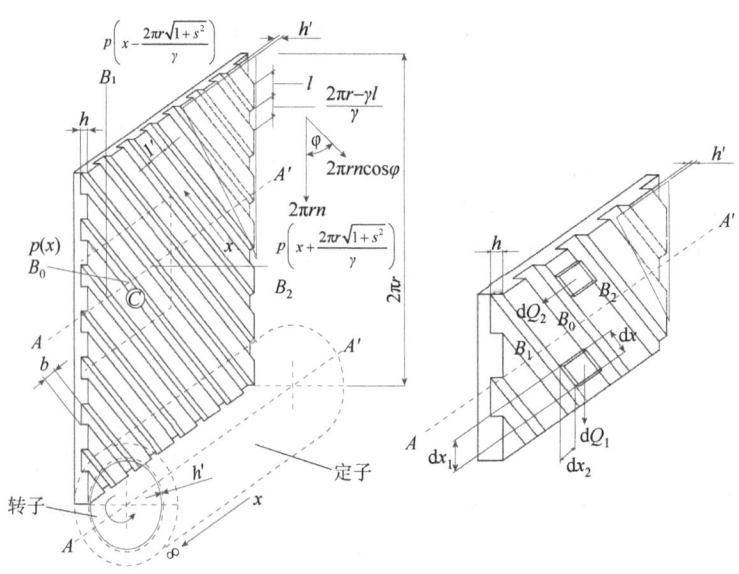

图 4.16 多槽螺旋式牵引分子泵展开图

$x$ 轴原点设于牵引通道的入口处，$x$ 轴正方向沿抽气通道指向牵引通道出口侧。根据图 4.16 中的几何关系，可以计算牵引通道槽宽 $b$ 和凸台轴向展开宽度 $l'$ 为

$$\begin{cases} b = \dfrac{2\pi r - \gamma l}{\gamma} \sin\varphi \\ l' = l \sin\varphi \end{cases} \tag{4.60}$$

式中，$r$ 为转子半径；$l$ 为牵引转子凸台的径向展开宽度。

3. 分子流态下多槽牵引通道抽气特性计算

被抽气体经转子与定子之间的间隙 $h'$ 形成的槽间泄漏包括两部分：一部分是因为转子旋转的携带作用，将牵引通道内的部分气体沿转子旋转方向被携带到相邻抽气通道内造成泄漏，这部分气体的流量设为 $dQ_1$，流动方向垂直于转轴 $AA'$；另一部分是由相邻槽间的压力差造成的，这部分气体的流量设为 $dQ_2$，流动方向平行于转轴 $AA'$，如图 4.16 所示。

为了考察槽间泄漏量，取凸台长度 $dx$ 为研究对象，由几何关系可得研究对象在垂直和平行转轴方向上的长度分别为

$$\begin{cases} dx_1 = \cos\varphi dx \\ dx_2 = \sin\varphi dx \end{cases} \tag{4.61}$$

当用间隙 $h'$ 代替式（4.56）中的槽深 $h$、用凸台纵向宽度 $dx_2$ 代替槽宽 $b$ 时，可以计算分子流态下第一部分泄漏量为

$$dQ_{1m} = \dfrac{u_1 + u_2}{2} h' p dx_2 \tag{4.62}$$

当用间隙 $h'$ 代替式（4.56）中的槽深 $h$、用凸台横向宽度 $dx_1$ 代替槽宽 $b$、用相邻槽

压差$\Delta p$与凸台轴向展开宽度$l'$之比$\Delta p/l'$代替轴向压力梯度$\mathrm{d}p/\mathrm{d}x$时,可计算分子流态下第二部分泄漏量为

$$\mathrm{d}Q_{2\mathrm{m}} = \frac{\mathrm{d}x_1 h'^2}{2\theta}\frac{\mathrm{d}p}{\mathrm{d}x} = \frac{h'^2}{2l'\theta}\Delta p \mathrm{d}x_1 \quad (4.63)$$

由$u_1 = 2\pi rn$、$u_2 = 0$、$\sin\varphi = \dfrac{s}{\sqrt{1+s^2}}$、$\cos\varphi = \dfrac{1}{\sqrt{1+s^2}}$,并将式(4.61)代入式(4.62)和式(4.63),整理得到间隙泄漏量计算公式为

$$\mathrm{d}Q_{1\mathrm{m}} = \frac{\pi rnh's}{\sqrt{1+s^2}} p\mathrm{d}x \quad (4.64)$$

$$\mathrm{d}Q_{2\mathrm{m}} = \frac{h'^2}{2l'^2\theta\sqrt{1+s^2}}\Delta p\mathrm{d}x \quad (4.65)$$

相邻牵引槽间的气体泄漏量由式(4.64)、式(4.65)两部分计算得到,对于特定牵引槽,既存在相邻槽的泄漏流入,又存在向相邻槽的泄漏流出,其净间隙泄漏量为

$$\mathrm{d}Q_{1\mathrm{m}} = \mathrm{d}Q'_{\mathrm{m}} - \mathrm{d}Q''_{\mathrm{m}} \quad (4.66)$$

式中,$\mathrm{d}Q'_{\mathrm{m}}$、$\mathrm{d}Q''_{\mathrm{m}}$分别为相邻槽间的泄漏流入与流出气体量。

为研究相邻槽间的净泄漏量,在图4.16上取相邻三个抽气通道为研究对象,三个相邻抽气通道在$A\text{-}A'$方向上的宽度中心点分别为$B_1$、$B_0$和$B_2$,其对应的气体压力分别为$p_-$、$p_0$和$p_+$,各压力值与坐标位置$x$有关。由图中几何关系可得

$$B_0 B_2 = \frac{2\pi r}{\gamma}\tan\varphi \quad (4.67)$$

$$B_1 B_0 = \frac{2\pi r}{\gamma}\tan\varphi \quad (4.68)$$

令$s = \tan\varphi$,则

$$B_0 B_2 = B_1 B_0 = \frac{2\pi r}{\gamma}s \quad (4.69)$$

当抽气通道内的气体处于分子流态时,由式(4.58)可知,压力$p$与坐标$x$呈负指数关系,若$B_0$点坐标为$x$,则其对应的气体压力可表示为

$$p_0 = p_s \exp(m_2 x) \quad (4.70)$$

$B_1$、$B_2$点的坐标分别为$x - \dfrac{2\pi r}{\gamma}\sqrt{1+s^2}$、$x + \dfrac{2\pi r}{\gamma}\sqrt{1+s^2}$,其对应的气体压力分别为

$$p_- = p_s \exp\left[m_2\left(x - \frac{2\pi r}{\gamma}\sqrt{1+s^2}\right)\right] \quad (4.71)$$

$$p_+ = p_s \exp\left[m_2\left(x + \frac{2\pi r}{\gamma}\sqrt{1+s^2}\right)\right] \quad (4.72)$$

$B_2$点到$B_0$点的泄漏量为$\mathrm{d}Q'_{\mathrm{m}}$,凸台处气体压力取相邻槽两点压力的均值,即式(4.64)中压力$p = (p_+ + p_0)/2$,凸台沿轴线方向上的压力差按线性变化,即式(4.65)中压力差$\Delta p = (p_+ - p_0)/(B_0 B_2) l'$,因此可以得到分子流态下$B_2$点至$B_0$点的泄漏量为

$$dQ'_m = dQ_{i1} + dQ_{i2} = \left[\frac{\pi rn h' s}{\sqrt{1+s^2}} \frac{p_+ + p_0}{2} + \frac{h'^2}{2l'\theta\sqrt{1+s^2}} \frac{(p_+ - p_0)l'}{B_0 B_2}\right] dx \quad (4.73)$$

令 $\alpha = \dfrac{B_0 B_2}{l'}$，则式（4.73）改写为

$$dQ'_m = \left[\frac{\pi rn h' s}{\sqrt{1+s^2}} \frac{p_+ + p_0}{2} + \frac{h'^2 (p_+ - p_0)}{2\alpha l'\theta\sqrt{1+s^2}}\right] dx \quad (4.74)$$

同理可得，分子流态下由 $B_0$ 点至 $B_1$ 点的泄漏量为

$$dQ''_m = dQ_{o1} + dQ_{o2} = \left[\frac{\pi rn h' s}{\sqrt{1+s^2}} \frac{p_0 + p_-}{2} + \frac{h'^2(p_0 - p_-)}{2\alpha l'\theta\sqrt{1+s^2}}\right] dx \quad (4.75)$$

$B_0$ 点处气流净泄漏量 $dQ_{lm}$ 为流入与流出之差，即 $dQ_{lm} = dQ'_m - dQ''_m$。

将式（4.70）~式（4.72）中相邻牵引槽内气体压力 $p_0$、$p_-$ 和 $p_+$ 代入式（4.73）~式（4.75），并积分，得到多槽牵引抽气通道分子流态下的泄漏量为

$$Q_{lm} = \left\{\frac{h'^2}{2\alpha l'\theta\sqrt{1+s^2}}\left[\exp\left(\frac{m_2 2\pi r\sqrt{1+s^2}}{\gamma}\right) + \exp\left(-\frac{m_2 2\pi r\sqrt{1+s^2}}{\gamma}\right) - 2\right] \right.$$
$$\left. + \frac{\pi rn h' s}{2\sqrt{1+s^2}}\left[\exp\left(\frac{m_2 2\pi r\sqrt{1+s^2}}{\gamma}\right) + \exp\left(-\frac{m_2 2\pi r\sqrt{1+s^2}}{\gamma}\right)\right]\right\} p_s \frac{\exp(m_2 x)}{m_2} \quad (4.76)$$

分子流态下，牵引槽的抽气量由式（4.49）表达。对于多槽牵引结构，将槽宽 $b = (2\pi r - \gamma l)/\gamma \sin\varphi$（其中 $\sin\varphi = s/\sqrt{1+s^2}$，$s = \tan\varphi$）、抽气通道方向牵引速度 $u_x = 2\pi rn \cos\varphi$（其中 $\cos\varphi = 1/\sqrt{1+s^2}$）、牵引槽内气体压力 $p = p_s \exp(m_2 x)$ 代入式（4.49），整理得到多槽结构牵引槽分子流态下的抽气量计算公式为

$$Q_{pm} = \left[\frac{\pi rn h (2\pi r - \gamma l)s}{\gamma(1+s^2)} - \frac{h^2(2\pi r - \gamma l)}{2\gamma\theta\sqrt{1+s^2}} m_2\right] p_s \exp(m_2 x) \quad (4.77)$$

定义两个相邻槽之间的压力比为 $k_m$，而 $k_m$ 总是大于 1。对于多槽螺旋式牵引分子泵，相邻槽中心点间距为 $\dfrac{2\pi r}{\gamma}\sqrt{1+s^2}$，$k_m$ 即为点 $x$ 和 $x + \dfrac{2\pi r}{\gamma}\sqrt{1+s^2}$ 之间的压力比，即

$$k_m = \frac{p_+}{p_0} = \exp\left(\frac{m_2 2\pi r\sqrt{1+s^2}}{\gamma}\right) \quad (4.78)$$

对于等槽宽、等槽深的牵引槽，相邻牵引槽间的压力比 $k_m$ 为与 $x$ 无关的常数。

$$m_2 = \frac{\gamma}{2\pi r\sqrt{1+s^2}} \ln k_m \quad (4.79)$$

当牵引槽抽气量与槽间泄漏量相等，即 $Q_{lm} = Q_{pm}$ 时，牵引槽净抽气量为零，此时牵引槽有最大压力比。

$$\left\{\frac{h'^2}{2\alpha l'\theta\sqrt{1+s^2}}\left[\exp\left(\frac{m_2 2\pi r\sqrt{1+s^2}}{\gamma}\right)+\exp\left(-\frac{m_2 2\pi r\sqrt{1+s^2}}{\gamma}\right)-2\right]\right.$$
$$\left.+\frac{\pi rnh's}{2\sqrt{1+s^2}}\left[\exp\left(\frac{m_2 2\pi r\sqrt{1+s^2}}{\gamma}\right)+\exp\left(-\frac{m_2 2\pi r\sqrt{1+s^2}}{\gamma}\right)\right]\right\}p_s\frac{\exp(m_2 x)}{m_2} \quad (4.80)$$
$$=\left[\frac{\pi rnh(2\pi r-\gamma l)s}{\gamma(1+s^2)}-\frac{h^2(2\pi r-\gamma l)}{2\gamma\theta\sqrt{1+s^2}}m_2\right]p_s\exp(m_2 x)$$

将式（4.79）代入式（4.80），可得出相邻槽间压力比 $k_m$ 的计算公式为

$$\frac{(2\pi r)^2 h'^2}{\alpha l' h^2(2\pi r-\gamma l)\gamma}\frac{1+s^2}{s^2}\frac{(k_m-1)^2}{k_m}+\frac{(2\pi r)^3 h'n\theta}{2h^2(2\pi r-\gamma l)\gamma}(1+s^2)\frac{(k_m-1)^2}{k_m}$$
$$-\frac{(2\pi r)^3 n\theta}{h\gamma}\ln k_m+\ln^2 k_m=0 \quad (4.81)$$

当牵引筒高度为 $H$ 时，牵引分子泵最大压力比 $K_m$ 的计算公式为

$$K_m=k_m^{\frac{H}{2\pi r}\frac{s}{\gamma}} \quad (4.82)$$

分子流态下牵引分子泵的抽速 $S$ 可根据抽速定义式 $S=Q/p$，由式（4.56）得到单槽牵引通道的抽速表达式为

$$S_s=\frac{Q}{p}=bh\left(\frac{u_1+u_2}{2}-\frac{h}{2\theta}\frac{\Delta p}{p}\frac{1}{\Delta x}\right) \quad (4.83)$$

将 $\Delta x=\frac{2\pi r\sqrt{1+s^2}}{\gamma}$、$\frac{\Delta p}{p}=\frac{k_m-1}{k_m}$ 代入式（4.83），单槽牵引通道抽速计算公式改写为

$$S_s=\frac{bh}{\sqrt{1+s^2}}\left(\pi rn-\frac{h\gamma}{4\pi r\theta}\frac{k_m-1}{k_m}\right) \quad (4.84)$$

对于 $\gamma$ 个牵引槽的多槽牵引分子泵，抽速计算公式为

$$S_m=(2\pi r-\gamma l)h\left(\pi rn-\frac{h\gamma}{4\pi r\theta}\frac{k_m-1}{k_m}\right)\frac{s}{1+s^2} \quad (4.85)$$

式中，$\theta=3/8(\pi m/kT)^{1/2}$，与气体性质有关。

因为 $\pi rn\gg\frac{h\gamma}{4\pi r\theta}\frac{k_m-1}{k_m}$，故可将式（4.85）中的 $\frac{h\gamma}{4\pi r\theta}\frac{k_m-1}{k_m}$ 项忽略，则抽速公式可简化为

$$S_m=(2\pi r-\gamma l)h\pi rn\frac{s}{1+s^2} \quad (4.86)$$

**4. 黏滞流态下多槽牵引通道抽气特性计算**

由式（4.57）知，黏滞流态下，牵引通道内气体压力 $p$ 与临界压力 $p_s$ 之差与通道长度 $x$ 成正比关系，即

$$\Delta p = m_1' x \tag{4.87}$$

式中，$\Delta p = p - p_s$；$m_1'$ 为比例系数。

按照与分子流态相同的计算方法，考虑转子与定子之间间隙气体泄漏对抽气性能的影响，来确定多槽牵引结构黏滞流态下的抽气性能。

取三个相邻通道为研究对象，三个抽气通道中心点分别为 $B_0$、$B_1$、$B_2$。当 $B_0$ 点坐标为 $x$ 时，$B_1$、$B_2$ 点的坐标分别为 $x - \dfrac{2\pi r}{\gamma}\sqrt{1+s^2}$、$x + \dfrac{2\pi r}{\gamma}\sqrt{1+s^2}$，上述三点对应的气体压力分别为

$$p_0 = m_1' x + p_s \tag{4.88}$$

$$p_- = m_1'\left(x - \frac{2\pi r}{\gamma}\sqrt{1+s^2}\right) + p_s \tag{4.89}$$

$$p_+ = m_1'\left(x + \frac{2\pi r}{\gamma}\sqrt{1+s^2}\right) + p_s \tag{4.90}$$

转子与定子间隙引起的气体泄漏由转子携带作用产生的泄漏量 $Q_1$ 和相邻槽压差造成的泄漏量 $Q_2$ 两部分组成。从单槽牵引分子泵黏滞流态下的抽气流量公式（式（4.55））可知，式中右侧第一项为牵引转子动面作用携带的气流量，式中右侧第二项为由压差造成的返流泄漏量，分别对应于上述槽间泄漏量。

用间隙 $h'$ 代替式（4.55）中的槽深 $h$，用凸台纵向宽度 $dx_2$ 代替槽宽 $b$，可计算黏滞流态下第一部分泄漏量为

$$dQ_{1v} = \frac{u_1 + u_2}{2} h' p dx_2 \tag{4.91}$$

用间隙 $h'$ 代替式（4.55）中的槽深 $h$，用凸台横向宽度 $dx_1$ 代替槽宽 $b$，用相邻槽压差 $\Delta p$ 与凸台轴向展开宽度 $l'$ 之比 $\Delta p/l'$ 代替轴向压力梯度 $dp/dx$，可计算黏滞流态下第二部分泄漏量为

$$dQ_{2v} = \frac{h'^2}{12\eta} p \frac{\Delta p}{l'} dx_1 \tag{4.92}$$

将 $\begin{cases} u_1 = 2\pi r n \\ u_2 = 0 \end{cases}$、$\sin\varphi = \dfrac{s}{\sqrt{1+s^2}}$、$\cos\varphi = \dfrac{1}{\sqrt{1+s^2}}$ 及式（4.61）代入式（4.91）、式（4.92），整理得到黏滞流态下间隙泄漏量计算公式为

$$dQ_{1v} = \frac{\pi r n h' s}{\sqrt{1+s^2}} p dx \tag{4.93}$$

$$dQ_{2v} = \frac{h'^2}{12\eta\sqrt{1+s^2}} p \Delta p dx \tag{4.94}$$

$B_2$ 点到 $B_0$ 点的泄漏量为 $dQ_v'$，凸台处气体压力取相邻槽两点压力的均值，即 $p = (p_+ + p_0)/2$，凸台沿轴线方向上的压力差按线性变化，即 $\Delta p = \dfrac{p_+ - p_0}{B_0 B_2} l'$，因此可以得到黏滞流态下 $B_2$ 点至 $B_0$ 点的泄漏量为

$$dQ'_v = dQ_{i1} + dQ_{i2} = \left[\frac{\pi rnh's}{\sqrt{1+s^2}}\frac{p_+ + p_0}{2} + \frac{h'^2}{12l'\eta\sqrt{1+s^2}}\frac{p_+ + p_0}{2}\frac{(p_+ - p_0)l'}{B_0 B_2}\right]dx \quad (4.95)$$

令 $\alpha = \dfrac{B_0 B_2}{l'}$，并整理式（4.95）可得

$$dQ'_v = \left[\frac{\pi rnh's}{\sqrt{1+s^2}}\frac{p_+ + p_0}{2} + \frac{h'^2(p_+^2 - p_0^2)}{24\alpha l'\eta\sqrt{1+s^2}}\right]dx \quad (4.96)$$

同理可得，黏滞流态下由 $B_0$ 点至 $B_1$ 点的泄漏量为

$$dQ''_v = dQ_{o1} + dQ_{o1} = \left[\frac{\pi rnh's}{\sqrt{1+s^2}}\frac{p_0 + p_-}{2} + \frac{h'^2(p_0^2 - p_-^2)}{24\alpha l'\eta\sqrt{1+s^2}}\right]dx \quad (4.97)$$

$B_0$ 点处气流净泄漏量 $dQ_{lv}$ 为流入与流出之差，即 $dQ_{lv} = dQ'_v - dQ''_v$。

将式（4.88）~式（4.90）中相邻牵引槽内气体压力 $p_0$、$p_-$ 和 $p_+$ 代入式（4.96）、式（4.97），并积分，得到多槽牵引抽气通道黏滞流态下的泄漏量为

$$Q_{lv} = \frac{2\pi^2 r^2 nh's}{\gamma}m'_1 x + \frac{(2\pi r)^2 h'^2\sqrt{1+s^2}}{12\alpha l'\eta\gamma^2}m'^2_1 x \quad (4.98)$$

黏滞流态下，牵引级的抽气量由式（4.55）表达，将槽宽 $b = \dfrac{2\pi r - \gamma l}{\gamma}\sin\varphi$（其中 $\sin\varphi = \dfrac{s}{\sqrt{1+s^2}}$，$s = \tan\varphi$）、抽气通道方向牵引速度 $u_x = 2\pi rn\cos\varphi$（其中 $\cos\varphi = \dfrac{1}{\sqrt{1+s^2}}$）牵引槽内气体压力 $p = m'_1 x + p_s$ 代入式（4.55），整理得到多槽结构牵引槽分子流态下的抽气量计算公式为

$$Q_{pv} = \left[\frac{\pi rnh(2\pi r - \gamma l)s}{\gamma(1+s^2)} - \frac{h^2(2\pi r - \gamma l)s}{12\gamma\eta\sqrt{1+s^2}}m'_1\right]m'_1 x \quad (4.99)$$

当牵引槽抽气量与槽间泄漏量相等，即 $Q_{lv} = Q_{pv}$ 时，牵引槽净抽气量为零，此时牵引槽有最大压缩比，对应的比例系数为 $m'_1$。

令 $Q_{lv} = Q_{pv}$，有

$$\begin{aligned}&\frac{2\pi^2 r^2 nh's}{\gamma}m'_1 x + \frac{(2\pi r)^2 h'^2\sqrt{1+s^2}}{12\alpha l'\eta\gamma^2}m'^2_1 x \\ &= \left[\frac{\pi rnh(2\pi r - \gamma l)s}{\gamma(1+s^2)} - \frac{h^2(2\pi r - \gamma l)s}{12\gamma\eta\sqrt{1+s^2}}m'_1\right]m'_1 x\end{aligned} \quad (4.100)$$

可得到比例系数 $m'_1$ 的计算公式为

$$m'_1 = 12\pi rn\eta\alpha\gamma ls^2 \frac{\dfrac{(2\pi r - \gamma l)h}{\sqrt{1+s^2}} - 2\pi rh'\sqrt{1+s^2}}{\left(2\pi r\sqrt{1+s^2}\right)^2 h'^3 + (2\pi r - \gamma l)h^3 \alpha\gamma ls^2} \quad (4.101)$$

根据式（4.87），黏滞流态下牵引通道长度与压力的关系可表示为

$$p = m_1' x + p_s \tag{4.102}$$

根据压力比定义式，可得黏滞流态下多槽牵引泵最大压力比为

$$K_v = \frac{p}{p_s} = m_1' \frac{x}{p_s} + 1 \tag{4.103}$$

由几何关系可知，牵引通道长度与牵引筒高度之间有

$$x = H_v / \sin\varphi \tag{4.104}$$

式中，$H_v$ 为黏滞流态下牵引通道长度 $x$ 对应的牵引筒高度。

将式（4.104）及 $\sin\varphi = \dfrac{s}{\sqrt{1+s^2}}$ 代入式（4.87），最大压力比公式改写为

$$K_v = \frac{p}{p_s} = m_1' \frac{H_v \sqrt{1+s^2}}{p_s s} + 1 \tag{4.105}$$

根据抽速定义式，结合式（4.55），黏滞流态下多槽牵引分子泵抽速计算公式为

$$S_v = \frac{Q}{p} = \left( \frac{u_1 + u_2}{2} bh - \frac{bh^3}{12\eta} \frac{\mathrm{d}p}{\mathrm{d}x} \right) \gamma \tag{4.106}$$

又 $\mathrm{d}p/\mathrm{d}x = m_1'$，式（4.106）可改写成

$$S_v = bh \left( \frac{u_1 + u_2}{2} - \frac{h^2}{12\eta} m_1' \right) \gamma \tag{4.107}$$

将式（4.101）代入式（4.107）得到抽速计算公式为

$$S_v = bh \left[ \frac{u_1+u_2}{2} - \pi rnlh^2 s^2 \frac{\dfrac{(2\pi r - \gamma l)h}{\sqrt{1+s^2}} - 2\pi rh'\sqrt{1+s^2}}{\dfrac{(2\pi r\sqrt{1+s^2})^2 h'^3}{\gamma\alpha} + (2\pi r - \gamma l)h^3 l s^2} \right] \tag{4.108}$$

将抽气通道方向牵引速度 $u_x = 2\pi rn\cos\varphi$（其中 $\cos\varphi = \dfrac{1}{\sqrt{1+s^2}}$）、槽宽 $b = \dfrac{2\pi r - \gamma l}{\gamma}\sin\varphi$（其中 $\sin\varphi = \dfrac{s}{\sqrt{1+s^2}}$），代入式（4.108），抽速计算公式变为

$$S_v = \frac{(2\pi r - \gamma l)hs}{\sqrt{1+s^2}} \left[ \frac{\pi rn}{\sqrt{1+s^2}} - \pi rnlh^2 s^2 \frac{\dfrac{(2\pi r - \gamma l)h}{\sqrt{1+s^2}} - 2\pi rh'\sqrt{1+s^2}}{\dfrac{(2\pi r\sqrt{1+s^2})^2 h'^3}{\gamma\alpha} + (2\pi r - \gamma l)h^3 l s^2} \right] \tag{4.109}$$

若忽略式（4.109）中括号内的第二项，抽速计算公式简化为

$$S_v = (2\pi r - \gamma l)\pi rnh \frac{s}{1+s^2} \tag{4.110}$$

在过渡流态下，常常采用直接模拟蒙特卡罗方法，模拟分析牵引级的抽气特性[18-23]，取得了与实际较一致的计算结果。

### 4.2.3 旋涡级的工作原理

尽管旋涡水泵和旋涡气泵可以作为高真空干泵旋涡级理论分析和性能计算的参考[24-33]，但对旋涡级的工作原理研究尚不深入、系统。

**1. 旋涡级的基本结构和工作原理**

旋涡泵是叶片泵的一种[34]，其基本结构形式如图4.17所示[35]。设有特定结构的高速运动叶轮在抽气通道内运动，带动气体从吸气口进入抽气通道，被抽气体在通道内和叶轮间形成纵向旋涡和径向旋涡，并引起气体的定向流动至排气口，实现气体的抽出。旋涡级按照叶轮形式可分为开式、闭式和半开式三种叶轮，如图4.18（a）所示，按照流道截面形状可分为单/双侧矩形、单/双侧半圆形、单/双侧半椭圆形及复合型等流体流动通道截面，如图4.18（b）所示。

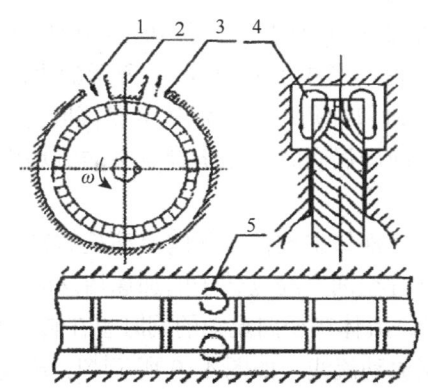

图4.17 旋涡泵基本结构和工作原理图
1-吸气口；2-隔舌；3-排气口；4-纵向旋涡；5-径向旋涡

(a) 开式、闭式和半开式叶轮

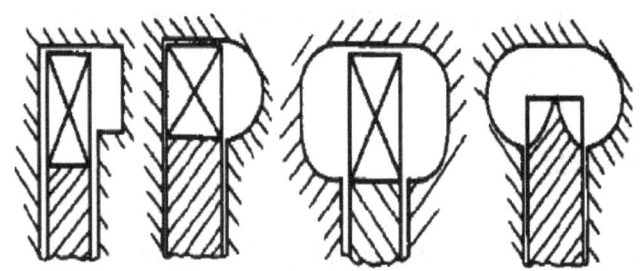

(b) 单/双侧矩形、单/双侧半圆形、单/双侧半椭圆形及复合型等流体流动通道

图 4.18 旋涡级叶轮结构级抽气通道形式

旋涡级工作在较高压力区域的黏滞流态条件下，内部流动过程复杂，其工作过程、特性曲线与离心泵、轴流泵等其他类型的泵相差很大。其工作原理的解释主要有两种，一是摩擦紊流原理，二是动量交换原理。

摩擦紊流原理认为，旋涡级是依靠高速运动的叶轮表面，与流道内的流体做相对运动产生的湍流摩擦剪切应力，从而把能量传递给流道内的流体来实现气体的定向传输。

动量交换原理认为，叶轮高速旋转时，进入叶轮叶片间的流体受叶片的推动，其圆周分速度可以认为与叶轮的圆周分速度相同，并且大于流道内流体的圆周分速度。因此，在叶轮中的流体从叶轮顶部进入流道的同时，流道内半径较小处的流体进入叶轮根部区域，从而维持了流动的连续性，形成了如图 4.17 所示的纵向旋涡。在叶轮较小半径处流体进入叶轮时，由于叶片进口冲角很大，流体会脱离叶片表面，形成如图 4.17 所示的径向旋涡。径向旋涡和纵向旋涡同时存在于旋涡泵的流场内，共同发挥着传递能量的作用。

从动量交换原理出发，旋涡级中被抽气体的流动是靠转子的动量传递引发的。流体从转子叶片根部流入转子叶片空间，经过转子的加速后从转子叶片上部流出，进入旋涡级流道区域，形成径向流动；流体在径向流动的同时也在转子叶片的作用下沿周向流动，形成了旋涡级特有的螺旋状流动流线，如图 4.19 所示[36]。旋涡泵内的气体沿螺旋轨迹流动，来实现气体的抽出。

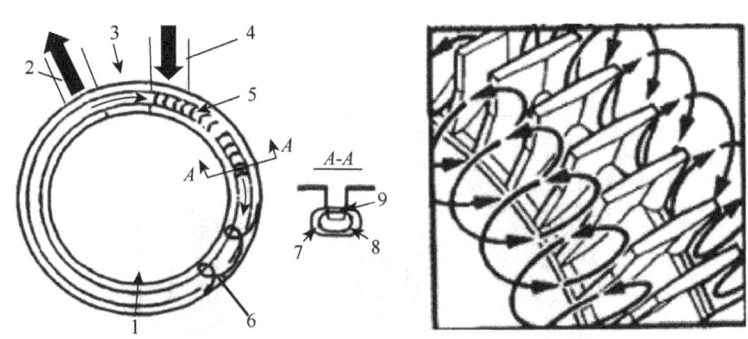

图 4.19 旋涡级被抽气体流动迹线示意图

1-定子；2-出口；3-隔舌；4-入口；5-转子；6-气体涡流螺旋流动通道；7-流动管道；8-气流路径；9-叶片

许多学者提出了简化的理论模型来描述旋涡式叶轮机械中的流动细节，这些模型大多假设流体是不可压缩的，且需要大量的实验支持性能预测。因此，从工程应用角度出发，利用简单的几何和流体动力学参数，发现能够预测旋涡压气机性能的有效理论手段，是非常有意义的。

Senoo[31]提出了一种湍流混合模型，该模型认为湍流摩擦力与泵结构有关，并假设径向叶片叶轮中的内部流动是逆压梯度条件下的 Couette-Poiseuille 流动。Iversen[29]提出了一种以叶轮对流体施加的剪切应力为依据的黏性模型来描述径向叶片叶轮的性能，许多研究者还通过流动显示实验来观察旋涡的形状。然而，这两种理论未能直接解释旋涡的产生。Wilson 等[32]提出了径向叶片叶轮的动量交换理论，该理论能够解释旋涡，发展了该模型，以预测半圆形叶片叶轮的性能。Song 等[34]改进了 Wilson 的理论，以解释流道面积变化引起的周向速度变化。

Burton[25]考虑了旋涡级中的面积变化和可压缩性效应，进而提出了一个简化理论。该理论基于 Iversen[29]的剪切应力理论，因此无法解释其中的循环流动模式。Burton[25]研究了这些可压缩性效应，并将其与通过隔舌的质量流量联系起来。Raheel 等[33]进一步扩展了 Wilson 等[32]的动量交换理论，以预测纯径向叶片和半圆形形状流道的性能。

Song 等[34]通过扩展 Wilson 的动量交换理论，将可压缩流体理论纳入其中，从而预测采用翼型叶片设计的旋涡级性能，推导出了可压缩流动的控制方程，并引入了损耗模型，对性能进行预测。

图 4.20 为采用计算流体动力学（computational fluid dynamics，CFD）[37-42]方法对接近大气压下流动的分析结果-抽气通道内气体流动的矢量图。计算结果表明，通过叶片的流动循环非常明显。旋涡级内部流动的复杂性使理论分析极其困难，因此理论模型都包含了许多必须通过实验确定的系数。研究者常常依靠 CFD 和实验进行旋涡级的性能分析，并保证 Holweck 牵引级出口与旋涡级入口抽气特性的匹配关系。

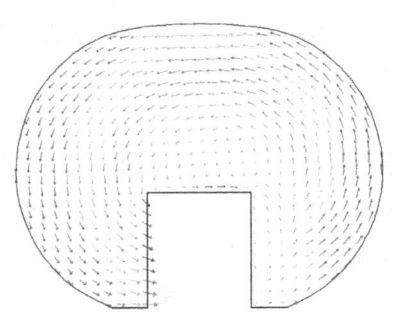

图 4.20　再生级抽气通道内气体的流动的速度矢量图

2. 旋涡级的抽气特性

旋涡级的抽气特性主要包括抽速和压力比。影响抽气特性的因素主要分为工况参数和结构参数。工况参数主要包括转子转速、气体种类、温度、压力和气流量等，结构参数主要包括转子叶片形状、叶片数目、叶片倾角、转子与抽气通道的径向间隙和轴向间隙、隔舌尺寸、流道截面面积和尺寸等。

Wilson 等[32]和 Sixsmith 等[30]认为旋涡在抽气中发挥作用，并分析了每个点上的速度分量，即切向速度 $v_t$ 和垂直于 $v_t$ 的径向速度 $v_e$。通过抽气通道面积的气流量是截面面积、旋转速度和径向尺寸的函数。其中，径向尺寸决定泄漏量和返流泄漏量。该原理适用于黏性流动状态，也存在运动表面对分子的牵引作用。上述分析方法都需要通过实验确定其中的经验系数。大量的经验结果表明，涡流作用确实存在。实验结果表明，压力比几乎完全是由叶片中的残留气体和隔离段中泄漏量决定的。

由于旋涡级需要流体动力促使流动，因此在吸气口压力小于几百帕的情况下，泵无法产生显著的速度或压力比。此外，由于叶片间存在相对较大的残留气体，旋涡级不会产生大的压力比。因此，为了让入口压力处于牵引级可以工作的范围内，旋涡级要设计成多个单级串联的结构形式。串联的旋涡级直径逐渐减小并安装在同一轴上，每级的平均压力比 $K$ 值为 3～4。

3. 理论计算模型

为了建立旋涡级内部流动特性的计算与分析，进行如下假设。

（1）稳定的可压缩流动；

（2）流体被视为理想气体，满足理想气体状态方程；

（3）任意位置的螺旋式流动可用切向速度分量和周向速度分量的平均流线来描述；

（4）周向速度、密度、压力和温度仅沿切向方向变化；

（5）每个压缩过程都是准平衡过程；

（6）压力损失可分解为沿周向和切向的损失；

（7）不考虑入口和出口区域对流动性能的影响[34, 43]。

1）连续性方程

忽略流体流动损失，假设切向方向上的总质量流量（可以表示为通过流道质量流量 $m_e$ 和叶片横截面积的质量流量 $m_b$ 之和）保持恒定。总质量流量也等于入口处进入旋涡级的质量流量 $m$ 和由叶片通过隔舌携带到流道的质量流量 $m_s$ 之和，后者称为携带质量流量，因此：

$$m_e + m_b = \rho V_{\theta m} A_c + \rho U_b A_b = m + m_s \tag{4.111}$$

式中，$\rho$ 为密度；$V_{\theta m}$ 为流道中流体的平均切向速度（即入口半径 $R_1$ 和出口半径 $R_2$ 处的切向速度的平均值）；$U_b$ 为旋转速度；$A_c$、$A_b$ 分别为抽气通道、叶片的面积。

流道质量流量和叶片质量流量之间的关系可以表示为

$$dm_c = -d(\rho U_b A_b) \tag{4.112}$$

此外，叶片区域进、出口处的周向质量流量保持相同，因此：

$$dm_\phi = dm_{\phi 1} = dm_{\phi 2} \tag{4.113}$$

式中，下标 $\phi$ 表示周向；下标 1 表示来流位置；下标 2 表示出流位置。

假设任意切向位置处流体的密度不变，且循环流动的进出面积不变，则任意切向位置处循环速度保持不变，即

$$V_\phi = V_{\phi 1} = V_{\phi 2} \tag{4.114}$$

2) 动量方程

将角动量方程应用于切线方向的流道区域，并利用式（4.112）可得

$$\frac{\mathrm{d}p}{\mathrm{d}x} = \frac{\rho V_\phi H_\mathrm{b}}{U_\mathrm{G} A_\mathrm{c}}(U_2 V_{\theta 2} - U_1 V_{\theta 1}) - \rho V_{\theta \mathrm{m}} \frac{\mathrm{d}V_{\theta \mathrm{m}}}{\mathrm{d}x} - \frac{\mathrm{d}P_\mathrm{L}}{\mathrm{d}x} + \frac{\mathrm{d}\rho}{\mathrm{d}x} \frac{A_\mathrm{b}}{A_\mathrm{c}} U_\mathrm{b} V_{\theta \mathrm{m}} \qquad (4.115)$$

式中，$U_\mathrm{G} = \omega R_\mathrm{G}$，为与固体壁面旋转相关的速度。

式（4.115）的右侧第一项表示叶片动量交换引起的压力上升，第二项表示平均切向速度下降引起的压力上升，第三项表示摩擦或其他不可逆因素引起的切向速度变化而引起的压力损失，最后一项表示密度增加引起的切向速度下降。

在周向方向应用动量方程中，周向速度的控制方程可表示为

$$\frac{\mathrm{d}V_\phi^2}{\mathrm{d}x} = 2\frac{V_\phi H_\mathrm{b}}{V_{\theta \mathrm{m}} A_\mathrm{c}}\left(\frac{p_2 - p_1}{\rho} - \frac{\Delta p_{\phi \mathrm{c}}}{\rho}\right) + 2\left(\frac{V_\phi}{V_{\theta \mathrm{m}}}\right)^2 \frac{1}{\rho}\frac{\mathrm{d}\rho}{\mathrm{d}x}\frac{A_\mathrm{b}}{A_\mathrm{c}} U_\mathrm{b} V_{\theta \mathrm{m}} \qquad (4.116)$$

式中，$\Delta p_{\phi \mathrm{c}}$ 为与流道区域中周向速度相关的压力损失，式（4.116）是周向速度的高阶非线性微分方程。

叶片区域中的角动量方程为

$$\frac{\mathrm{d}p_\mathrm{hyb}}{\mathrm{d}x} = \rho V_\phi H_\mathrm{b}(U_2 V_{\theta 2} - U_1 V_{\theta 1}) - \frac{\mathrm{d}\rho}{\mathrm{d}x} U_\mathrm{b}^3 A_\mathrm{b} + \frac{\mathrm{d}p}{\mathrm{d}x} U_\mathrm{b} A_\mathrm{b} \qquad (4.117)$$

式（4.117）中右侧的第一项指叶片动量交换过程中消耗的功率，第二项指密度增加导致的功率增量。

3) 能量方程

由于流道区域内没有功传递，能量方程可简单表示为

$$\mathrm{d}Q_\mathrm{c} = \mathrm{d}m_{\phi 2} h_{02} - \mathrm{d}m_{\phi 2} h_{01} - m_\mathrm{c} \mathrm{d}h_0 - h_0 \mathrm{d}m_\mathrm{c} \qquad (4.118)$$

式中，$Q_\mathrm{c}$ 为传热量；$h$ 为焓；下标 0 为入口位置；下标 1 为来流位置；下标 2 为出口位置。

叶片区域的能量传递过程十分短暂，因此可以假定为绝热过程，叶片区域的能量方程为

$$\begin{aligned}\mathrm{d}m_{\phi 2} h_{02} - \mathrm{d}m_{\phi 1} h_{01} + h_0 \mathrm{d}\rho U_\mathrm{b} A_\mathrm{b} + \mathrm{d}h_0 \rho U_\mathrm{b} A_\mathrm{b} - \mathrm{d}Q &= \mathrm{d}p_\mathrm{hyb} + V_{\theta \mathrm{m}} \mathrm{d}V_{\theta \mathrm{m}} \rho U_\mathrm{b} A_\mathrm{b} \\ &\quad - \frac{1}{2}(U_\mathrm{b}^2 - V_{\theta \mathrm{m}}^2)\mathrm{d}\rho U_\mathrm{b} A_\mathrm{b}\end{aligned} \qquad (4.119)$$

利用式（4.118）和式（4.119），总能量方程表示为

$$\mathrm{d}Q_\mathrm{c} = (m_\mathrm{c} + m_\mathrm{b})\mathrm{d}h_0 - \left[\mathrm{d}p_\mathrm{hyb} + \rho U_\mathrm{b} A_\mathrm{b} V_{\theta \mathrm{m}} \mathrm{d}V_{\theta \mathrm{m}} - \frac{1}{2}\mathrm{d}\rho U_\mathrm{b} A_\mathrm{b}\left(U_\mathrm{b}^2 - V_{\theta \mathrm{m}}^2\right)\right] \qquad (4.120)$$

能量方程可以在绝热和等温两种热力学条件下进行分析。

在绝热条件下，式（4.120）可用来计算总的温度分布，即

$$C_\mathrm{p}\frac{\mathrm{d}T_0}{\mathrm{d}x} = \frac{1}{m_\mathrm{c} + m_\mathrm{b}}\left[\frac{\mathrm{d}p_\mathrm{hyb}}{\mathrm{d}x} + \rho U_\mathrm{b} A_\mathrm{b} V_{\theta \mathrm{m}}\frac{\mathrm{d}V_{\theta \mathrm{m}}}{\mathrm{d}x} - \frac{\mathrm{d}\rho}{\mathrm{d}x} U_\mathrm{b} A_\mathrm{b}\frac{1}{2}(U_\mathrm{b}^2 - V_{\theta \mathrm{m}}^2)\right] \qquad (4.121)$$

式中，$C_p$ 为比热；$T_0$ 为温度。

旋涡级工作的另一个热力学条件是等温条件，等温条件如下：

$$T = \text{constant} \tag{4.122}$$

即温度为常数。

在等温条件下，热传递可以用式（4.120）来计算。

为了计算叶片区域控制体积内流入和流出流体之间的压力差，沿流线应用伯努利方程，得出叶片区域的压升为

$$\frac{p_2 - p_1'}{\rho} = (U_2 V_{\theta 2} - U_1 V_{\theta 1}) - V_{\theta m}(V_{\theta 2} - V_{\theta 1}) - \frac{\Delta p_{\phi b}}{\rho} \tag{4.123}$$

式中，$\Delta p_{\phi b}$ 为流体通过叶片区域周向流动造成的压力损失。

研究表明，平均流线进入叶片和离开叶片的切线位置（$\theta$）略有不同。切向位置上的这种微小差异由 $\Delta \theta_{2-1'}$ 表示。一般认为，叶片的交错角越大，$\Delta \theta_{2-1'}$ 就越大。正是由于 $\Delta \theta_{2-1'}$ 的存在，式（4.123）中的压差需要补充一个修正项，这样得出的方程才能与式（4.116）进行比较。

假设叶片内的相对切向速度为线性分布，则周向和切向方向上行进的距离可以在相对坐标系中沿流线表示为

$$\frac{W_\theta \mathrm{d}t}{\mathrm{d}(V_f t)} = \frac{R \mathrm{d}\theta}{\Gamma \mathrm{d}\phi} \approx \frac{W_{\theta mb}}{V_f} = \frac{R_b \Delta \theta}{l_b} \tag{4.124}$$

$$p_1 - p_1' = \frac{\partial p}{\partial \theta} \Delta \theta_{2-1'} \tag{4.125}$$

在任意切向位置上，叶片两侧的压差为

$$p_2 - p_1 = (p_2 - p_1') - (p_1 - p_1') \tag{4.126}$$

因此，

$$p_2 - p_1 = p_2 - p_1' - \frac{\partial p}{\partial \theta} \Delta \theta_{2-1'} \tag{4.127}$$

将式（4.123）代入式（4.127），有

$$\frac{p_2 - p_1'}{\rho} = (U_2 V_{\theta 2} - U_1 V_{\theta 1}) - V_{\theta m}(V_{\theta 2} - V_{\theta 1}) - \frac{\Delta p_{\phi b}}{\rho} - \frac{1}{\rho} \frac{\partial p}{\partial \theta} \Delta \theta_{2-1'} \tag{4.128}$$

式（4.116）和式（4.128）相等，可得到周向速度 $V_\phi$ 的一阶非线性常微分方程为

$$\frac{\mathrm{d} V_\phi^2}{\mathrm{d} x} = \frac{2 V_\phi H_b}{V_{\theta m} A_c} \left[ (U_2 V_{\theta 2} - U_1 V_{\theta 1}) - V_{\theta m}(V_{\theta 2} - V_{\theta 1}) - \frac{\Delta p_\phi}{\rho} - \frac{1}{\rho} \frac{\mathrm{d} p}{\mathrm{d} x} \Delta x_{2-1'} \right]$$
$$+ \left( \frac{V_\phi}{V_{\theta m}} \right)^2 \frac{2}{\rho} \frac{\mathrm{d} p}{\mathrm{d} x} \frac{A_b}{A_c} U_b V_{\theta m} \tag{4.129}$$

式中，$\Delta p_\phi = \Delta p_{\phi b} + \Delta p_{\phi c}$，为与流体周向流动速度相关的压力损失。

4）压力损失模型

压力损失有两个分量，即切向压力损失和周向压力损失。

（1）切向压力损失。

切向表面摩擦力减小导致切向压力升量的减小，运用经典管道压力损失公式。

$$\frac{\mathrm{d}P_\mathrm{L}}{\mathrm{d}x} = \frac{\lambda_\mathrm{f}}{D_\mathrm{h}}\frac{1}{2}\rho V_{\theta\mathrm{m}}^2 \tag{4.130}$$

式中，$D_\mathrm{h}$ 为特征尺寸；摩擦因数 $\lambda_\mathrm{f}$ 由式（4.131）给出，即

$$\lambda_\mathrm{f} = 0.316 Re^{-0.25} \tag{4.131}$$

式中，$Re$ 为雷诺数，由流道特征尺寸和平均切向速度确定，即

$$Re = \frac{D_\mathrm{h} V_{\theta\mathrm{m}}}{\nu} \tag{4.132}$$

（2）周向压力损失。

周向压力损失分为以下几种压力损失：

①入口冲角损失是由流体进入叶片时叶片角度与流动角度的差异造成的，这种差异用入口处叶轮的平均外倾角与实际流体流动角度之间的差值来定义，即

$$i = \beta_\mathrm{b} - \beta \tag{4.133}$$

式中，$\beta_\mathrm{b}$ 为叶轮的平均外倾角；$\beta$ 为流体流动角度。

如果二者不一致，则流体速度的一个切向分量将被浪费，表现为压力损失。冲角损失可以用叶片的切向速度与叶片入口处流体的切向速度之差来估算，假设 $k_\mathrm{in} = 1$。

②其余压力损失可细分为叶片区损失 $k_\mathrm{b}$ 和流道区损失 $k_\mathrm{c}$，其中包括摩擦损耗、转动损耗、压缩或膨胀损耗以及涡流混合损耗。由于流动模式与流经弯头的流动模式相似，因此可以根据弯头实验数据估算转弯损失系数（$k_\mathrm{tc}$ 和 $k_\mathrm{tb}$）。

综上，对周向压力损失模型求和，可以得出以下方程：

$$\frac{\Delta p_\phi}{\rho} = \left[ k_\mathrm{in}(\tan\beta_1 - \tan\beta_{1\mathrm{b}})^2 + \frac{k_\mathrm{b}}{\cos\beta_{1\mathrm{b}}^2} + k_\mathrm{c} \right]\frac{1}{2}V_\phi^2 \tag{4.134}$$

通过以上计算模型，采用 CFD 方法，可以模拟分析结构参数对旋涡级性能的影响关系。将几何参数和入口流量作为输入条件，可以预测压缩比、功率、效率和其他热力学特性。

## 4.3 干式复合真空泵的基本结构

### 4.3.1 涡轮级的基本结构

干式复合真空泵涡轮级可以参照涡轮分子泵，有两种基本结构，一种是卧式结构，另一种是立式结构，如图 4.21 所示。涡轮级的规格和型号各不相同，以满足各种需求。

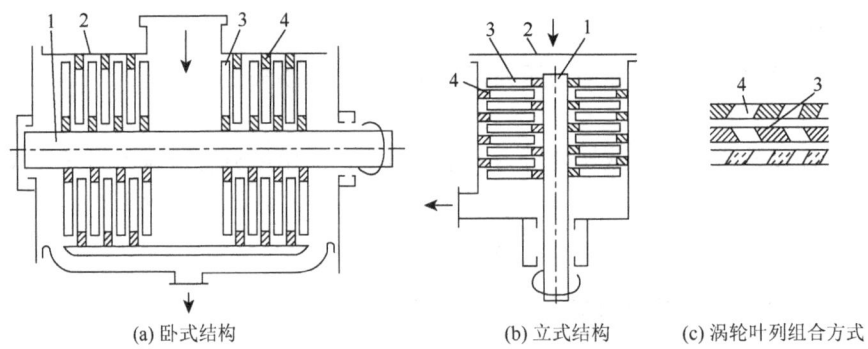

(a) 卧式结构　　　　　(b) 立式结构　　　(c) 涡轮叶列组合方式

图 4.21　涡轮级结构组成及涡轮叶列组合方式

1-主轴；2-泵壳；3-转子叶列；4-定子叶列

涡轮级的结构由图 4.21 中的主轴 1、泵壳 2、转子叶列 3（以整体转子结构为主）、定子叶列 4 等组成。涡轮转子的驱动常由中频电机或气动马达来实现。涡轮级的抽气组件由转子叶列和定子叶列相间排列组成，且动、静涡轮叶列的叶片倾角方向相反，涡轮叶列组合方式如图 4.21（c）所示。涡轮在分子流态下工作时，具有较高的抽速和压缩比。

涡轮级通常选择不同几何参数的叶列组成高、中、低三个抽气段。其中，高抽气段（泵吸气口段）以提高抽速为目的选择叶列的几何参数，抽速大，压缩比小；低抽气段（排气口段）以提高压缩比为目的选择叶列的几何参数，抽速小，压缩比大；而中抽气段是高、低抽气段的过渡阶段，既考虑适当的抽速又兼顾压缩比，使高、低抽气段合理匹配，以适应各种应用场合对抽气的要求。

涡轮级组合叶列的安装形式如图 4.22 所示。从图中可见，动叶片与静叶片间、动叶片与泵壳间、静叶片与转轴间均存在间隙。其中，转子叶列与定子叶列间的间隙为 $\delta_3$，转子叶列顶端与泵壳之间的间隙为 $\delta_2$，定子叶列内孔与转轴之间的间隙为 $\delta_1$。

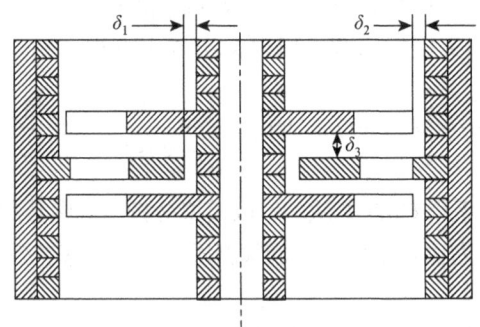

图 4.22　涡轮级组合叶列安装形式

实际的安装间隙由安装条件决定。为防止叶列运转过程中动叶片与静叶片相碰，工作叶轮外径 $D_2$ 增大时，转子叶列、定子叶列的间隙 $\delta_3$ 也要增大。当工作叶轮外径 $D_2 = 100 \sim 200$ mm 时，$\delta_3 = 1 \sim 1.2$ mm；当 $D_2 = 500 \sim 700$ mm 时，$\delta_3 = 2 \sim 2.5$ mm。对于 $\delta_2$，可按涡轮叶列径向间隙的环形面积 $F_2$ 与转子叶列的抽气面积 $F_p$ 之比来选取，一般取 0.02，即间隙返流面积为正向抽气面积的 2%。$\delta_1$ 可按环形间隙面积 $F_1$ 与定子叶列的抽气面积 $F_C$ 之比来选取，一般取 0.004～0.006。由于涡轮叶片的工作间隙 $\delta_1$、$\delta_2$ 和 $\delta_3$ 对叶列的抽速和压缩比有较大影响，故在保证工作可靠性的前提下尽量选小值。

涡轮级一般工作在分子流范围内，此时具有抽气效率高、工作稳定可靠的优点。当遇到大流量气体负荷、气体流动状态发生变化时，抽速会下降，吸气口压力会上升。

为满足工作压力变化时涡轮级仍能具有较好抽气能力的需求，需要考虑涡轮结构的设计，在大流量抽气条件下能与中、低真空范围使用的机械增压泵相当[44-52]。当抽出腐蚀性气体时，涡轮转子需涂有耐腐蚀性涂层，轴承采用气体清洗保护措施，可连续稳定地抽出腐蚀性气体。图 4.23 为涡轮分子泵轴承 $N_2$ 气体清洗系统原理及内部气体流动示意图。

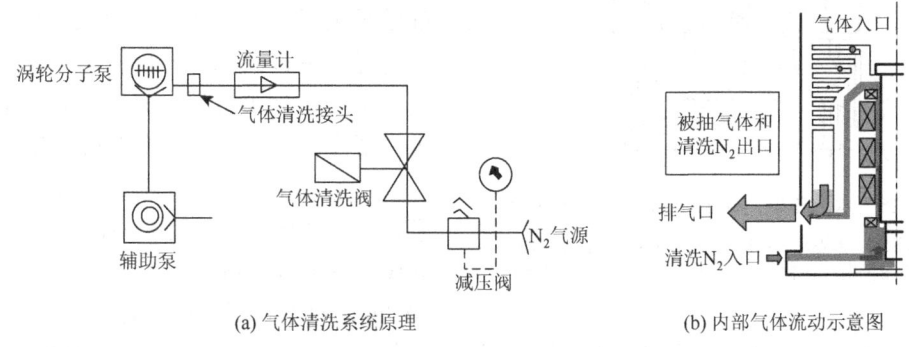

图 4.23 涡轮分子泵轴承气体清洗系统

干式复合真空泵要实现稳定的高速运转，与轴承的不断改进密切相关，轴承有如图 4.24 所示的几种形式。

价格便宜的油润滑型或脂润滑型的滚珠轴承是干式复合真空泵中采用的主要支撑形式。当采用油润滑型滚珠轴承时，会出现油分子返流。涡轮级对大分子气体的压缩能力较强，油的返流很少，几乎达到可忽略的程度，但仍然存在对真空室污染的可能性。干泵的最大市场是半导体制造业，要求系统干式化。而有油润滑的涡轮分子泵，由于有油分子在泵内流动，有油池存在，难以实现泵的小型化，泵的安装姿态受到限制，只能垂直安装。为了解决这些问题曾一度开发了脂润滑型的滚珠轴承型的涡轮分子泵，可实现小型

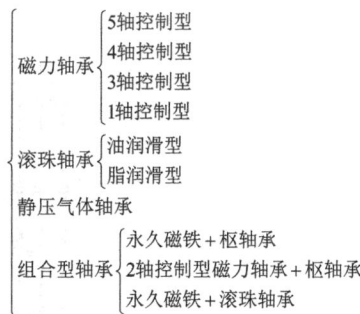

图 4.24 干式复合真空泵轴承分类

化，安装方向不受限制。现在使用陶瓷球滚珠轴承的较多，维修周期可在两年以上。

涡轮分子泵的滚珠轴承可采用油脂润滑、油绳或油池稀油润滑。为保证涡轮分子泵运行过程中的安全可靠，需对涡轮分子泵进行冷却，可采用水冷或风冷方式进行。风冷式分子泵在油池外设有散热片和风扇，泵的一些内部零部件常用导热良好的材料（如黄

铜）制造。电机上设有温度传感器，可以实现电机过热保护。

对于组合型轴承支撑涡轮分子泵，有如下三种轴承组合方式。

（1）泵的上部配置永久磁铁的径向轴承，在泵的下侧配置枢轴承，以负担轴向和径向负荷的涡轮分子泵，如图4.25所示。

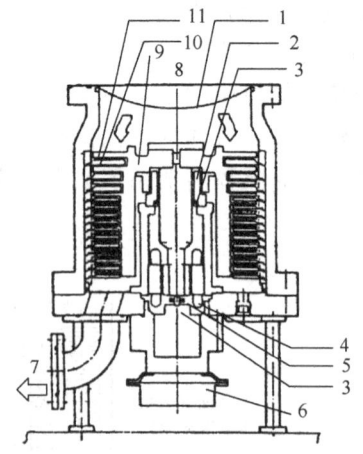

图4.25 永久磁铁+枢轴承式的涡轮分子泵

1-金属保护网；2-磁轴承；3-保护装置；4-马达；5-枢轴承；
6-空冷用风扇；7-排气口；8-吸气口；9-整体式转子；
10-静叶列；11-动叶列

枢轴承用油润滑，必须直立安装。由于滑动部分做得极小，与磁悬浮轴承的涡轮分子泵一样，具有小的振动和长的使用寿命，同时降低了成本。

（2）上部磁力轴承做成2轴控制型，下部配置枢轴承。

（3）上部轴承使用永久磁铁轴承，下部轴承采用灯芯给油式的滚珠轴承，安装位置可由垂直向水平方向倾斜。这种轴承的上侧轴承为永磁型，只有下部的滚珠轴承需要维修，使轴承的润滑得到简化。

大型涡轮分子泵结构如图4.26所示，泵尺寸为145cm×160cm×360cm，功率为3kW，重量为3500kg，极限压力为$2\times10^{-6}$Pa，对$N_2$的抽速为32m³/s，对He的抽速为38m³/s，对$H_2$的抽速为40m³/s，对$H_2$的压缩比为$10^4$。一种抽速为3500L/s的矮型立式涡轮分子泵，泵口径大于泵体总高，其结构如图4.27所示。

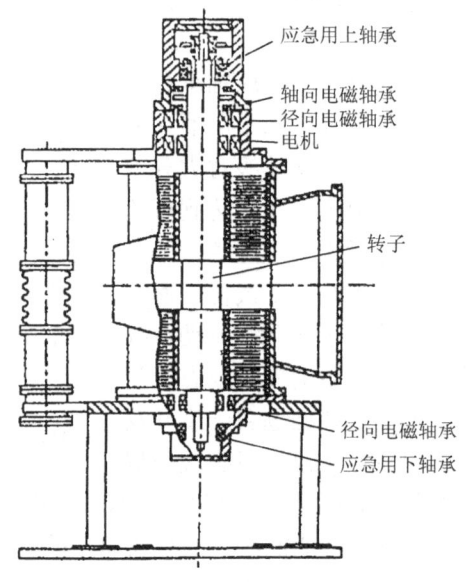

图4.26 TMPH-40000大型涡轮分子泵

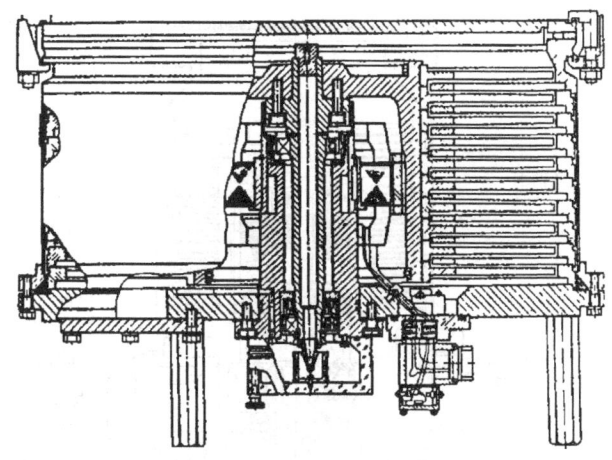

图 4.27 HBT-3500 矮型立式涡轮分子泵

涡轮分子泵是一种高速旋转的机械，动叶片的线速度很高，转子的转速一般为 200～1200r/s。这样的转子会因为动平衡不好而引起振动，使轴承很快磨损，涡轮分子泵的寿命也会因此降低，所以分子泵动平衡的好坏是涡轮分子泵能否安全使用的关键所在。

涡轮分子泵的轴承装置是泵的关键部件，对于稀油或油脂润滑的球轴承，其支撑形式和约束刚度对泵转子系统的固有频率有直接影响，通过设计，要使其固有频率远离分子泵的工作频率。

半导体制造和表面科学研究过程一般都要求清洁的高真空环境以及长时间连续运转时的高工作可靠性。由于分子泵轴承需要油润滑，润滑油蒸气向泵口的返流以及滚珠轴承在泵工作中引起的振动，对涡轮分子泵清洁真空获得和工作可靠性均会产生不利影响。为了杜绝油蒸气对涡轮分子泵的污染和进一步提高涡轮分子泵的性能，出现了利用空气轴承和磁悬浮轴承的新型涡轮分子泵。

为了解决上述问题，1976 年德国 Leybold 公司首先开发了无接触式磁悬浮轴承涡轮分子泵，结构如图 4.28 所示。其中，泵轴固定，带有叶列的转子在轴外侧旋转，称为外环旋转磁悬浮轴承涡轮分子泵。但外环旋转磁悬浮轴承涡轮分子泵在停机时，由于接触应急轴承的直径较大，因而易引起事故。

1983 年日本改进了德国分子泵技术，开发了一种以泵主轴旋转的内环旋转磁悬浮轴承涡轮分子泵，其结构如图 4.29 所示。

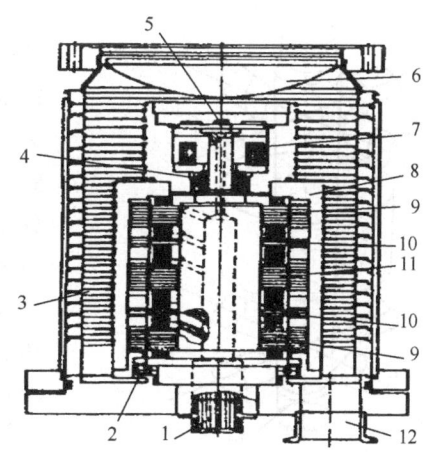

图 4.28 磁悬浮轴承涡轮分子泵

1-电气引线；2、4-应急球轴承（固体润滑剂润滑）；
3-定子叶列；5-转子轴向位移传感器；6-带过滤网的吸气口；
7-轴向磁轴承；8-涡轮转子；9-径向磁轴承；10-转子位移传感器；
11-电机；12-前级管道

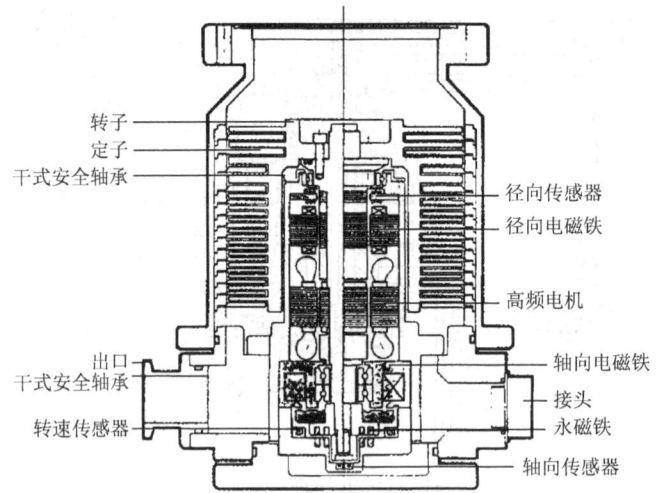

图 4.29 内环旋转磁悬浮轴承涡轮分子泵

磁悬浮轴承是现代涡轮分子泵轴承形式的主流，其原因是磁悬浮轴承与其他类型的轴承相比，具有很多优点，包括以下几个方面。

（1）不用任何润滑油，可实现完全无油的真空泵；
（2）不存在润滑部分，轴承寿命非常长，甚至不需要维修；
（3）振动及噪声极低；
（4）除大泵外，泵的安装姿态不受限制，可任意角度安装；
（5）轴承部分用干燥气体净化，可在腐蚀性气雾中使用。

磁悬浮轴承涡轮分子泵在现代半导体行业、各种镀膜工艺设备和现代理化仪器上得到广泛应用。

磁悬浮轴承涡轮分子泵中，磁悬浮轴承把涡轮转子支持在分子泵腔内，转子除沿主轴中心线转动外，其余三个平动自由度和两个转动自由度需要稳定约束。若用 5 组直流电磁铁约束转子的 5 个自由度，则称为 5 轴控制型磁悬浮轴承涡轮分子泵；若转子轴向用永磁铁支撑，其余 4 个自由度由 4 个电磁铁控约束，则称为 4 轴控制型磁悬浮轴承涡轮分子泵；若转子用 1 组轴向电磁铁和 2 组径向电磁铁约束，则称为 3 轴控制型磁悬浮轴承涡轮分子泵。目前，5 轴控制型磁悬浮轴承涡轮分子泵是磁悬浮轴承涡轮分子泵的主流产品，图 4.30 为 5 轴控制型磁悬浮轴承的基本构成示意图。

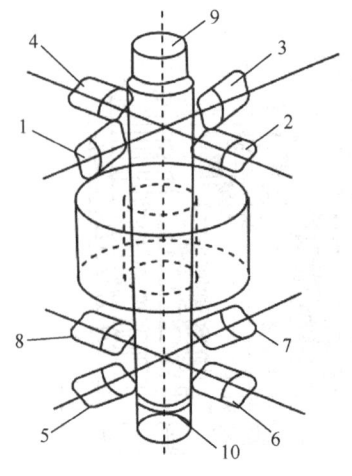

图 4.30 5 轴控制型磁悬浮轴承基本构成

图 4.30 中，回转体的半径方向上设置有 8 个电磁铁（1～8 为径向磁轴承），轴向上设置有 2 个电磁铁（9 和 10 为轴向磁轴承）。除轴的旋转自由度外，磁轴承系统能够主动

控制 5 个自由度（3 个重心移动的自由度，2 个重心转动的自由度），构成了将回转体支撑在空间的结构。磁轴承的负载能力与电磁铁的最大吸引力有关。电磁铁各部件及所需的吸引力取决于回转体的重量。

径向和轴向磁悬浮轴承原理如图 4.31 所示。位移传感器位于电磁铁相近位置上，可以随时检测回转体的状态，利用电磁铁的反馈控制系统调节各电磁铁线圈的电流，即调节电磁铁的吸引力使回转体支撑在中心位置上。图 4.32 为径向轴承控制系统示意图，由位移传感器、相位校正回路、直线检波回路、功率放大器构成控制回路。其中，控制回路中位移传感器采用非接触变位计或电感型位移传感器，$m$ 为转子系轴质量，$X_a$、$X_b$ 为径向间隙，$V_B$ 为检测电压。

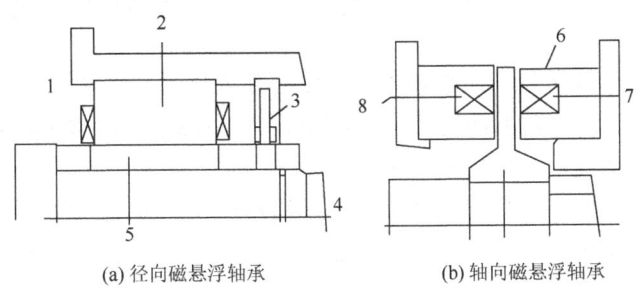

(a) 径向磁悬浮轴承　　(b) 轴向磁悬浮轴承

图 4.31　径向和轴向磁悬浮轴承原理图

1、7、8-激磁线圈；2、6-定子磁轭；3-位移传感器；4-轴；5-转子磁轭

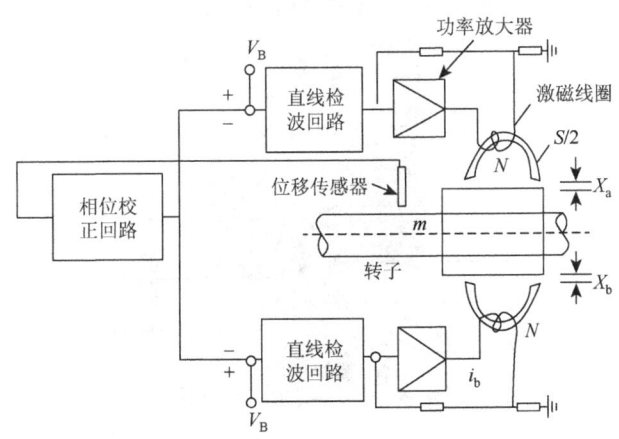

图 4.32　径向轴承控制系统示意图

$N$ 为电磁铁 N 极的磁通密度；$S/2$ 为电磁铁 S 极磁通密度的一半

径向轴承在平衡状态时，转轴处于间隙中央位置。当转轴发生偏移时，位移传感器探测出位移变动量，增加转轴偏离侧电磁铁激磁线圈激磁电流，转轴偏离侧电磁铁吸引力相应增大，转轴被强制复位，实现对分子泵转子的稳定控制。为避免径向传感器输出功率的温度浮移或为获得更大的直线工作范围，轴向传感器常采用两个传感器对置设置。轴向传感器由于结构设置一个传感器单独使用。

涡轮分子泵卧式配置时，回转体的自重由径向轴承来承担，要增加转轴下部的磁通量。图4.33为转轴水平设置和45°斜置时，电磁铁不同配置方式及电磁支持力的方向。

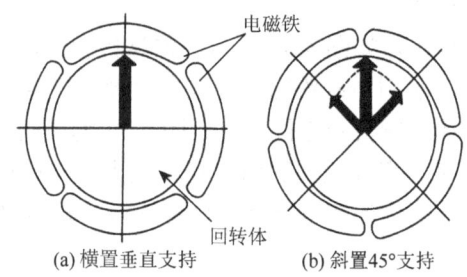

图4.33 涡轮分子泵卧式安装时径向轴承电磁铁配置与电磁支持力

磁悬浮轴承涡轮分子泵中控制转轴自由度的数量越多，磁悬浮轴承造价越高，因而出现了1轴控制型磁悬浮轴承涡轮分子泵。1轴控制型磁悬浮轴承涡轮分子泵，即只在轴向用1组电磁铁控制转子，结构如图4.34所示。

此外，涡轮分子泵对异物进入非常敏感，通常在泵的吸气口处设置金属过滤网。涡轮分子泵的电机和轴承需要冷却，大泵一般采用水冷方式，小泵常采用风冷方式。风冷式泵在油池外设有散热片和风扇。

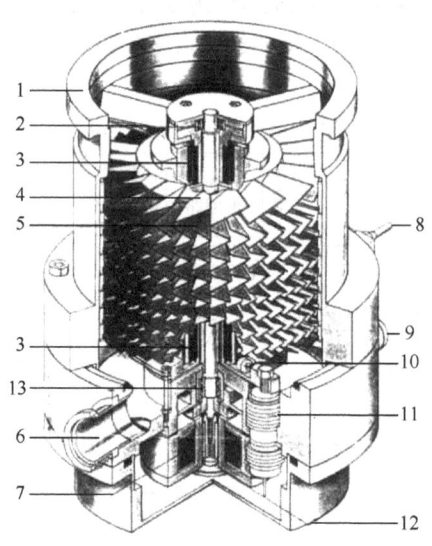

图4.34 1轴控制型磁悬浮轴承涡轮分子泵
1-高真空法兰；2-应急轴承；3-永磁轴承；4-转子；5-定子；6-低真空法兰；7-轴向磁轴承；8-充气阀接头；9-电接头；10-径向传感器；11-消声器；12-轴向传感器；13-带陶瓷球的径向应急轴承

### 4.3.2 牵引级的基本结构

牵引分子泵结构如图4.35所示，泵内有旋转的转子，转子的四周开有沟槽，转子间用挡板隔开。早期的牵引分子泵抽速小、结构复杂，后经过结构的不断改进，转子做成了圆柱形或圆盘形，使其性能得到了很大的提高。目前牵引分子泵单独使用得较少，多作为复合分子泵、干式复合真空泵的牵引级。

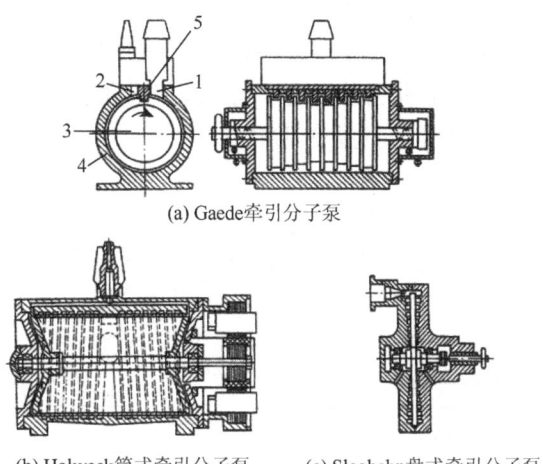

(a) Gaede牵引分子泵

(b) Holweck筒式牵引分子泵　(c) Slegbahn盘式牵引分子泵

图4.35　牵引分子泵结构

1-吸气口；2-排气口；3-转子；4-泵体；5-挡板

干式复合真空泵常见的牵引级结构形式有两种，即筒式牵引级和盘式牵引级。螺旋槽筒式牵引分子泵结构简单，可以获得很高的压缩比，是复合分子泵压缩级以及高真空直排大气干泵中采用的主要结构形式。筒式牵引级采用多头螺旋槽与光滑筒的组合方式，螺旋槽既可以开在转子上（图4.36（a）），也可以开在定子上（图4.36（b））。为保证高转速下泵的工作可靠性，缩短泵的启动时间，需尽量降低牵引转子筒的转动惯量，可采用轻质高强度的石墨纤维材料制作转子筒。

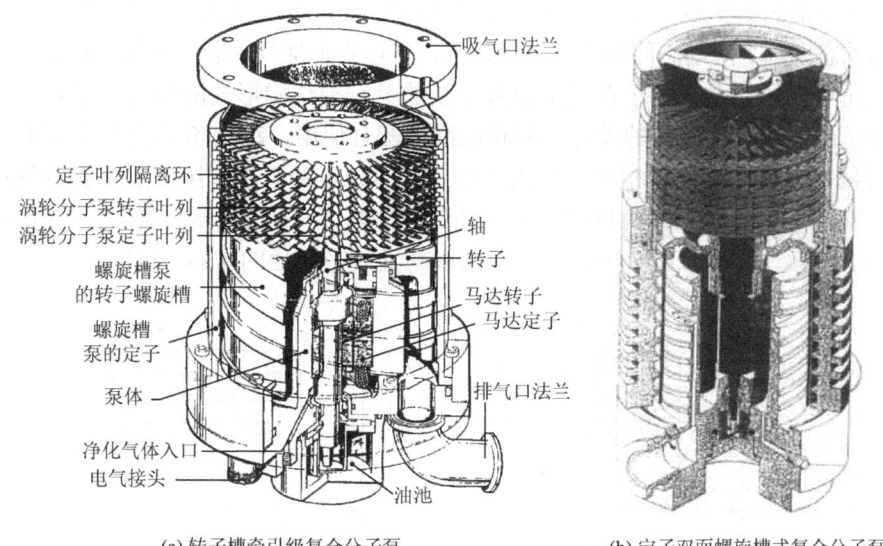

(a) 转子槽牵引级复合分子泵　　　(b) 定子双面螺旋槽式复合分子泵

图4.36　应用于复合分子泵上的牵引级结构

筒式牵引分子泵的抽气性能与抽气通道的几何形状密切相关[53-59]。牵引转子结构如图 4.37 所示。转子设计有 6 个抽气槽,其中 $R_0$ 为抽气通道入口半径、$R_1$ 为抽气通道出口半径、$R_M$ 为转子外半径,$R_0$ 与 $R_M$、$R_1$ 与 $R_M$ 的关系反映螺旋抽气通道进出口槽深;$Z$ 为螺旋筒高度,$\varphi$ 为螺旋通道与转子轴线夹角,牵引槽深沿螺旋筒高度 $Z$ 按线性变化,$\varphi$ 反映槽深沿通道变化程度;$\alpha$ 为牵引通道螺旋升角,螺旋升角影响到牵引通道的长度;$\theta$ 为螺旋槽开口圆心角,与螺旋通道的宽度密切相关。

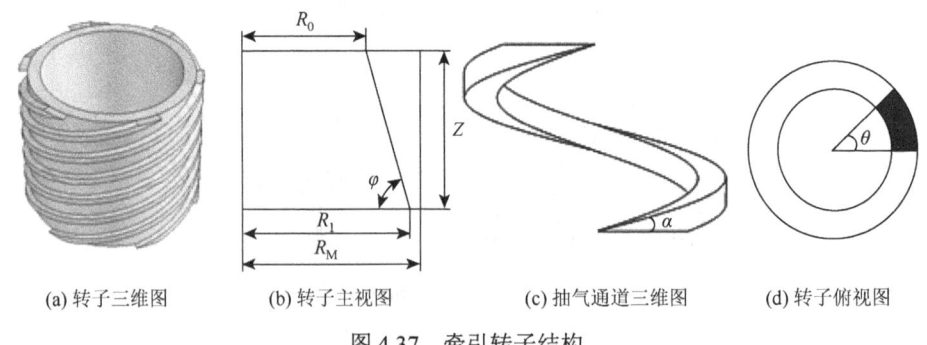

(a) 转子三维图　　(b) 转子主视图　　(c) 抽气通道三维图　　(d) 转子俯视图

图 4.37　牵引转子结构

干式复合真空泵牵引级的压缩比与螺旋升角、转子-定子间隙、转速、被抽气体流动状态等因素有关[60-66]。一般地,随着牵引槽深变小,压缩比均呈现先变大后变小的特性,存在最优螺旋槽深使压缩比达到最大的情况。牵引级压缩比随着螺旋升角的减小而增大,恰当的螺旋升角可以提高牵引分子泵/牵引级的抽速,同时保证牵引级具有较大的压缩比。牵引级压缩比随着转子-定子间隙的减小而增大,最优螺旋槽深值随之减小。牵引级压缩比随着转子转速的增大而增大,最优螺旋槽深值亦增大。黏滞流态下牵引级压缩比远小于分子流态对应值,最优螺旋槽深值比分子流态更小。在牵引分子泵实际设计时,还要考虑转子在高速运动下的离心变形、与气体摩擦产生的热变形等,通过转子变形量计算,得到转子-定子间的动态间隙,对动态间隙进行合理控制,可以实现抽气性能与工作可靠性的统一。

盘式牵引分子泵是区别于筒式牵引分子泵的另一种结构形式的牵引分子泵[67,68]。盘式牵引分子泵利用高速旋转的动盘与静止的静盘配合使用,动盘和/或静盘上开有一定型线的牵引槽,通过动、静盘相对运动的表面对气体分子的牵引作用,实现被抽气体的定向运动,从而达到抽出气体的目的,根据抽气性能需要,由多个动、静盘相间排布组成盘式牵引分子泵,盘式牵引分子泵的结构组成与抽气形式如图 4.38 所示。

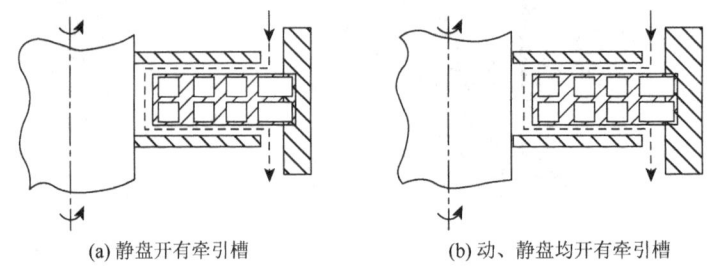

(a) 静盘开有牵引槽　　　　(b) 动、静盘均开有牵引槽

图 4.38　盘式牵引分子泵结构组成与抽气形式

盘式牵引分子泵工作单元为开有一定型线沟槽的单个圆盘，单盘的牵引型线可以采用阿基米德螺线、对数螺线、圆形轮廓线、圆弧形型线等多种形式。

圆弧形型线是采用一定曲率半径的圆弧线作为牵引通道型线，构成牵引槽的表面，如图 4.39 所示。工作过程中，气体分子在牵引盘的牵引运动作用下，由牵引盘外侧向内侧（或由内侧向外侧）径向迁移，实现抽气。

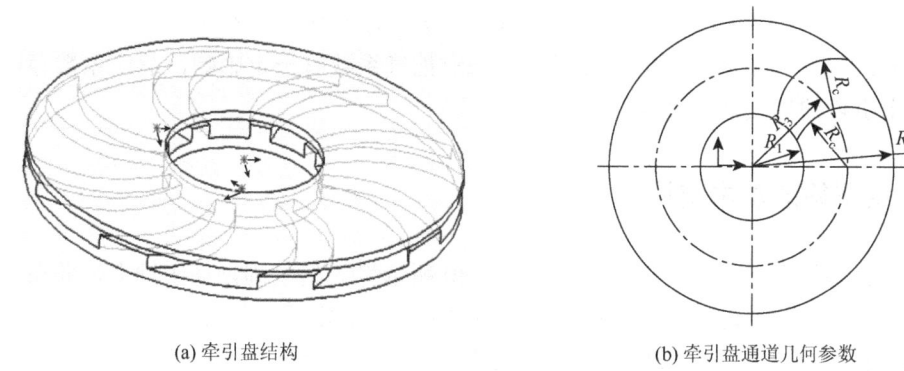

(a) 牵引盘结构　　　　　　　　　(b) 牵引盘通道几何参数

图 4.39　圆弧形型线盘式牵引分子泵结构

圆弧形盘式牵引分子泵几何参数如图 4.39（b）所示。其中，$R_1$ 为牵引盘内径，是气体流动的入口（或出口）侧；$R_2$ 为牵引盘外径，是气体流动的出口（或入口）侧；而曲率半径为 $R_c$ 的圆弧构成牵引通道的两个壁面，圆弧的曲率中心分布在半径为 $R_3$ 的圆上。$R_1$、$R_2$、$R_3$、$R_c$ 和通道的深度构成圆弧形型线盘式牵引分子泵的抽气通道。圆弧形型线曲率中心所处圆半径 $R_3$，以及圆弧曲率半径 $R_c$ 的大小对抽气通道的形状、牵引盘的抽气性能有重要影响[66]。一般而言，圆弧形型线通道越长，越有利于对气体的压缩，可以获得大的压缩比，同时对加工的要求就有所提高。圆弧形型线因其结构简单、易于加工，得到较多应用。

与圆弧形型线类似，牵引盘也可以由阿基米德螺线及对数螺线等构成牵引通道。在点 $P$ 沿动射线 $OP$（极径）等速率运动的同时，射线以等角速度绕极点 $O$ 旋转，点 $P$ 的轨迹称为阿基米德螺线。阿基米德螺线的极坐标方程式为

$$r = a + b\theta \tag{4.135}$$

式中，$b$ 为阿基米德螺线系数，表示每旋转 1° 时，极径的增加（或减小）量；$\theta$ 为极角，表示阿基米德螺线转过的角度；$a$ 为极角为 0° 时对应的极径。

式（4.135）中的系数 $a$、$b$ 决定了螺线的形状和螺线的间距。

对数螺线的极坐标方程式为

$$r = a e^{b\theta} \tag{4.136}$$

由于性能、设计和加工复杂等因素，阿基米德螺线及对数螺线等牵引型线的采用少于圆弧形型线。

盘式牵引分子泵的几何参数对抽气性能有重要影响。对于圆弧形型线的盘式牵引分子泵结构的主要影响因素有圆弧的曲率半径、圆盘的内外径、圆弧槽深、圆弧槽数等。

对于圆弧形抽气通道,牵引通道圆弧形型线曲率中心所处圆的半径 $R_3$、牵引通道侧壁圆弧曲率半径 $R_c$ 对牵引槽的抽气系数有重要影响。一般地,由小的曲率半径构成的抽气通道抽气效率更高。牵引盘内径 $R_1$、牵引通道槽深 $H$、牵引通道槽宽(开口角度)存在最佳取值,使抽气系数达到最大。在计算牵引通道抽速时,要考虑抽气通道入口截面面积及抽气系数对抽速的协同影响。高的牵引盘转速能提高牵引效率,过高的牵引盘转速对抽气效率的提升作用不再显著,牵引盘转速的确定是牵引盘工作可靠性及抽气系数综合考量的结果。牵引盘对大分子气体的抽气系数大、压缩比大,对小分子的抽气效率和压缩能力差;气体分子壁面反射条件对牵引通道抽气系数有一定影响,适应系数存在最佳值,使牵引盘的抽气效率最高。

### 4.3.3 旋涡级的基本结构

单级旋涡级由转子和定子组成,如图 4.40 所示[69]。转子固定在主轴上,并在定子内旋转。转子的上部通过机械加工形成一定数量的叶片。定子上开有一个入口、一个出口、抽气通道和一个隔离段。在叶片运动的大部分空间中,定子环形通道的横截面明显大于叶片尺寸,而在入口和出口之间被隔离段分隔开。隔离段内的定子通道的横截面与叶片横截面有类似的形状,且略大于叶片横截面,隔离段将出口与入口分离,并减少气体的返流。当圆盘旋转时,叶片在环形通道定子内高速运动。叶片的运动带动气体旋转,使气体沿着螺旋路径穿过环形定子,将气体从入口输送到出口,并沿抽气路径压缩。由于转子叶片间的气体在每次旋转通过隔离段后被重新带回到抽气入口,这样气体的周向旋转就得到了再生。在转子叶片旋转过程中,气体的周向旋转被多次再生,用于维持气体的周向速度,同时也构成了旋涡级泄漏的主要来源。因此,旋涡级也称为再生级。由于气体在转子叶片中被多次加速,单级旋涡级可以获得相对较大的压缩比。

动量从转子的叶片传递给气体。叶片在轴向和径向加速气体,并在侧通道中进行旋转运动。由于旋转运动,气体在从入口到出口的流动过程中反复与转子叶片接触,动量可以通过叶片多次传递给气体,从而实现了气体从入口到出口的压缩和传输。

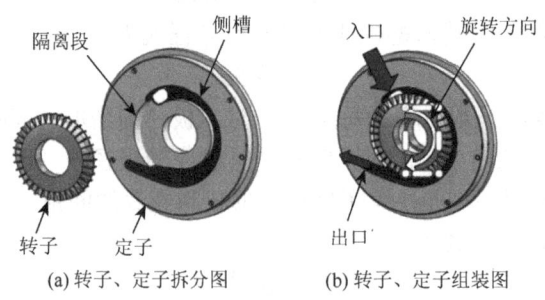

(a) 转子、定子拆分图　　(b) 转子、定子组装图

图 4.40　旋涡级的结构组成

转子叶片数量对旋涡级的抽气性能有很大的影响。由于气体具有黏性,当叶轮转动时,受牛顿摩擦力作用流道内的气体产生速度梯度。叶轮外缘的粗糙度越大、线速度越

大，作用于气体的摩擦力就越大。因此，在圆盘上铣出叶片，流道内的气体的圆周速度总是滞后叶轮的速度。转子叶片数量越多，抽气通道内的气体滞后于转子的速度梯度越小、二者的同步性越好、被抽气体速度越大。叶片数量增加使气体速度达到最大，再增加叶片数量，内能量损失增加，泵效率下降。

转子叶片几何形状影响气体流动以及气体的动量传递效率，对旋涡级的性能有显著影响。因此，需要研究不同类型的叶片形状，寻找具有最佳性能的叶片形式。

按照叶片截面形状，图 4.41 给出了四种类型的转子叶片形式，即 C 形、V 形、Y 形与 T 形叶片（径向叶片）[33]。归一化压缩比 $K_0$ 和归一化抽速 $S_0$ 与出口压力关系如图 4.42 所示[69]。实验结果表明，在 100Pa～20kPa 的压力范围内，V 形叶片的压缩比优于其他类型的叶片，当压力高于 20kPa 时，C 形叶片的压缩比优于其他类型的叶片；当 C 形叶片抽速在压力高于 200Pa 时，优于其他类型的叶片，当出口压力为 $10^5$Pa 时，C 形叶片的效率优于其他类型的叶片。

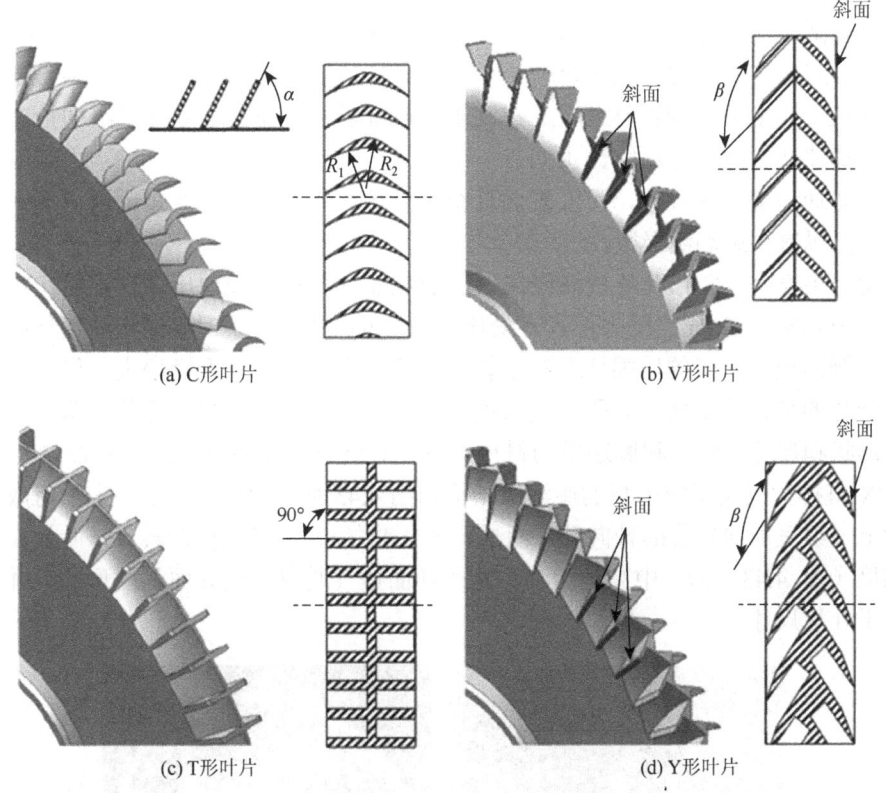

图 4.41 四种类型的转子叶片形式

叶片数量对旋涡级性能有显著影响，合适的叶片数量可以实现最大的压缩比。转子叶片数量和侧通道尺寸对性能影响的研究表明，最佳叶片数量与转子直径成正比，与侧通道尺寸成反比。如果侧通道的横截面尺寸增大，叶片的最佳尺寸和叶片之间的最佳距离也将增大，转子上的最佳叶片数量将相应减少。

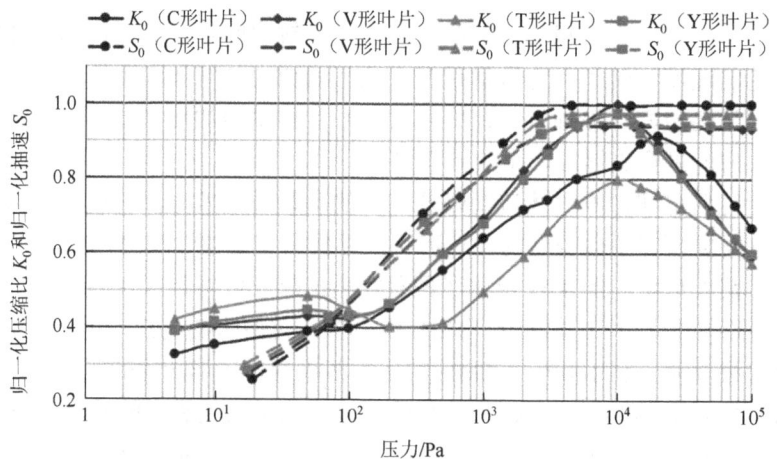

图4.42 不同叶片几何形状归一化压缩比、归一化抽速与出口压力的关系曲线

旋涡级按结构可分为单侧和双侧两种。单侧旋涡级有一个侧通道和一个隔离段,双侧旋涡级有两个侧通道和两个相同长度的隔离段。单侧旋涡级实验数据表明,在高于 20Pa 的压力下,双侧旋涡级的抽速比两个并联的单侧旋涡级的抽速高出约 70%,双侧旋涡级的压缩比低于单侧旋涡级的压缩比。在高于 100Pa 的压力下,双侧旋涡级的抽速比单侧旋涡级的抽速低 20%,且压缩比也低。

通过侧通道旋涡级设计,可实现高真空泵直排大气的性能。通过侧通道旋涡级的结构改进,可以减少旋涡级级数。

实验结果表明,C 形叶片旋涡级在大于 20kPa 的条件下表现出最佳性能,V 形叶片旋涡级在 100Pa~20kPa 的压力下具有最佳性能,可以实现转子对侧通道中气体的最佳动量传递。侧通道旋涡级的压缩比取决于转子叶片的数量。转子直径增大、侧通道的尺寸减小,叶片的最佳数量增加。隔离段长度及形式、抽气入口位置、冷却水温度、侧通道的几何形状和尺寸、转子和侧通道的材料等参数对侧通道旋涡级性能也有影响。

EPX 直排大气高真空干泵的旋涡级结构如图 4.43 所示[4],由转子和定子组成。转子由转盘上一组呈周向布置的轴向叶片组成(图 4.43(a)),当转盘旋转时,叶片在定子的环形凹槽(图 4.43(b))中高速运动。定子环面抽气通道的横截面是圆形的,并且尺寸明显大于叶片尺寸。

(a) 转子

(b) 定子

图 4.43 EPX 直排大气高真空干泵旋涡级结构

影响旋涡级性能的设计变量很多,而这些变量又相互影响,这给设计过程带来了困难。需要评估所有变量,基于敏感性分析方法,选择其中对性能影响最大的变量作为主要设计要素,使设计过程变得简单。

旋涡级叶片和典型抽气通道几何形状如图 4.44 所示[33]。其中,六个无量纲参数在旋涡级分析中非常关键,即叶轮叶尖马赫数、压力比、流量系数、比质量流量、功率系数和等温效率,定义如下。

叶轮叶尖马赫数:

$$M_{\mathrm{OT}} = \frac{r_2 \omega}{\sqrt{\gamma R T_{\mathrm{in}}}} \quad (4.137)$$

压力比:

$$K = \frac{p_{\mathrm{out}}}{p_{\mathrm{in}}} \quad (4.138)$$

流量系数:

$$\lambda = \frac{Q}{8\omega r_2^2} \quad (4.139)$$

比质量流量:

$$\Phi = \frac{m}{4 r_2^2 p_{\mathrm{in}}} \sqrt{\frac{R T_{\mathrm{in}}}{\gamma}} \quad (4.140)$$

功率系数:

$$\gamma = \frac{p_{\mathrm{d}}}{32 \rho_{\mathrm{in}} \omega^2 r_2^5} \quad (4.141)$$

等温效率:

$$\eta_{\mathrm{iso}} = \frac{m R T_{\mathrm{in}} \ln(p_{\mathrm{out}}/p_{\mathrm{in}})}{p_{\mathrm{d}}} \quad (4.142)$$

式中,$m$ 为气体的摩尔质量;$r_2$ 为叶轮顶端半径;$\omega$ 为叶轮转速;$\gamma$ 为比热比;$R$ 为气体常数;$\rho_{\mathrm{in}}$ 为吸气气体常数;$T_{\mathrm{in}}$ 为入口处流体热力学温度;$p_{\mathrm{in}}$ 为入口压力;$p_{\mathrm{out}}$ 为出口压力;$Q$ 为体积流量;$p_{\mathrm{d}}$ 为消耗功率。

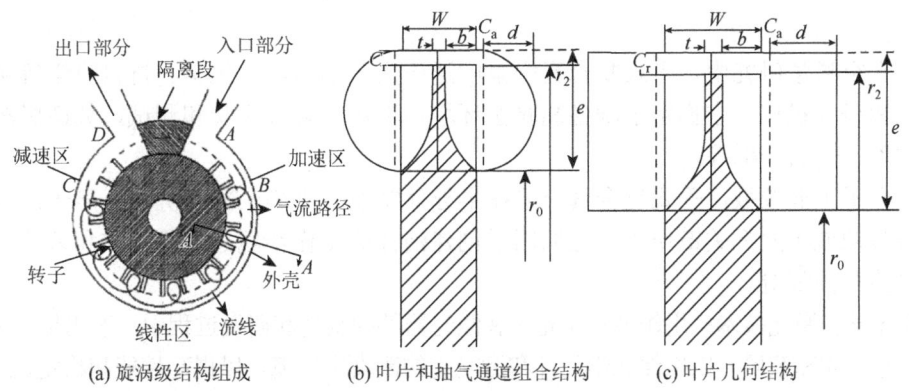

图 4.44 旋涡级叶片、抽气通道结构

对于径向叶片旋涡级叶轮和流道尺寸的设计，参照图 4.44 中的结构参数，可遵循以下设计准则。

为了避免压缩效应，叶轮叶尖马赫数小于 0.8，因此：

$$M_{\mathrm{OT}} < 0.8 \tag{4.143}$$

径向间隙和通道深度尺寸的设计准则为

$$\begin{cases} 0.03 < C_{\mathrm{r}}/r_2 < 0.05 \\ 0.2 < C_{\mathrm{r}}/d_{\mathrm{A}} < 0.65 \end{cases} \tag{4.144}$$

式中，$C_{\mathrm{r}}$ 为径向间隙；$d_{\mathrm{A}}$ 为通道深度。

入口截面流道面积可由式（4.145）求出：

$$A_{\mathrm{in}} = \frac{\pi d_{\mathrm{A}}^2}{2} \tag{4.145}$$

叶轮轮毂半径可按式（4.146）计算：

$$r_0 = r_2 + C_{\mathrm{r}} - 2d_{\mathrm{A}} \tag{4.146}$$

面积比的设计准则为

$$1.15 < A_{\mathrm{in}}/A_{\mathrm{out}} < 1.35 \tag{4.147}$$

式中，$A_{\mathrm{out}}$ 为出口截面流道面积。

此外，使用以下设计准则选择叶轮叶片的数量：

$$75 < z < 90 \tag{4.148}$$

为了获得最佳性能，采用以下设计标准选择叶轮角度：

$$45° < \beta < 60° \tag{4.149}$$

## 4.4 干式复合真空泵的应用

在真空科学研究中，干式复合真空泵广泛应用于物理学、化学、材料科学等领域的实验室和研究机构。它们用于制备高真空环境，以进行各种实验和测试，如薄膜沉积、离子注入、表面分析等。

在电子工业领域，干式复合真空泵在半导体制造、光刻、薄膜沉积、离子注入、真空封装等领域中发挥关键作用。它们用于创建洁净的工作环境，去除气体和杂质，确保高质量的器件制造。

在光学和激光技术应用领域，在光学和激光器件的制造和研发过程中，干式复合真空泵用于去除气体和杂质，以确保光学元件和激光腔的高真空环境，以提高性能和稳定性。

在质谱仪和分析仪器中，干式复合真空泵用于质谱仪、表面分析仪器、电子显微镜等分析仪器中，以提供高真空环境，确保准确的样品分析和测量。

在航空航天领域，干式复合真空泵用于真空环境模拟、空间器件测试、火箭发动机高空模拟试车等。

在真空冷冻技术方面，干式复合真空泵也广泛应用于真空冷冻技术，如超导磁体、低温实验和冷冻储存等。

需要注意的是，不同的干式复合真空泵型号和规格适用于不同的应用需求，因此在选择和使用干式复合真空泵时，需要根据具体应用的要求和工作条件进行选择和配置。

## 参 考 文 献

[1] Andrew D N. The calculation of flow in regenerative turbomachines by a streamline curvature method[J]. Proceedings of the Institution of Mechanical Engineers，Part A：Journal of Power and Energy，1990，204（2）：121-129.

[2] Sachs R，Shirinov A. On tool booster a molecular pump working against atmosphere[C]. International Rotating Equipment Conference，Compressors Users International Forum，Düsseldorf，2008：174-185.

[3] Li J，Gan S Y，Liang P，et al. Key technologies related to high vacuum dry pump[J]. Applied Mechanics and Materials，2011，130-134：1696-1699.

[4] Chew A D，Galtry M，Livesey R G，et al. Towards the single pump solution：Recent development in high speed machines for dry vacuum pumping[J]. Journal of Vacuum Science and Technology A，2005，23（5）：1314-1318.

[5] 巴德纯，王晓冬. 分子真空泵的理论与实践[M]. 北京：科学出版社，2021.

[6] Schneider T N，Katsimichas S，de Oliveira C R E，et al. Empirical and numerical calculations in two dimensions for predicting the performance of a single stage turbomolecular pump [J]. Journal of Vacuum Science and Technology A，1998，16（1）：175-180.

[7] 屠基元，杨乃恒. 现代涡轮分子泵理论的研究[J]. 真空科学与技术，1986，6（1）：11-20.

[8] Yang N H，Yu L G，Pang S J，et al. Study of the structure and performance of a new type of molecular pump [J]. Journal of Vacuum Science and Technology A，1987，5（4）：2594-2598.

[9] 张鹏飞. 基于 Monte-Carlo 方法的气体分子涡轮叶列间传输特性的研究[D]. 沈阳：东北大学，2016.

[10] 王晓冬，张磊，巴德纯，等. 涡轮分子泵抽气性能计算的误差分析[J]. 真空科学与技术学报，2016，36（4）：432-435.

[11] Antoniou A G，Valamontes S E，Panos C N，et al. The turbomolecular pump in molecular state [J]. Vacuum，1995，46（7）：709-715.

[12] Spagnol M，Cerruti R，Helmer J. Turbomolecular pump design for high pressure operation [J]. Journal of Vacuum Science and Technology A，1998，16（3）：1151-1156.

[13] Malyshev O B. Characterisation of a turbo-molecular pumps by a minimum of parameters [J]. Vacuum，2007，81（6）：752-758.

[14] Wang S，Ninokata H，Merzari E，et al. Numerical study of a single blade row in turbomolecular pump[J]. Vacuum，2009，83（8）：1106-1117.

[15] 王晓冬，巴德纯，杨乃恒. 涡轮分子泵组合叶列几何参数优化设计方法的研究[J]. 真空，1999，36（1）：23-26.

[16] Holweck M. Pompe moleculaire helicoidale[J]. Comptes Rendus de l'Académie des Sciences，1923，177：43.

[17] Gaede W. Die molekularluftpumpe [J]. Annalen der Physik，1913，346（7）：337-380.

[18] Tsui Y Y，Kung C P，Cheng H P. Modeling of the slip flow in the spiral grooves of a molecular pump[J]. Journal of Vacuum Science and Technology A，2001，19（6）：2785-2790.

[19] Bhatti J A，Aijazi M K，Khan A Q. Design characteristics of molecular drag pumps[J]. Vacuum，2001，60（1-2）：213-219.

[20] Cheng H P，Jou R Y，Chen F Z，et al. Three-dimensional flow analysis of spiral-grooved turbo booster pump in slip and continuum flow[J]. Journal of Vacuum Science and Technology A，2000，18（2）：543-551.

[21] Heo J S，Hwang Y K. Molecular transition and slip flows in the pumping channels of drag pumps[J]. Journal of Vacuum

Science and Technology A, 2000, 18 (3): 1025-1034.

[22] Hwang Y K, Heo J S. Three-dimensional rarefied flows in rotating helical channels [J]. Journal of Vacuum Science and Technology A, 2001, 19 (2): 662-672.

[23] 王晓冬, 巴德纯, 李景舒, 等. 一种牵引分子泵过渡流态抽气性能的计算方法[C]. 中国真空学会 2014 学术年会, 广州, 2014.

[24] Baljé O E. Drag-turbine performance[J]. Journal of Fluids Engineering, 1957, 79 (6): 1291-1302.

[25] Burton J D. The 'straight through' labyrinth seal as applied to the regenerative turbomachines[C]. 5th International Conference on Fluid Sealing, Warwick, 1971.

[26] Daily J W, Nece R E. Chamber dimension effects on induced flow and frictional resistance of enclosed rotating disks[J]. Journal of Basic Engineering, 1960, 82 (1): 217-230.

[27] Elhag M A I. A theoretical analysis of the flow in regenerative pumps[D]. Bath: University of Bath, 1979.

[28] Gallimore S J. Axial flow compressor design[J]. Proceedings of the Institution of Mechanical Engineers, Part C: Journal of Mechanical Engineering Science, 1999, 213 (5): 437-449.

[29] Iversen H W. Performance of the periphery pump[J]. Journal of Fluids Engineering, 1955, 77 (1): 19-22.

[30] Sixsmith H, Altmann H. A regenerative compressor[J]. Journal of Engineering for Industry, 1977, 99 (3): 637-647.

[31] Senoo Y. Researches on peripheral pump[J]. Reports of Research Institute for Applied Mechanics, 1954, 3 (10): 53-113.

[32] Wilson W A, Santalo M A, Oelrich J A. A theory of the fluid-dynamic mechanism of regenerative pumps[J]. Journal of Fluids Engineering, 1955, 77 (8): 1303-1311.

[33] Raheel M, Engeda A, Hamrin D, et al. The performance characteristics of single-stage and multistage regenerative flow compressors for natural gas compression application[J]. Proceedings of the Institution of Mechanical Engineers, Part C: Journal of Mechanical Engineering Science, 2003, 217 (11): 1221-1239.

[34] Song J W, Raheel M, Engeda A. A compressible flow theory for regenerative compressors with aerofoil blades[J]. Proceedings of the Institution of Mechanical Engineers, Part C: Journal of Mechanical Engineering Science, 2003, 217 (11): 1241-1257.

[35] 周佳南. 连续流态下旋涡泵结构抽气特性研究[D]. 合肥: 合肥工业大学, 2014.

[36] Engeda A, Elkacimi Y. A regenerative flow compressor as a secondary air pump for engine emission control[J]. Proceedings of the Institution of Mechanical Engineers, Part C: Journal of Mechanical Engineering Science, 2008, 222 (9): 1707-1715.

[37] Cheng H P, Jou R Y, Chen F Z, et al. Flow investigation of Siegbahn vacuum pump by CFD methodology[J]. Vacuum, 1999, 53 (1-2): 227-231.

[38] Cheng H P, Chiang M T. Pumping performance investigation of a turbobooster vacuum pump equipped with spiral-grooved rotor and inner housing by the computational fluids dynamics method [J]. Journal of Vacuum Science and Technology A, 2003, 21 (4): 1458-1463.

[39] Giors S, Subba F, Zanino R. Navier-Stokes modeling of a Gaede pump stage in the viscous and transitional flow regimes using slip-flow boundary conditions[J]. Journal of Vacuum Science and Technology A, 2005, 23 (2): 336-346.

[40] Tsui Y Y, Jung S P. Analysis of the flow in grooved pumps with specified pressure boundary conditions[J]. Vacuum, 2006, 81 (4): 401-410.

[41] Giors S, Colombo E, Inzoli F, et al. Computational fluid dynamic model of a tapered Holweck vacuum pump operating in the viscous and transition regimes. I. Vacuum performance [J]. Journal of Vacuum Science and Technology A, 2006, 24 (4): 1584-1591.

[42] 郭丰. 旋涡式真空泵抽气特性与转子结构的数值研究[D]. 沈阳: 东北大学, 2015.

[43] Kumar M, Venkateshwaran A, Kumar M S S P. Strength analysis of a regenerative flow compressor and a pump based on fluid-structure coupling[J]. Materials Today-Proceedings, 2022, 51: 1619-1624.

[44] Chang Y W, Jou R Y. Direct simulation of pumping characteristics in a fully 3D model of a single-stage turbomolecular pump [J]. Applied Surface Science, 2001, 169: 772-776.

[45] Li Y W, Chen X K, Guo W J, et al. Accurate simulation of turbomolecular pumps with modified algorithm by 3D direct simulation Monte Carlo method [J]. Vacuum, 2014, 109: 354-359.

[46] 渠洪波. 涡轮分子泵过渡流抽气特性的研究[D]. 沈阳: 东北大学, 1988.

[47] 马兆俊. 过渡流态下涡轮分子泵抽气性能的算法研究[D]. 沈阳: 东北大学, 2018.

[48] 泽田雅, 徐清发. 轴流分子泵研究(四): 关于单叶轮在过渡流区域内的抽气特性[J]. 真空技术报导, 1975, 12 (S1): 80-92.

[49] Heo J S, Hwang Y K. DSMC calculations of blade rows of a turbomolecular pump in the molecular and transition flow regions [J]. Vacuum, 2000, 56 (2): 133-142.

[50] Sengil N, Edis F O. Fast cell determination of the DSMC molecules in multi-stage turbo molecular pump design [J]. Computers and Fluids, 2011, 45 (1): 202-206.

[51] Sharipov F. Numerical simulation of turbomolecular pump over a wide range of gas rarefaction [J]. Journal of Vacuum Science and Technology A, 2010, 28 (6): 1312-1315.

[52] Amoli A, Hosseinalipour S M. A continuum model for pumping performance of turbomolecular pumps in all flow regimes[J]. Vacuum, 2004, 75 (4): 361-366.

[53] Duval P, Raynaud A, Saulgeot C. The molecular drag pump: Principle, characteristics, and applications[J]. Journal of Vacuum Science and Technology A, 1988, 6 (3): 1187-1191.

[54] 王晓冬, 巴德纯, 杨乃恒, 等. 变截面矩形槽牵引分子泵二维抽气理论的研究[J]. 真空, 1992, 29 (4): 1-7.

[55] 巴德纯, 杨乃恒, 王晓冬, 等. 分子泵中螺旋通道在过渡流和滑流态抽气特性的研究[J]. 真空, 1995, 32 (1): 1-4.

[56] 王晓冬, 巴德纯, 杨乃恒. 牵引分子泵抽气通道几何参数优化设计方法的研究[C]. 中国真空学会第五届学术年会, 威海, 1998.

[57] 王晓冬, 巴德纯, 杨乃恒. 矩形截面槽牵引分子泵分子流态下抽气特性的研究[J]. 真空, 1999, 36 (2): 9-11.

[58] Kwon M K, Hwang Y K. An experimental study on the pumping performance of molecular drag pumps[J]. Journal of Mechanical Science and Technology, 2006, 20 (9): 1483-1491.

[59] Giors S, Campagna L, Emelli E. New spiral molecular drag stage design for high compression ratio, compact turbomolecular-drag pumps[J]. Journal of Vacuum Science and Technology A, 2010, 28 (4): 931-936.

[60] 王晓冬, 巴德纯, 周亚, 等. 筒式牵引分子泵螺旋升角对抽气性能的影响[C]. 中国真空学会 2014 学术年会, 广州, 2014.

[61] 王晓冬, 张磊, 巴德纯, 等. 复合分子泵牵引级螺旋槽深对压缩比的影响[J]. 东北大学学报(自然科学版), 2016, 37 (10): 1437-1440.

[62] 张磊. 高速小型复合分子泵牵引级抽气特性与结构优化研究[D]. 沈阳: 东北大学, 2017.

[63] Lee Y K, Lee J W. Direct simulation of compression characteristics for a simple drag pump model[J]. Vacuum, 1996, 47 (6-8): 807-809.

[64] Heo J S, Hwang Y K. Direct simulation of rarefied gas flows in rotating spiral channels [J]. Journal of Vacuum Science and Technology A, 2002, 20 (3): 906-910.

[65] 王晓冬, 金磊, 钟亮, 等. 螺旋槽式牵引泵过渡流态抽气特性的直接蒙特卡洛模拟[J]. 真空科学与技术学报, 2009, 29 (5): 517-521.

[66] 金磊. 螺旋槽式牵引分子泵过渡流 DSMC 模拟研究[D]. 沈阳: 东北大学, 2007.

[67] Tu J Y, Zhu Y, Wang X Z. A new design for the disk-type molecular pump [J]. Journal of Vacuum Science and Technology A, 1990, 8 (5): 3870-3873.

[68] Heo J S, Hwang Y K. Spiral channel flows in a disk-type drag pump[J]. Journal of Vacuum Science and Technology A, 2001, 19 (2): 656-661.

[69] Shirinov A, Oberbeck S. High vacuum side channel pump working against atmosphere [J]. Vacuum, 2011, 85 (12): 1174-1177.

# 第 5 章  干式多级真空泵

## 5.1  概　　述

由于干式真空泵在结构原理上存在差异，具有不同的工作特性，因此实际应用中经常将多种泵组合使用。例如，罗茨真空泵在吸气口为中低真空时抽速较高，而大气压时抽速较低，需连接前级泵控制吸气口压力在合适的范围内，故常作为机械增压泵使用，也存在将多个罗茨真空泵串联的情况；爪型真空泵内压缩比更大，抽速偏小，一般配合大抽速的真空泵使用，以有效提高系统的极限压力等[1, 2]。

然而，真空泵机组存在一些劣势，例如，占地面积和体积过大，无法满足分析仪器、小型真空系统等的集成化需求；各级真空泵之间需要用长且弯曲的管道连接，对抽气性能造成损失；每台独立的真空泵均需要附件和电机，机组需要配套的控制系统，制造和运行成本高等[3]。

为解决上述问题，出现了将多台干式真空泵合并为一体的干式多级真空泵[4]。通过将多个转子串联在同一根转子轴上，用隔板划分出各转子级，以气体流道连接各级吸、排气口，形成了结构紧凑且具有各级转子工作特点的干式多级真空泵。

根据各级转子类型的不同，干式多级真空泵可分为干式多级罗茨真空泵、干式多级爪型真空泵和干式多级复合型真空泵等。其中，干式多级爪型真空泵可根据各级转子布置相位和方向的不同分为螺旋式、反爪式和螺旋反爪式等；干式多级复合型真空泵可根据复合转子的类型分为罗茨-螺杆复合式、罗茨-爪复合式等，其中罗茨-爪型复合式应用较为广泛。

干式多级真空泵除具有干式真空泵的共性优势外，一般还具有以下特点。

（1）极限压力高，在几乎全压力范围提供较大的抽速，综合性能好；

（2）尺寸小巧，重量轻盈，可轻易集成到真空系统中；

（3）运转稳定，工作时振动和噪声小；

（4）使用寿命长，维护间隔时间长，能效好，运行成本低；

（5）能够抽除可凝性气体、粉尘颗粒及各类有害气体[5, 6]。

干式多级真空泵抽气效率高、结构多样、工艺应用灵活，在集成电路、新能源、新材料、航空航天、原子能、化工制药等多个领域应用广泛，可以作为严苛工况下清洁真空要求的高性能真空获得解决方案。干式多级真空泵可提供 30～2000m³/h 的抽速，极限压力可达 0.1～3Pa。

## 5.2  干式多级真空泵的工作原理及主要参数计算

干式多级真空泵是由多级转子串联构成的，其工作原理与各级转子的类型及转子的布置方式有关。常见的干式真空泵转子类型在原理上均属于回转型容积式真空泵转子,因此能在同一根转子轴上实现串联组合[7]。转子结构在工作原理上的差异会影响泵内压缩的具体过程,以及气体流道的设置方式,进而影响整台真空泵的综合性能。

本节主要讨论干式多级罗茨真空泵和干式多级爪型真空泵两类干式多级真空泵,叙述单级罗茨转子、单级爪型转子的原理与参数计算,进而说明多级组合形式的工作原理。通过认识典型的单一转子单级泵结构,理解干式多级真空泵的基本原理。

## 5.2.1 干式多级罗茨真空泵的工作原理及主要参数计算

**1. 单级罗茨真空泵的工作原理**

罗茨真空泵是一种双转子型容积式真空泵,其抽气过程如图 5.1 所示,在泵腔内有两个形状对称的转子,转子叶型一般有两叶、三叶和五叶等。两个转子彼此朝相反方向旋转,由轴端同步齿轮驱动。转子彼此无接触,转子与泵腔壁也无接触,其间通常有 0.1~1.0mm 的间隙,通过间隙来实现级间密封[1]。

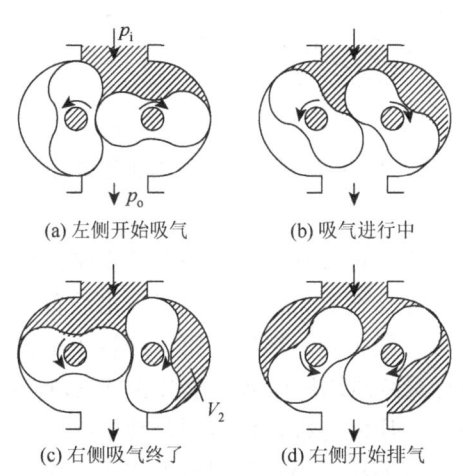

图 5.1 罗茨真空泵工作原理图

由于罗茨真空泵的泵腔内不存在摩擦,转子可实现高速运转,转速为 1500~3000r/min。泵腔内无须油液润滑和密封,可实现无油清洁的抽气过程,润滑部位仅限于轴承和齿轮及动密封处。罗茨真空泵没有往复运动,因此运转平稳,较小的尺寸即可获得很大的抽速。

由图 5.1 可知,由于转子的不断旋转,被抽气体从吸气口进入泵腔,被封闭在吸气腔 $V_2$ 之内,再经排气口排出泵外。由于吸入 $V_2$ 空间内的气体没有被压缩,当转子的顶部转过排气口边缘时,$V_2$ 空间与排气侧相通,排气侧气体压力较高,有部分高压气体返流到 $V_2$ 空间内,使泵腔内的压力突然升高达到排气压力,此即外压缩过程。转子继续旋转时,被抽气体被排出泵外。两个转子的不断运转,实现了罗茨真空泵的抽气过程。转子的主轴旋转一周，共排出四个 $V_2$ 容积的气体。

因此，泵的几何抽速为

$$S_{th} = 4V_2 \frac{n}{60} = 2\pi R^2 L n k_0 \frac{10^{-6}}{60} \qquad (5.1)$$

式中，$n$ 为泵轴的转速，r/min；$R$ 为转子的半径，mm；$L$ 为转子长度，mm；$k_0$ 为转子断面系数，数值由转子断面形状确定。

2. 干式多级罗茨真空泵的工作原理

干式多级罗茨真空泵就是在转子轴上串联多级罗茨转子（一般为 3~5 级），各级转子间由中间隔板进行隔离，使每一级形成相对独立的泵腔，再通过气体流道将各级泵腔连接起来[7]，如图 5.2 所示。

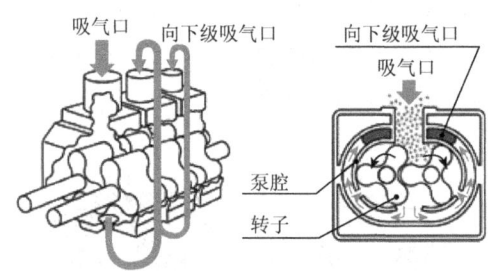

图 5.2　干式多级罗茨真空泵工作原理图

干式多级罗茨真空泵的工作过程与多个单级罗茨真空泵串联相似。气体从高真空级的吸气口吸入，随转子旋转被传输到第一级排气口，由设置于泵体内的气流通道流至第二级泵腔的吸气口，进入第二级泵腔，然后随第二级转子旋转排入第三级泵腔，以此类推，最后由排气侧转子进行最终压缩后由低真空级的排气口排出。

单级罗茨真空泵不具有内压缩过程，但将罗茨转子串联在一起后，可以通过逐级缩短转子轴向长度的方式使吸气容积减小，实现压缩作用。对气体进行逐级压缩，令泵内压缩比大大增加，使干式多级罗茨真空泵有效提高了高压力段的抽气速度，实现直排大气。而且气体经过充分压缩后再排出，可以减少泵压缩气体消耗的功率，以弥补单级罗茨真空泵消耗功率大的缺点，降低真空泵的使用成本。

干式多级罗茨真空泵真正意义上的吸气口位于第一级，因此其抽速取决于第一级，即吸气端高真空级转子的抽速，可以使用与单级罗茨真空泵相同的方式进行计算。

3. 罗茨真空泵的主要性能参数

1）有效抽气流量

罗茨真空泵的有效抽气流量 $Q_{eff}$ 可以从理论抽气流量 $Q_{th}$ 和通过间隙从排气侧向吸气侧的返流泄漏量 $Q_V$ 之差来确定，即

$$Q_{eff} = Q_{th} - Q_V \qquad (5.2)$$

当罗茨真空泵的吸气压力为 $p_i$ 时,理论抽气流量 $Q_{th}$ 为

$$Q_{th} = p_i S_{th} \tag{5.3}$$

对于罗茨真空泵的返流泄漏量 $Q_V$,可由两部分组成,即

$$Q_V = Q_{V1} + Q_{V2} \tag{5.4}$$

若间隙的流导为 $L$,前级压力(即排气压力)为 $p_o$,则转子与泵体间的间隙泄漏量为

$$Q_{V1} = L(p_o - p_i) \tag{5.5}$$

由于罗茨真空泵的转子旋转非常快,不能把吸入的气体分子全部排入前级真空侧,部分气体会被再次带入高真空侧,引起返流。例如,转子在前级真空侧吸附的气体,转子转到高真空侧被解吸放出。两转子啮合处的空腔容积,即有害空间内的气体被带回到高真空侧,这部分的返流泄漏量统称为 $Q_{V2}$,即

$$Q_{V2} = S_r p_o \tag{5.6}$$

式中,$S_r$ 为转子返流率,$m^3/h$。

因此,有效抽气流量 $Q_{eff}$ 可用式(5.7)计算,即

$$Q_{eff} = Sp_i = p_i S_{th} - L(p_o - p_i) - S_r p_o \tag{5.7}$$

2)零流量压缩比

将泵口封闭,使有效抽气流量 $Q_{eff} = 0$,由式(5.7)可得

$$K_0 = \left(\frac{p_o}{p_i}\right)_0 = \frac{S_{th} + L}{S_r + L} = \frac{S_{th}}{S_r + L} + \frac{L}{S_r + L} \tag{5.8}$$

式中,下标 0 表示有效抽气流量为 0 时。

零流量压缩比 $K_0$ 是罗茨真空泵最重要的性能参数之一,可以通过测量得到。它与气体种类有关。$K_0$ 的最大值用 $K_{0max}$ 表示。

罗茨真空泵的零流量压缩比 $K_0$ 与前级压力的关系如图 5.3 所示。因为 $K_0$ 通常大于 10,而式(5.8)中的 $L/(S_r+L)$ 小于 1,故可将式(5.8)近似表示成

$$K_0 = \frac{S_{th}}{S_r + L} \tag{5.9}$$

当 $p_o > 1.5 \times 10^3 Pa$ 时,流导 $L$ 较大,因而 $S_r$ 的返流作用与 $L$ 的返流作用相比可以略去,所以有

$$K_0 \approx \frac{S_{th}}{L} \tag{5.10}$$

当 $p_o < 10Pa$ 时,流动处于分子流状态,$L$ 的返流作用小于 $S_r$ 的返流作用,所以有

$$K_0 \approx \frac{S_{th}}{S_r} \tag{5.11}$$

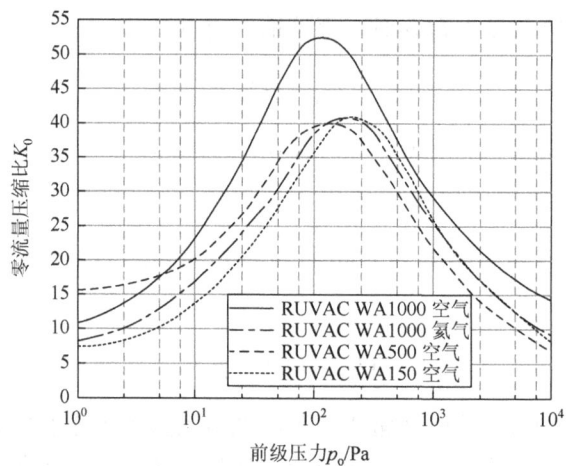

图 5.3 莱宝 RUVAC WA 型罗茨真空泵零流量压缩比与前级压力的关系

当 $p_o$ 较高时，因间隙流动处于黏滞流态，流导 $L$ 有所增加，因而 $K_0$ 在向高 $p_o$ 的方向上有所下降。当 $p_o$ 较低时，间隙流动处于分子流态，流导 $L$ 是定值，这时受 $S_r$ 的影响，$K_0$ 在向低 $p_o$ 的方向上有所下降。而在 $p_o \approx 100\text{Pa}$ 附近，$K_0$ 有最大值 $K_{0\max}$ 出现，如图 5.3 所示。

增加泵体的尺寸会使 $S_{th}$ 比 $L$ 增加得更快，因此大体积罗茨真空泵的 $K_0$ 也有所增加，从图 5.3 中也能看出，大型罗茨真空泵的 $K_0$ 较高。

在罗茨真空泵与前级泵构成真空泵机组时，罗茨真空泵的极限压力 $p_{i,e}$ 可以用前级泵的极限压力 $p_{o,e}$ 和与其相对应的压缩比 $K_{0,e}$ 之比来求得，即

$$p_{i,e} = \frac{p_{o,e}}{K_{0,e}} \quad (5.12)$$

双级罗茨真空泵的压缩比约等于两个单级罗茨真空泵压缩比的乘积，因此双级罗茨真空泵可以获得更低的极限压力。这也说明，罗茨真空泵的级数越多，总压缩比越高。

3）有效压缩比与容积效率

在真空工程应用中，一般将罗茨真空泵与前级泵串联构成机组来使用。这种机组的抽气特性往往通过简单的计算即可获得。

若前级泵的抽速为 $S_o$，而罗茨真空泵的抽速为 $S_{\text{eff}}$，根据连续性方程，串联的两个泵的抽气流量是相等的。罗茨真空泵的排气压力为 $p_o$，等于前级泵的吸气压力，因而可得

$$S_{\text{eff}} p_i = S_o p_o \quad (5.13)$$

有效压缩比 $K_{\text{eff}}$ 和理论压缩比 $K_{th}$ 分别为

$$K_{\text{eff}} = \frac{p_o}{p_i}, \quad K_{th} = \frac{S_{th}}{S_V} \quad (5.14)$$

将式（5.13）代入式（5.7），由式（5.14）定义得出

$$\frac{1}{K_{\text{eff}}} = \frac{p_i}{p_o} = \frac{S_V}{S_{th} + L} + \frac{S_r + L}{S_{th} + L} \quad (5.15)$$

一般来说，流导 $L$ 与几何抽速 $S_{th}$ 相比，可以略去。

因此，$S_V/(S_{th}+L) \approx S_V/S_{th}$，$(S_r+L)/(S_{th}+L) \approx (S_r+L)/S_{th}$，所以式（5.15）可改写成

$$\frac{1}{K_{eff}} = \frac{1}{K_{th}} + \frac{1}{K_0} \tag{5.16}$$

将罗茨真空泵机组的有效抽速 $S_{eff}$ 与罗茨真空泵几何抽速 $S_{th}$ 之比定义为容积效率 $\eta_V$。

$$\eta_V = \frac{S_{eff}}{S_{th}} = \frac{K_{eff}}{K_{th}} = \frac{\dfrac{K_0}{K_{th}}}{1 + \dfrac{K_0}{K_{th}}} \tag{5.17}$$

由式（5.17）可以看出，只要已知前级泵的抽气特性 $S_o = f(p_o)$、罗茨真空泵的几何抽速 $S_{th}$ 和罗茨真空泵测得的零流量压缩比 $K_0 = f(p_o)$，便能求得容积效率 $\eta_V$ 的值。这时机组的抽速 $S_{eff}$ 为

$$S_{eff} = \eta_V S_{th} = S_{th} \frac{\dfrac{K_0}{K_{th}}}{1 + \dfrac{K_0}{K_{th}}} \tag{5.18}$$

若令 $\alpha = K_0/K_{th}$，则式（5.17）可写成 $\eta_V = \alpha/(1+\alpha)$，其值如图5.4所示。

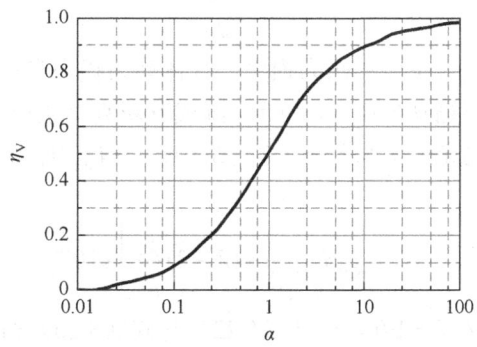

图5.4 容积效率 $\eta_V$ 与 $\alpha$ 的关系

**4）功率**

罗茨真空泵所需的功率是由大部分的压缩功和少部分的摩擦功所组成的。压缩功为

$$W = \int_{p_i}^{p_o} V \mathrm{d}p \tag{5.19}$$

罗茨真空泵的泵腔 $V$ 由零开始达到最大吸气腔容积 $V_2$，当转子旋转一周时排出 $4V_2$ 体积。当转速为 $n$ 时，单位时间排出的容积即为罗茨真空泵的几何抽速 $S_{th}$。其压缩功的示功图如图5.5所示。在点1处泵腔开始吸气，达到点2处结束吸气，当泵腔与排气口相通时，压力突然增大，达到在点3处的排气压力，继续排气直到点4结束。如果排气压力大，则由点1、2、3a 到达 4a 为一个压缩循环过程。

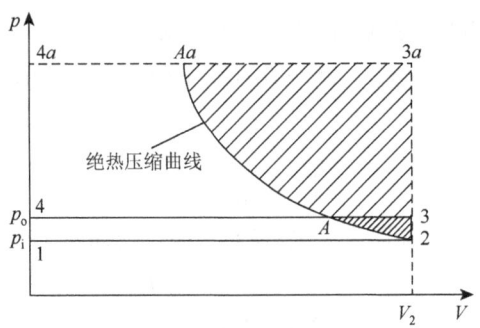

图 5.5 罗茨真空泵示功图

罗茨真空泵的压缩功为矩形（为点 1-2-3-4 或点 1-2-3a-4a）。图 5.5 中带剖面线的部分为罗茨真空泵和绝热压缩泵的压缩功之差。而且罗茨真空泵的压差或压缩比越大，压缩功之差越大。一般罗茨真空泵的压差或压缩比都不应选得过高，以减小这个差值。

压缩气体的有用功率的计算式为

$$P_i = S_{th}(p_o - p_i) \times 10^{-6} \tag{5.20}$$

式中，$S_{th}$ 为几何抽速，L/s。

克服罗茨真空泵运转时摩擦所消耗的功率，通常以机械效率 $\eta_M$ 来表示，一般 $\eta_M$ 取 0.5~0.85，故消耗的总功率为

$$P = \frac{P_i}{\eta_M} \tag{5.21}$$

机械效率考虑了罗茨真空泵的热力损失、气体动力损失和机械损失。

双级罗茨真空泵的压缩功如图 5.6 所示。湿式罗茨真空泵也有做成双级的，可以节省功耗，还能降低工作压力范围。假设 $\lambda = S_{th1}/S_{th2}$ 或 $\lambda = V_{th1}/V_{th2}$，则双级泵的压缩气体所需功率为

$$N_2 = p_o S_{th1} \left[ \frac{1}{\lambda} + (\lambda - 2)\frac{p_i}{p_o} \right] \times 10^{-6} \tag{5.22}$$

通常 $\lambda = 1.6$~2.0，若 $\lambda = 1.0$，则式（5.22）与式（5.20）相同。

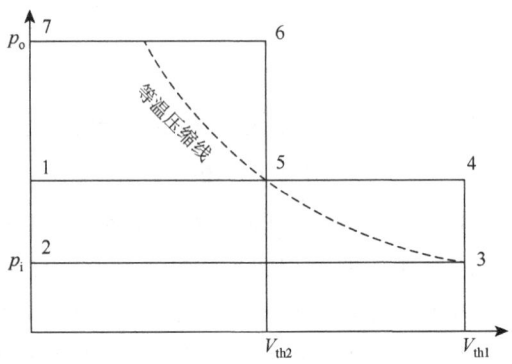

图 5.6 双级罗茨真空泵的压缩功

## 5.2.2 干式多级爪型真空泵的工作原理及主要参数计算

1. 单级爪型真空泵的工作原理

爪型真空泵属于容积式真空泵，通过两个爪型转子反向旋转，泵腔的工作容积发生变化，推动介质流动。以单级爪型真空泵为例，其泵腔内有两个相互共轭啮合的爪型转子，受轴承支撑并通过键固定相位，依靠一对同步高精度齿轮带动，以反向恒定的速度旋转，促使气体的吸入和排出。两个转子之间存在间隙，不直接接触；转子与泵腔之间也存在间隙，其尺寸可以根据具体情况调整。另外，在泵的两端面以及隔板上开设吸气口和排气口。根据爪型转子在旋转过程中所在相位的不同，吸气口与排气口会发生阶段性开放，实现气体的吸入、排出和压缩动作。因此，干式多级爪型真空泵的连接简单，气道比干式多级罗茨真空泵更通畅。

图 5.7 为单级爪型真空泵的工作原理图[1]，假设阴影区表示为 A 腔，空白区表示为 B 腔。从图 5.7（a）所表示的时刻开始，A 腔和吸气口 1 接通，随着成对转子的同步反方向运动，A 腔容积变大，气体吸入泵内，同时 B 腔的容积也在成对转子的作用下逐渐减小，其内的气体逐渐被压缩，此时 A 腔处于吸气过程，B 腔处于压缩过程；图 5.7（b）时刻 A 腔容积继续变大，因而继续吸入气体，同时 B 腔的容积在成对转子的同步反方向运动下逐渐变小，运动到和排气口 4 接通的位置时，气体通过排气口排出泵外，这个过程会一直持续到图 5.7（c）时刻，吸气和排气同时进行，此时 B 腔处于排气过程；在图 5.7（c）时刻，A 腔达到了最大容积而吸气过程结束，B 腔的容积达到了最小而排气过程结束，此时转子分别挡住了吸气口和排气口，起到了自动关闭的作用；在图 5.7（d）时刻，随着转子的运转，B 腔内没有被排出去的气体和 A 腔内被吸入的气体混合到了一起，既不吸气也不排气，被称为混合过程，该过程发生了复杂的二次压缩与膨胀。爪型转子每旋转一周，吸气、排气和混合过程各自实现一次，通过不间断地重复以上过程，达到获得真空的目的。

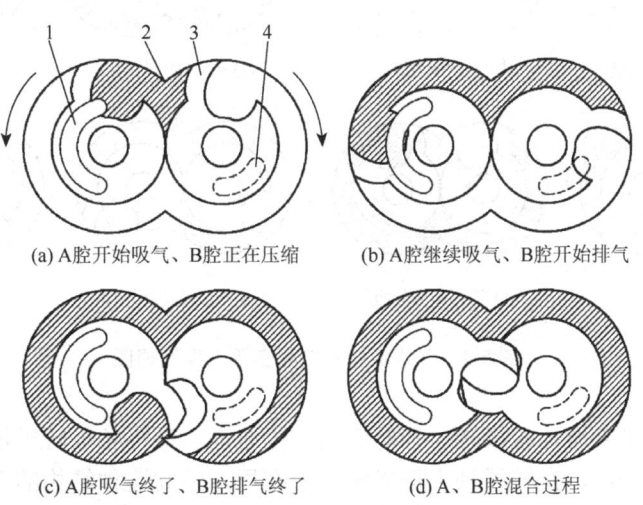

图 5.7 单级爪型真空泵工作原理图

1-吸气口；2-转子；3-泵体；4-排气口

## 2. 干式多级爪型真空泵的工作原理

干式多级爪型真空泵的结构和工作原理分别如图 5.8 和图 5.9 所示[1]。与干式多级罗茨真空泵相似,干式多级爪型真空泵是将多个爪型转子串联在转子轴上同步旋转。每一级转子与单级爪型真空泵的工作过程一致,在每一级的排气口位置设计了与下一级吸气口相连的通道,使前一级泵腔排出去的气体能顺利进入下一级泵腔。干式多级爪型真空泵的气流通道沿转子的轴向布置,长度较长。为了保证在前一级排气的同时,后一级泵体开始吸气,可以让后一级转子相对前一级转子落后一定角度,称为相位差。一般认为两级转子之间的合理相位差为 30°~120°。

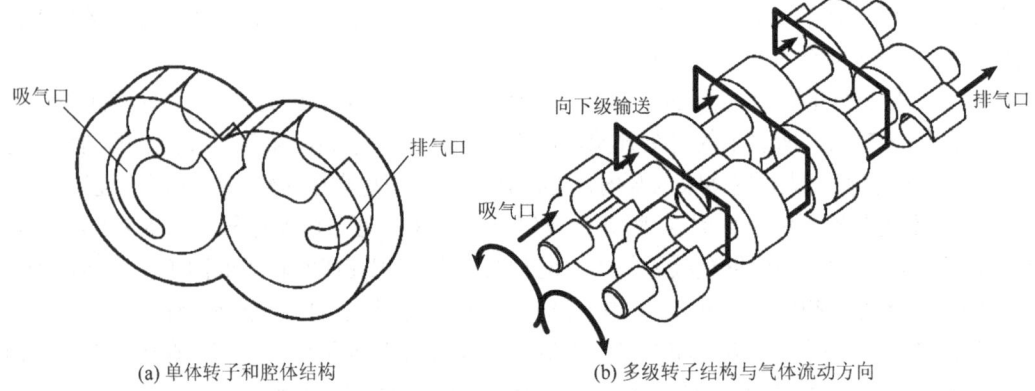

(a) 单体转子和腔体结构　　(b) 多级转子结构与气体流动方向

图 5.8　干式多级爪型真空泵结构图

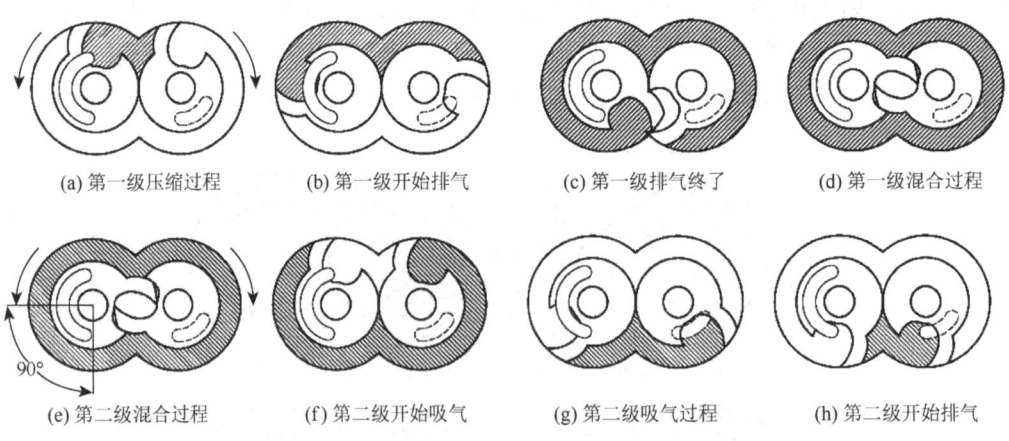

(a) 第一级压缩过程　(b) 第一级开始排气　(c) 第一级排气终了　(d) 第一级混合过程

(e) 第二级混合过程　(f) 第二级开始吸气　(g) 第二级吸气过程　(h) 第二级开始排气

图 5.9　干式多级爪型真空泵工作原理图

按照上述规律来设计各级转子和对应的气体通道,最终各级转子依次沿着转子的旋转方向落后于上一级,在转子轴上形成螺旋形布局,因此这种结构的干式多级爪型真空泵也称为螺旋式多级爪型真空泵。总体上,干式多级爪型真空泵每旋转一周,发生一次吸气和排气过程,每级转子也各自发生一次吸气和排气过程。

3. 爪型真空泵的理论抽速计算

1）单爪式爪型真空泵的理论抽速

参照图 5.7，认为图 5.7（c）时刻吸气容积最大，记为 $V_s$。转子间的封闭容积记为 $V_c$，排气压力记为 $p_o$，吸气压力记为 $p_i$。封闭容积中的气体一部分会扩散到 $V_s$ 中，使吸气容积中的压力从 $p_i$ 升高到中间压力，记为 $p$，假设这一过程是等温过程，有

$$V_c p_o + V_s p_i = (V_c + V_s) p \tag{5.23}$$

认为吸、排气口的封闭和打开均同步，则转子旋转一周排出的气体量 $Q$ 为

$$Q = V_s p - V_c p_o \tag{5.24}$$

由式（5.23）可得

$$p = \frac{V_c p_o + V_s p_i}{V_c + V_s} \tag{5.25}$$

将式（5.25）代入式（5.24），有

$$Q = \frac{V_c p_o + V_s p_i}{V_c + V_s} V_s - V_c p_o \tag{5.26}$$

记理论抽气体积为 $V$，则 $Q = V p_i$，代入式（5.26）有

$$V = \frac{V_c \dfrac{p_o}{p_i} + V_s}{V_c + V_s} V_s - V_c \dfrac{p_o}{p_i} \tag{5.27}$$

令压缩比 $K = p_o / p_i$，则式（5.27）改写为

$$V = \frac{V_s^2 - K V_c^2}{V_c + V_s} \tag{5.28}$$

最终，几何抽速可以表示为

$$S_{th} = \frac{nV}{60} = \frac{V_s^2 - K V_c^2}{V_c + V_s} \frac{n}{60} = \frac{A_s^2 - K A_c^2}{A_c + A_s} l \frac{n}{60} \times 10^{-6} \tag{5.29}$$

式中，$S_{th}$ 为理论抽速，L/s；$n$ 为转子转速，r/min；$l$ 为转子厚度，mm；$A_s$、$A_c$ 为 $V_s$、$V_c$ 对应的截面积，mm²。

2）双爪式爪型真空泵的理论抽速

双爪式爪型转子具有两段爪型曲线，其形状如图 5.10 所示。由于其每旋转一周会发生两次吸、排气过程，理论抽速与单爪式有所区别。对于容积式真空泵，比较其抽速大小最有效的方式是比较其容积利用系数 $\lambda$ [8]。由容积利用系数定义可知

$$\lambda = \frac{A_{es}}{A_{rs}} \tag{5.30}$$

式中，$A_{rs}$ 为转子旋转一周扫过的面积，mm²；$A_{es}$ 为转子旋转一周所形成的有效吸气腔的截面积，mm²。

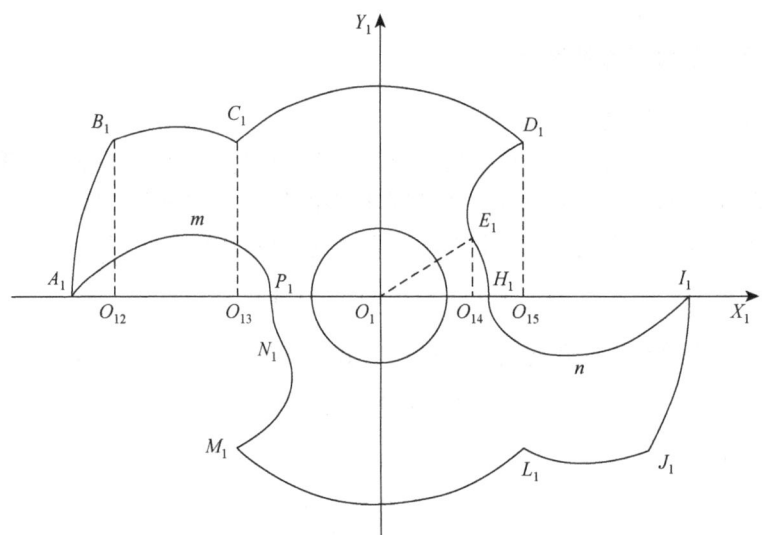

图 5.10 双爪式爪型转子型线

双爪式爪型真空泵的工作原理如图 5.11 所示，转子旋转半周，形成 $A_{s1}$ 和 $A_{s2}$ 两个吸气腔。根据定义，有

$$A_{es} = 2(A_{s1} + A_{s2}) \tag{5.31}$$

在此过程中，转子扫过的面积 $A_{rs}$ 有

$$A_{rs} = 2 \times \pi R_m^2 = 2\pi R_m^2 \tag{5.32}$$

式中，$R_m$ 为齿顶圆半径，mm。

容积利用系数为

$$\lambda = \frac{V_{es}}{V_{rs}} = \frac{A_{es}l}{A_{rs}l} = \frac{A_{s1} + A_{s2}}{\pi R_m^2} \tag{5.33}$$

下面来具体求解 $A_{s1}$ 和 $A_{s2}$ 两个吸气腔的截面积，对于转子与泵内壁形成的吸气腔，有

$$A_{s1} = \frac{1}{2}\pi R_m^2 - A_1 - A_2 - A_3 + A_4 + A_5 \tag{5.34}$$

由于两转子完全相同，对于转子 2 与泵内壁形成的吸气腔，有

$$A_{s2} = A_{s1} = \frac{1}{2}\pi R_m^2 - A_1 - A_2 - A_3 + A_4 + A_5 \tag{5.35}$$

式中，$A_1$、$A_2$、$A_3$、$A_4$、$A_5$ 为转子 1 型线上各段曲线与横坐标轴所夹的曲边梯形的面积，分别对应多边形 $A_1B_1O_{12}$、$B_1C_1O_{13}O_{12}$、$C_1D_1O_{15}O_{13}$、$D_1E_1H_1O_{15}$ 和 $H_1nI_1$ 的面积，可通过积分求解。其他几种爪型的干式真空泵计算方法大致相似，只是在具体的有效吸气面积 $A_{es}$ 的积分式稍有不同。

如图 5.11（b）所示，双爪式爪型转子处于吸气终了的相位，此时吸气腔的截面积 $A_{s1}$

和 $A_{s2}$ 之和为最大，吸气腔的气体压力为吸气口压力 $p_i$。当转至图 5.11（d）的位置时，此时转子处于排气终了的相位，截面积为 $A_c$ 的气体（气体压力为排气压力 $p_o$）的一部分将扩散至下一级的吸气腔中，使其中的压力由上升吸气压力 $p_i$ 到中间压力 $p$。由于这一部分气体总是不能被完全排出，而且又被带回到吸气腔里，因此这一区域被称为死腔。假定这一扩散过程在等温条件下进行，则有

$$p_o A_c l + p_i (A_{s1} + A_{s2}) l = (A_c + A_{s1} + A_{s2}) l p \tag{5.36}$$

从图 5.11（b）到图 5.11（d），转子旋转半周，排出来的气体量为

$$Q = (A_{s1} + A_{s2}) l p - p_o A_c l \tag{5.37}$$

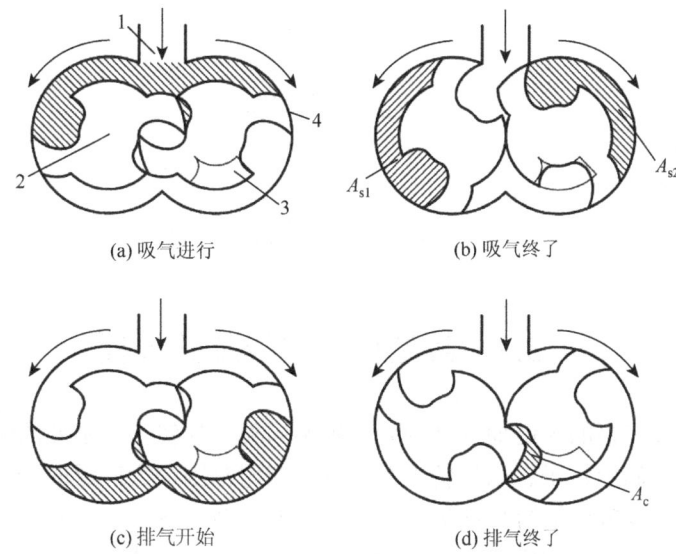

图 5.11 双爪式爪型真空泵工作原理图

1-吸气口；2-转子；3-排气口；4-泵腔

将式（5.36）变形后代入式（5.37），可得

$$Q = \frac{p_o A_c + p_i (A_{s1} + A_{s2})}{A_c + A_{s1} + A_{s2}} (A_{s1} + A_{s2}) l - p_o A_c l \tag{5.38}$$

转子旋转半周，吸、排气各一次，其理论抽气体积为 $V$，将 $Q = p_i V$ 代入式（5.38），可得

$$V = \frac{Q}{p_i} = \frac{\dfrac{p_o}{p_i} A_c + (A_{s1} + A_{s2})}{A_c + A_{s1} + A_{s2}} (A_{s1} + A_{s2}) l - \frac{p_o}{p_i} A_c l \tag{5.39}$$

定义压缩比 $K = p_o / p_i$，则式（5.39）变为

$$V = \frac{(A_{s1} + A_{s2})^2 - KA_c^2}{A_{s1} + A_{s2} + A_c} l \tag{5.40}$$

由式（5.33）可以推知

$$A_{s1} + A_{s2} = \lambda \pi R_m^2 \tag{5.41}$$

令

$$\mu_{cs} = \frac{A_c}{2(A_{s1} + A_{s2})} \tag{5.42}$$

将式（5.41）和式（5.42）代入式（5.40），整理得

$$V = \frac{1 - 4K\mu_{cs}^2}{1 + 2\mu_{cs}} \lambda \pi R_m^2 l \tag{5.43}$$

令

$$\mu = \frac{1 - 4K\mu_{cs}^2}{1 + 2\mu_{cs}} \tag{5.44}$$

则泵的几何抽速为

$$S_{eff} = \frac{2nV}{60} = \frac{\pi \lambda \mu}{30} nR_m^2 l \times 10^{-6} \tag{5.45}$$

## 5.3 常见转子型线及其方程

干式多级真空泵的关键抽气结构为多种不同类型的转子，主要的转子类型有罗茨转子、螺杆转子、涡旋转子、爪型转子等。目前应用范围最为广泛的干式多级真空泵一般为全罗茨结构、全爪型结构及罗茨-爪型复合结构三种形式。在干式多级真空泵工作时，其任意转子对在抽气过程中所完成的动作皆为反向同步旋转运动，由于在旋转过程中各转子对理论接触点的法线始终通过两转子节圆的节点，因此可以将转子对的同步反向旋转运动看成啮合运动，而转子对的抽气性能由实现啮合的转子型线决定。转子型线即端面型线，定义为其横截面的外轮廓线。对于转子型线的选择需要保证以下几点。

（1）保证足够良好的抽气性能，选取尽可能大的容积利用系数；
（2）要求在转子啮合运动过程中，有良好的振动特性与运转可靠性；
（3）对于转子型线的选择需要考虑加工工艺可行性，保证足够高的互换性；
（4）尽可能增大转子间及转子与泵体间的密封面积，减小泵腔返流；
（5）确保转子拥有良好的结构强度特性[9]。

### 5.3.1 罗茨转子型线及其方程

要想使罗茨真空泵获得良好的性能，首要工作是设计优秀的转子型线。根据转子叶数的不同，罗茨真空泵的转子型线可分为二叶、三叶和五叶，如图5.12所示。罗茨真空泵的转子型线多由圆弧线、渐开线和摆线等组合而成，根据组成曲线的不同也分为许多种类。

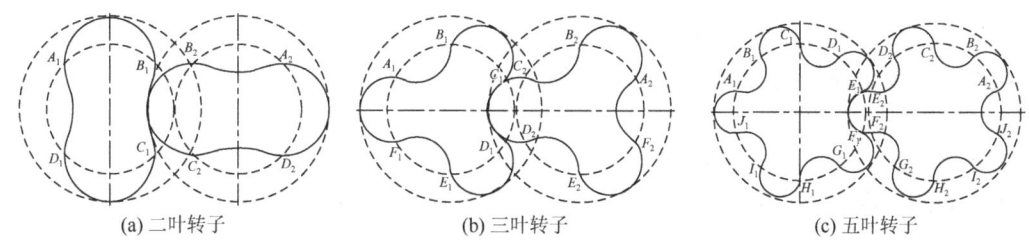

(a) 二叶转子　　　　(b) 三叶转子　　　　(c) 五叶转子

图 5.12　不同叶数的罗茨转子型线

运转时，两个转子靠传动比为 1 的一对齿轮驱动，实现同步反向旋转。转子表面不相互接触，需要保持一定的间隙，所以转子型线必须做成共轭曲线，使转子型线的理论啮合点在整个转动周期内始终符合啮合定律。

最大允许压差和零流量压缩比是衡量罗茨真空泵性能的重要指标。这两个指标是相互制约的，要兼而顾之，关键是保证转子与转子之间每一啮合点的间隙均匀且保持在一个定值。转子之间的间隙发生变化会改变这两个性能指标，从而影响泵的性能。转子的实际型线是在理论型线的基础上沿啮合点法线方向等距缩减而获得的。因此，应保证转子的理论型线在转动过程中的任意时刻总有一点保持接触。

总的来说，罗茨转子型线的设计要考虑以下几点。

（1）转子理论型线应符合啮合定律；

（2）面积利用系数要尽可能大，即转子横截面在泵腔内占的面积要尽可能小；

（3）要有良好的几何对称性，互换性好，运转平稳；

（4）要有足够的强度，加工工艺性好[1]。

下面以二叶罗茨转子为例讨论几种常见的罗茨转子型线，并简要介绍一种罗茨转子型线的设计计算方法。

1. 圆弧型转子型线

圆弧是在罗茨转子设计中大量应用的曲线元，由于转子啮合的性质，转子型线上相互啮合的齿顶和齿根通常在 45°角平分线处交汇，且交汇点落在节圆上，如图 5.13 所示。利用圆弧和圆弧的包络线可互相啮合的性质，通过在 45°角平分线两侧分别放置一段或两段圆弧及其圆弧包络线，可以设计出多种圆弧型转子型线。

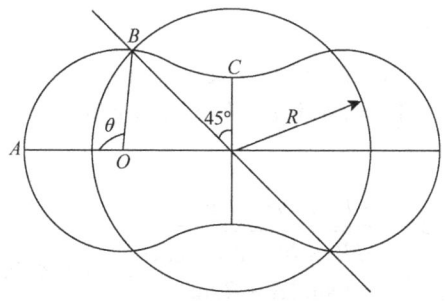

图 5.13　圆弧型转子型线

这里介绍两种基本的圆弧型转子型线,分别是齿顶为圆弧、齿根为包络线的圆弧-包络线型,以及齿顶为包络线、齿根为圆弧的包络线-圆弧型[10]。

1) 圆弧-包络线型

如图 5.14 所示,转子齿顶到转子中心的距离为 $R_m$,节圆半径为 $R$,齿顶圆弧圆心到转子中心的距离为 $b$,齿顶圆弧半径为 $r_n$,转子腰部宽为 $2a$。

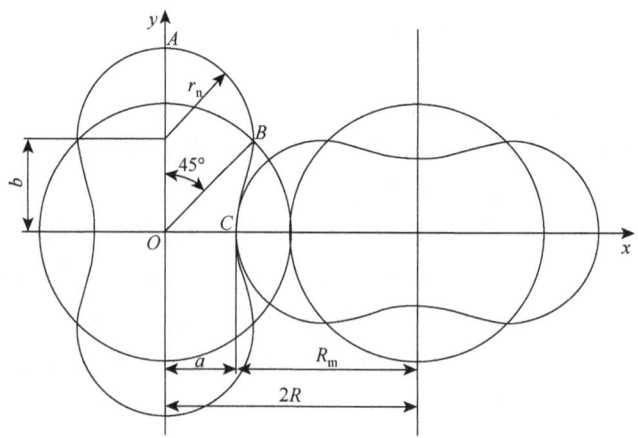

图 5.14 圆弧-包络线型转子型线

由几何关系和余弦定理可求得

$$b = \frac{R_m^2 - R^2}{2R_m - \sqrt{2}R} \tag{5.46}$$

$$r_n = R_m - b \tag{5.47}$$

$AB$ 段圆弧方程为

$$\begin{cases} x = (b - r_n \cos\alpha)\cos\phi + r_n \sin\alpha \sin\phi \\ y = (b - r_n \cos\alpha)\sin\phi - r_n \sin\alpha \cos\phi \end{cases} \tag{5.48}$$

式中,

$$\begin{cases} \phi = \dfrac{\pi}{2} \\ \arcsin\left(\dfrac{R}{r_n}\sin\dfrac{\phi}{2}\right) \leqslant \alpha \leqslant \pi \end{cases} \tag{5.49}$$

$BC$ 段包络线方程为

$$\begin{cases} x = 2R\cos\alpha - b\cos 2\alpha + r_n \cos\theta \\ y = 2R\sin\alpha - b\sin 2\alpha + r_n \sin\theta \end{cases} \tag{5.50}$$

式中,

$$\begin{cases} \cos\theta = \dfrac{b\cos 2\alpha - R\cos\alpha}{\sqrt{R^2 + b^2 - 2Rb\cos\alpha}} \\ \sin\theta = \dfrac{b\sin 2\alpha - R\sin\alpha}{\sqrt{R^2 + b^2 - 2Rb\cos\alpha}} \end{cases}, \quad 0 \leqslant \alpha \leqslant \dfrac{\phi}{2} \tag{5.51}$$

2）包络线-圆弧型

如图 5.15 所示，转子齿顶到转子中心的距离为 $R_m$，节圆半径为 $R$，齿顶圆弧圆心到转子中心的距离为 $b$，齿顶圆弧半径为 $r_n$，转子腰部宽为 $2a$。

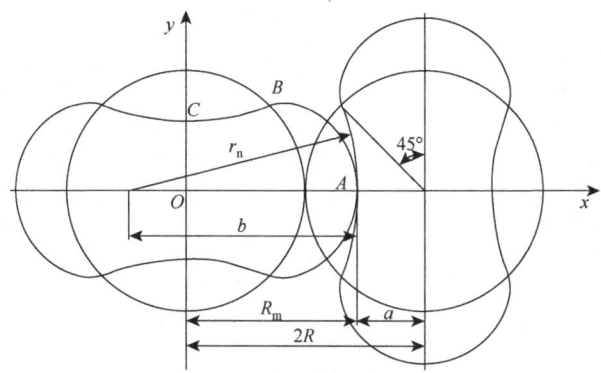

图 5.15 包络线-圆弧型转子型线

由几何关系和余弦定理可求得

$$b = \frac{R^2 - a^2}{\sqrt{2}R - 2a} \tag{5.52}$$

$$r_n = b - a \tag{5.53}$$

$BC$ 段圆弧方程为

$$\begin{cases} x = (b - r_n \cos\alpha)\cos\phi + r_n \sin\alpha \sin\phi \\ y = (b - r_n \cos\alpha)\sin\phi - r_n \sin\alpha \cos\phi \end{cases} \tag{5.54}$$

式中，

$$\begin{cases} \phi = \dfrac{\pi}{2} \\ 0 \leqslant \alpha \leqslant \arcsin\left(\dfrac{R}{r_n}\sin\dfrac{\phi}{2}\right) \end{cases} \tag{5.55}$$

$AB$ 段包络线方程为

$$\begin{cases} x = 2R\cos\alpha - b\cos 2\alpha + r_n \cos\theta \\ y = 2R\sin\alpha - b\sin 2\alpha + r_n \sin\theta \end{cases} \tag{5.56}$$

式中，

$$\begin{cases} \cos\theta = \dfrac{b\cos 2\alpha - R\cos\alpha}{\sqrt{R^2 + b^2 - 2Rb\cos\alpha}} \\ \sin\theta = \dfrac{b\sin 2\alpha - R\sin\alpha}{\sqrt{R^2 + b^2 - 2Rb\cos\alpha}} \end{cases}, \quad 0 \leqslant \alpha \leqslant \dfrac{\phi}{2} \tag{5.57}$$

2. 摆线型转子型线

1）内、外摆线型

如图 5.16（a）所示，半径为 $r$ 的动圆 $O_1$ 沿半径为 $R_b$ 的基圆 $O_b$ 外侧做纯滚动，与动

圆固连的一点 $M_1$ 以 $O_1M_1$ 为摆径从 $M_0$ 展开形成的轨迹称为外摆线，与之相对，半径为 $r$ 的动圆 $O_2$ 在基圆 $O_b$ 内侧以 $O_2M_2$ 为摆径从 $M_0$ 展开形成的轨迹称为内摆线[11]。

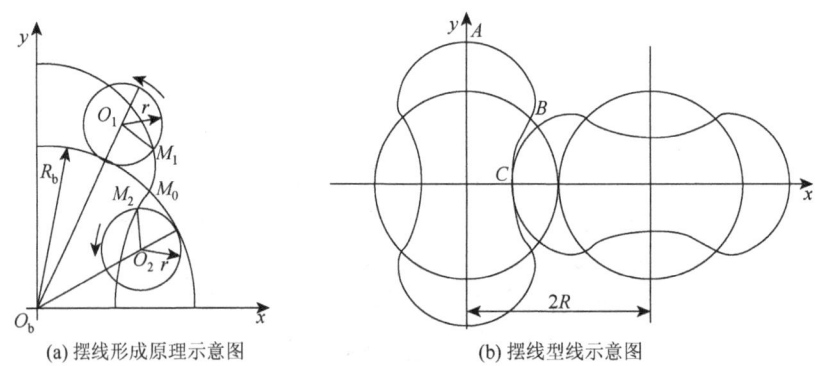

(a) 摆线形成原理示意图　　　　　(b) 摆线型线示意图

图 5.16　摆线型转子型线

如图 5.16（b）所示，摆线型转子由内、外两种摆线构成，其中齿顶为外摆线，齿根为内摆线，二者均以节圆为基圆，基圆半径 $R_b$ 与节圆半径 $R$ 相等，并具有相同的滚圆半径。

下面给出内、外摆线的型线方程。设 n 为外摆线上任意一点，c 为内摆线上的共轭点。$r$ 为动圆半径，$R$ 为节圆半径，$\theta$ 为滚角，则有

$$r = \frac{R}{2Z} \tag{5.58}$$

式中，$Z$ 为转子叶数。

齿顶外摆线方程为

$$\begin{cases} x = (R+r)\sin\theta + r\sin[(2Z+1)\theta] \\ y = (R+r)\cos\theta + r\cos[(2Z+1)\theta] \end{cases}, \quad 0 \leqslant \theta \leqslant \pi/2Z \tag{5.59}$$

由于内、外摆线互为共轭关系，可由外摆线方程求解内摆线方程：

$$\begin{bmatrix} x_c \\ y_c \end{bmatrix} = \begin{bmatrix} 2R\sin(\phi-\theta) - \cos(\phi-2\theta)x_n - \sin(\phi-2\theta)y_n \\ 2R\cos(\phi-\theta) + \sin(\phi-2\theta)x_n - \cos(\phi-2\theta)y_n \end{bmatrix} \tag{5.60}$$

式中，下标 c 表示内摆线方程坐标；下标 n 表示外摆线方程坐标；$\phi = \pi/Z$。

该种转子的理论形状系数 $\varepsilon$ 为

$$\varepsilon = 1 + 2\frac{r}{R} = \begin{cases} 1.50, & Z=2 \\ 1.33, & Z=3 \\ 1.25, & Z=4 \end{cases} \tag{5.61}$$

2）圆弧-摆线型

如图 5.17 所示，转子齿顶部分是半径为 $r_n$ 的圆弧，齿根部分是摆线。齿顶圆弧圆心到转子中心的距离为 $b$，转子节圆半径为 $R$，转子齿顶到转子中心距离为 $R_m$。下面给出型线方程[12]。

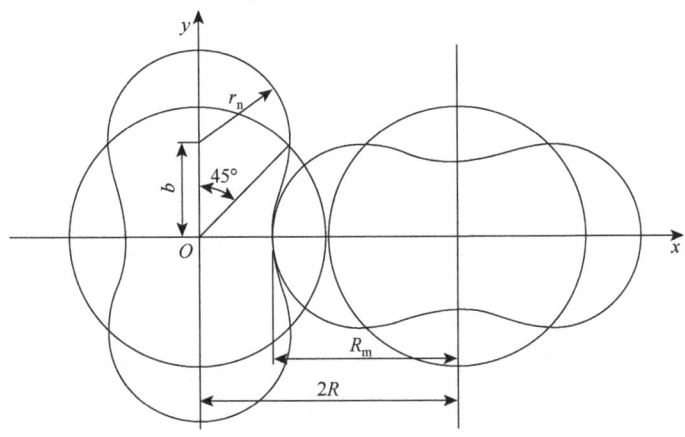

图 5.17 圆弧-摆线型转子型线

由几何关系和余弦定理可求得

$$\begin{cases} b = R_m - r_n \\ r = \dfrac{R_m^2 + R^2 - \sqrt{2} R R_m}{2R_m - \sqrt{2} R} \end{cases} \tag{5.62}$$

圆弧段方程为

$$\begin{cases} x = b\cos\alpha + r_n \cos\theta \\ y = b\sin\alpha + r_n \sin\theta \end{cases} \tag{5.63}$$

式中,

$$\begin{cases} \alpha = \dfrac{\pi}{2} \\ \dfrac{\pi}{4} \leqslant \theta \leqslant \dfrac{\pi}{2} \end{cases} \tag{5.64}$$

摆线段方程为

$$\begin{cases} x = -b\cos 2\phi + r_n \cos(\theta + 2\phi) + 2R\cos\phi \\ y = -b\sin 2\phi + r_n \sin(\theta + 2\phi) + 2R\sin\phi \end{cases} \tag{5.65}$$

式中,

$$\begin{cases} \phi = \pi - \arcsin\dfrac{b\sin\theta}{R} - \theta \\ 0 \leqslant \phi \leqslant \dfrac{\pi}{4} \end{cases} \tag{5.66}$$

3)内外圆弧-摆线型

如图 5.18 所示,转子节圆内的 $A_1B_1C_1$ 段和 $H_2D_2J_2$ 段为内圆弧,且圆心恰好位于节圆圆周上,内圆弧半径为 $r_m$。转子节圆外靠近齿顶的 $H_1D_1J_1$ 段为外圆弧,且圆心也位于节圆圆周上,半径和弧长与内圆弧均相同。

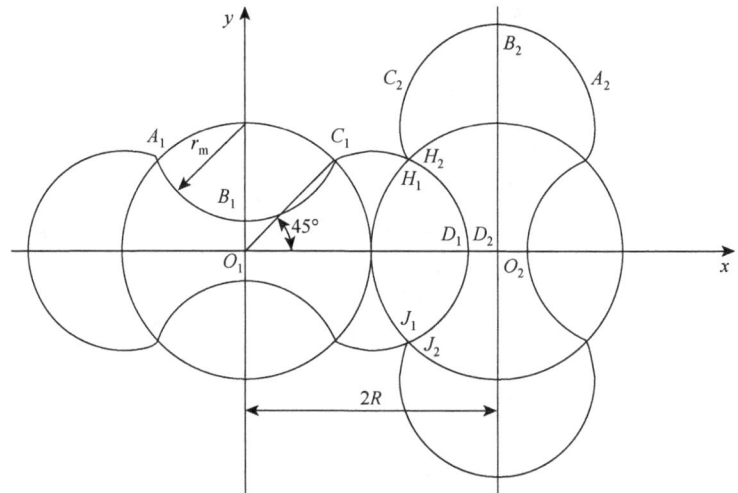

图 5.18 内外圆弧-摆线型转子型线

设节圆半径为 $R$，由几何关系可求得

$$r_m = 2R\sin\frac{\pi}{8} \tag{5.67}$$

此时圆弧的圆心和半径均已确定。

摆线段方程为

$$\begin{cases} x = 2R\cos\alpha + R\cos\left(2\alpha + \dfrac{3\pi}{4}\right) \\ y = 2R\sin\alpha + R\sin\left(2\alpha + \dfrac{3\pi}{4}\right) \end{cases}, \quad 0 \leqslant \alpha \leqslant \frac{\pi}{4} \tag{5.68}$$

3. 渐开线型转子型线

渐开线的形成原理如图 5.19（a）所示。当直线 $L$ 沿基圆 $O$ 做纯滚动时，$L$ 上一点 $B_1$ 形成的轨迹为渐开线，$L$ 为该渐开线的发生线。以圆心 $O$ 为原点建立直角坐标系 $xOy$，$Ox$ 轴通过渐开线的形成点 $A_1$。设 $L$ 与基圆的切点为 $C_1$，$\angle B_1OC_1$ 为渐开线在 $B_1$ 点的压力角。

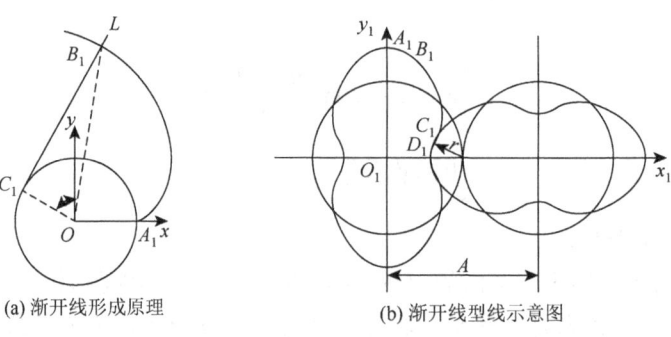

(a) 渐开线形成原理　　(b) 渐开线型线示意图

图 5.19 渐开线型转子型线

渐开线型转子的齿顶和齿根部均为圆弧,两圆弧间以渐开线连接。设转子的叶数为 $Z$,转子外径为 $D$,转子中心距为 $A$,下面介绍渐开线型转子型线方程的推导和计算[13]。

如图 5.20 所示,以 $O_1$、$O_2$ 为圆心,以 $A/2$ 为半径作两个相切于 $P$ 点的圆,此为节圆,$P$ 为节点。过节点 $P$ 作两节圆的公切线 $t$-$t$,再过 $P$ 点作与 $t$-$t$ 夹角为 $\alpha_t$ 的直线 $L$-$L$,该线为啮合点处的法线。其中,$\alpha_t$ 为节圆压力角,则有

$$\cos\alpha_t = \frac{2Z(D-A)}{\pi A} \tag{5.69}$$

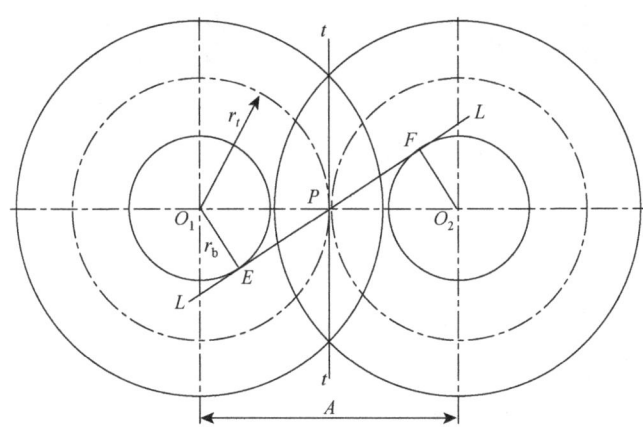

图 5.20 渐开线构成示意图

以 $O_1$、$O_2$ 为圆心作两个与 $L$-$L$ 相切的圆,切点分别为 $E$、$F$,此为基圆,设其半径为 $r_b$,则有

$$r_b = \frac{D}{\dfrac{2}{\cos\alpha_t} + \dfrac{\pi}{Z}} \tag{5.70}$$

标准渐开线方程为

$$\begin{cases} x = r_b\cos\phi + r_b\varphi\sin\phi \\ y = r_b\sin\phi - r_b\varphi\cos\phi \end{cases} \tag{5.71}$$

将标准渐开线转动一个角度 $\theta$,获得转子渐开线方程为

$$\begin{cases} x = r_b\cos(\phi-\theta) + r_b\varphi\sin(\phi-\theta) \\ y = r_b\sin(\phi-\theta) - r_b\varphi\cos(\phi-\theta) \end{cases}, \quad \theta_1 \leqslant \theta \leqslant \theta_2 \tag{5.72}$$

由于圆弧的圆心位于节圆上,且半径确定,故不再赘述圆弧方程。

4. 转子型线的设计计算

以圆弧-摆线型和内外圆弧-外摆线型转子型线为例,进行设计计算[1]。这两种型线的尺寸关系如图 5.21 所示。

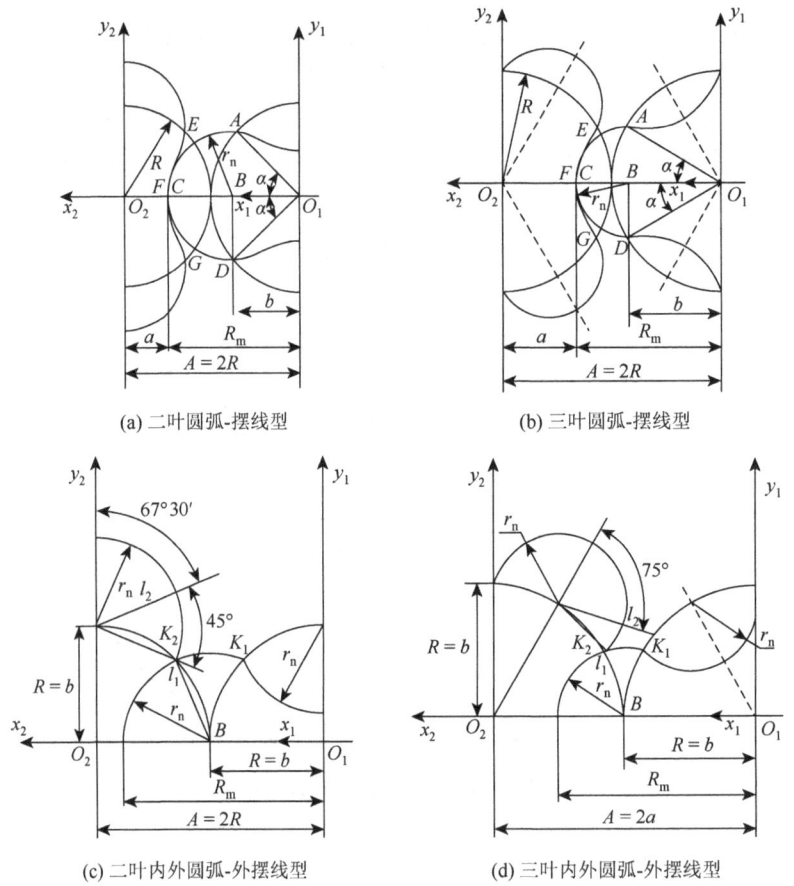

(a) 二叶圆弧-摆线型　　(b) 三叶圆弧-摆线型

(c) 二叶内外圆弧-外摆线型　　(d) 三叶内外圆弧-外摆线型

图 5.21　两种转子型线的尺寸关系

对于 $Z=2$ 的转子：

$$\begin{cases} \alpha = \dfrac{\pi}{2Z} = 45° \\ r_n = R_m - b \\ 2a = 2R - r_n \\ b = \dfrac{R_m^2 - R^2}{2R_m - R\sqrt{2}} \end{cases} \quad (5.73)$$

对于 $Z=3$ 的转子：

$$\begin{cases} \alpha = \dfrac{\pi}{2Z} = 30° \\ r_n = R_m - b \\ 2a = 2R - r_n \\ b = \dfrac{R_m^2 - R^2}{2R_m - R\sqrt{3}} \end{cases} \quad (5.74)$$

式中，$Z$ 为转子叶数；$r_n$ 为齿顶圆弧半径；$R_m$ 为转子齿顶到转子中心的距离；$2a$ 为转子腰部宽度；$R$ 为节圆半径；$b$ 为齿顶圆弧中心到转子中心的距离。

对圆弧-摆线型线来说，转子的头部由半径为 $r_n$、中心为 $B$ 的圆构成，如图 5.21（a）、（b）所示。齿顶圆弧中心 $B$ 与转子中心 $O_1$ 的距离 $b \leqslant 0.9288R$（二叶）；$b \leqslant 0.9670R$（三叶）。

对内外圆弧-外摆线型线来说，转子头部由半径为 $r_n$ 的圆构成，如图 5.21（c）、（d）所示，齿顶圆弧中心 $B$ 与转子中心 $O_1$ 的距离 $b > 0.9288R$（二叶）；$b > 0.9670R$（三叶）。外摆线 $K_1l_1$ 部分由 $K_2$ 点画出，用中心为 $O_2$、半径为 $R$ 的圆在中心为 $O_1$、半径为 $R$ 的圆上无滑动地滚动形成。

圆弧-摆线型线的尺寸关系，对于二叶转子：

$$\begin{cases} b/R = 0.5 \sim 0.9288 \\ R_m/R = 1.2368 \sim 1.6698 \\ 2a/R = 0.7632 \sim 0.3302 \end{cases} \tag{5.75}$$

对于三叶转子：

$$\begin{cases} b/R = 0.5 \sim 0.9670 \\ R_m/R = 1.1196 \sim 1.4770 \\ 2a/R = 0.8804 \sim 0.5230 \end{cases} \tag{5.76}$$

在这种型线比例下，可绘出平滑的凹凸曲线，而无折点和回线发生。

一般选择大的 $b/R$ 和 $R_m/R$ 比值，小的 $2a/R$ 比值，以使转子的端面积 $A_0$ 较小，使转子的断面系数 $k_0$ 值较大。$k_0$ 是评价型线质量的系数，定义为

$$k_0 = 1 - \frac{A_0}{\pi R_m^2} \tag{5.77}$$

当 $k_0$ 值越大，在给定的工作条件下和一定的抽速时，罗茨真空泵的质量越高、尺寸越小。但是，$k_0$ 值太大时，转子的强度会降低，因此确定转子型线时，要进行强度计算。

转子型线的绘制方法如下。给出动坐标系 $x_1O_1y_1$ 和 $x_2O_2y_2$（图 5.22）。坐标系 $x_1O_1y_1$ 固定在第一个转子上，它的中心 $O_1$ 与转子轴心重合，坐标转角与转子转角重合。坐标系 $x_2O_2y_2$ 固定在共轭转子上，它的中心 $O_2$ 与共轭转子轴心重合。两个转子的转角相等。因为转子以同样的角速度旋转。两坐标系中心 $O_1$、$O_2$ 的距离等于两转子间的中心距 $A = 2R$。

两坐标系 $x_1O_1y_1$ 和 $x_2O_2y_2$ 的关系如下：

$$\begin{cases} x_2 = -A\cos\varphi + x_1\cos 2\varphi + y_1\sin 2\varphi \\ y_2 = -A\sin\varphi - x_1\sin 2\varphi + y_1\cos 2\varphi \end{cases} \tag{5.78}$$

在动坐标系 $x_1O_1y_1$ 上，第一个转子头的圆弧的方程式为

$$\begin{cases} x_1 = b + r_n\cos\psi \\ y_1 = -r_n\sin\psi \end{cases} \tag{5.79}$$

式中，$\psi$ 为型线参数，选取型线接点处共轭曲线的公法线与 $O_1x_1$ 轴（正向）的夹角。

另一型线共轭部分，在动坐标系 $x_2O_2y_2$ 上，做包络线，由 $x_1O_1y_1$ 坐标系的式（5.79）写到动坐标系 $x_2O_2y_2$

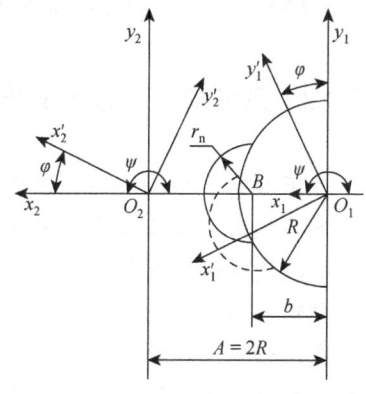

图 5.22 转子坐标系示意图

上，即

$$\begin{cases} x_2 = -A\cos\varphi + (b + r_n\cos\psi)\cos 2\varphi + (-r_n\sin\psi)\sin 2\varphi \\ y_2 = -A\sin\varphi - (b + r_n\cos\psi)\sin 2\varphi + (-r_n\sin\psi)\cos 2\varphi \end{cases} \quad (5.80)$$

打开括号合并同类项，得

$$\begin{cases} x_2 = -A\cos\varphi + b\cos 2\varphi + r_n\cos(\psi + 2\varphi) \\ y_2 = A\sin\varphi - b\sin 2\varphi - r_n\sin(\psi + 2\varphi) \end{cases} \quad (5.81)$$

代入式（5.82），最终可以找到 $\varphi$ 与 $\psi$ 的关系：

$$\frac{\delta(x_2, y_2)}{\delta(\varphi, \psi)} = 0 \quad (5.82)$$

$$R\sin\varphi\cos\psi - (b - R\cos\varphi)\sin\psi = 0 \quad (5.83)$$

任意给出 $\varphi$ 角，即可由式（5.83）得出 $\psi$ 角，再按式（5.82）可确定型线的共轭部分在 $x_2O_2y_2$ 坐标系上的坐标值。因为罗茨真空泵两个转子的型线相同，求得转子头部的共轭部分，以及转子头部圆弧的半径 $r_n$，也就得到了整个转子的型线。

内外圆弧-外摆线型线的计算与上述方法类似。对于二叶转子，$b/R > 0.9288$，$R_m/R > 1.6698$，$2a/R < 0.3302$，对于三叶转子，$b/R > 0.9670$，$R_m/R > 1.4770$，$2a/R < 0.5230$。

上述这些比值得到的 $k_0$ 值较大，即比圆弧-摆线型的 $k_0$ 值大。在同样抽速条件下，内外圆弧-外摆线型转子的尺寸和质量要比圆弧-摆线型转子的小一些，但转子腰部宽度较小，转子的强度不如圆弧-摆线型转子好，只有在强度足够的条件下，内外圆弧-外摆线型转子才能应用。

在型线设计时要求转子之间、转子与泵腔之间和转子与端盖之间必须有间隙，以补偿真空泵制造和装配的不精确，中心距发生变化，真空泵工作时零部件受热膨胀以及作用力引起零部件的变形等。

转子间的间隙为 $\delta_1$，转子与泵壳间的间隙 $\delta_2$。为了避免转子卡住，要缩短转子型线的尺寸，形成缩短 $\delta_1/2$ 的等距型线，即在转子型线的法线方向上缩短 $\delta_1/2$。头部的法向方向用半径为 $r_n' = r_n - 0.5\delta_1$ 的圆来绘制，腰部共轭部分的尺寸采用式（5.82）的值，以 $r_n + 0.5\delta_1$ 代入式中的 $r_n$，而式（5.83）保持不变。

## 5.3.2 爪型转子型线及其方程

爪型转子型线的设计理念与罗茨转子型线基本相同，要求一对转子型线符合基本的啮合原理，保证较大的容积利用系数，维持转子强度与良好的动平衡。目前爪型转子型线从爪的数量上可以分为单爪式和双爪式两类，其中单爪式包括比较常见的六段曲爪型转子型线和七段直爪型转子型线；双爪式主要包括非对称异形爪型转子型线[14]。组成爪型转子型线的曲线主要包括圆弧、摆线、直线、直线的包络线、圆弧的包络线等。相对于罗茨转子型线，爪型转子型线更加复杂，常存在点与曲线啮合的方式，容易引起泄漏。

1. 曲爪型转子型线

图 5.23 为六段式曲爪型转子的理论型线，其为 $A_1B_1C_1D_1E_1F_1G_1H_1A_1$ 组成的轮廓，由六段曲线构成，即三段摆线和三段圆弧，具体情况如表 5.1 所示[14]。

图 5.23 中圆弧 $G_1H_1A_1$ 的半径为节圆半径 $R$，圆弧 $E_1F_1$ 的半径为齿顶圆半径 $R_m$，圆弧 $B_1C_1$ 的半径为基圆半径 $R_b$。$A_1B_1$ 为一段摆线，称为爪腰摆线；$C_1D_1E_1$ 为一段摆线，称为爪尖摆线；$F_1G_1$ 也是一段摆线，称为爪背摆线，它们都与共轭转子上的点相啮合。

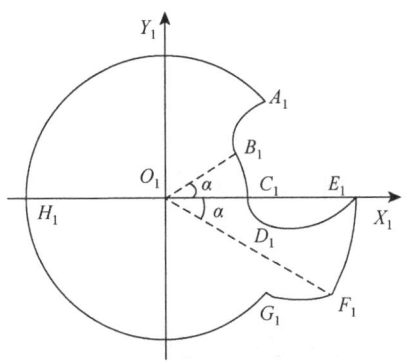

图 5.23 六段式曲爪型转子的理论型线

由于圆弧 $B_1C_1$ 与另一转子上的圆弧 $E_2F_2$ 共轭，而且两转子转速相等，因此圆弧 $B_1C_1$ 与圆弧 $E_2F_2$ 的圆心角相等，设两圆弧的圆心角均为 $\alpha$。两圆弧半径与节圆半径的关系为

$$R_m + R_b = 2R \tag{5.84}$$

令形状系数 $c = R_m/R$，则有

$$R_b = (2-c)R \tag{5.85}$$

**表 5.1 六段式曲爪型转子的理论型线组成**

| 转子 1 | | 转子 2 | |
| --- | --- | --- | --- |
| 爪曲线 | 曲线性质 | 爪曲线 | 曲线性质 |
| $A_1B_1$ | 摆线 | $F_2$ | 点 |
| $B_1C_1$ | 圆弧 | $E_2F_2$ | 圆弧 |
| $C_1D_1E_1$ | 摆线 | $E_2$ | 点 |
| $E_1F_1$ | 圆弧 | $B_2C_2$ | 圆弧 |
| $F_1G_1$ | 摆线 | $A_2$ | 点 |
| $G_1H_1A_1$ | 圆弧 | $A_2H_2G_2$ | 圆弧 |

根据型线示意图，可对点坐标与曲线方程进行求解。

点 $F_1$ 坐标如下：

$$\begin{cases} x_1 = R_m \cos\alpha \\ y_1 = -R_m \sin\alpha \end{cases} \tag{5.86}$$

点 $E_1$ 坐标如下：

$$\begin{cases} x_1 = R_m \\ y_1 = 0 \end{cases} \tag{5.87}$$

点 $A_1$ 坐标如下：

$$\begin{cases} x_1 = R\cos\theta_A \\ y_1 = R\sin\theta_A \end{cases} \quad (5.88)$$

圆弧 $B_1C_1$ 方程如下：

$$\begin{cases} x_1 = R_b \cos\theta \\ y_1 = R_b \sin\theta \end{cases}, \quad \theta_C \leqslant \theta \leqslant \theta_B \quad (5.89)$$

圆弧 $E_1F_1$ 方程如下：

$$\begin{cases} x_1 = R_m \cos\theta \\ y_1 = R_m \sin\theta \end{cases}, \quad \theta_F \leqslant \theta \leqslant \theta_E \quad (5.90)$$

圆弧 $G_1H_1A_1$ 方程如下：

$$\begin{cases} x_1 = R\cos\theta \\ y_1 = R\sin\theta \end{cases}, \quad \theta_A \leqslant \theta \leqslant \theta_G \quad (5.91)$$

式中，$\theta$ 为 $x$ 轴正方向到某点的角度，且逆时针为正，顺时针为负；$\theta_A$、$\theta_B$ 等为 $x$ 轴正方向到下标对应点 $A_1$、$B_1$ 等的角度。

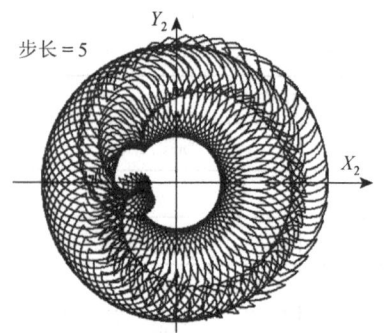

图 5.24 六段式曲爪型转子的模拟创成示意图

通过计算机模拟创成构成转子 1 的型线簇，得到转子 2 的轮廓，如图 5.24 所示[15]。

与已知点或圆弧共轭的曲线方程如下。

与点 $F_1$ 共轭的摆线 $A_2B_2$，由于两转子转速相等，传动比 $i=1$，中心距 $A=2R$，整理得

$$\begin{cases} x_2 = 2R\cos\varphi_1 - R_m\cos(2\varphi_1 - \alpha) \\ y_2 = 2R\sin\varphi_1 - R_m\sin(2\varphi_1 - \alpha) \end{cases} \quad (5.92)$$

摆线 $A_2B_2$ 的边界可由下式确定：

$$R_b^2 \leqslant x_2^2 + y_2^2 \leqslant R^2 \quad (5.93)$$

将式（5.92）代入式（5.93），化简整理可得

$$\alpha \leqslant \varphi_1 \leqslant \alpha + \arccos\frac{3+c^2}{4c} \quad (5.94)$$

与点 $E_1$ 共轭的摆线 $C_2D_2E_2$，整理得

$$\begin{cases} x_2 = 2R\cos\varphi_1 - R_m\cos 2\varphi_1 \\ y_2 = 2R\sin\varphi_1 - R_m\sin 2\varphi_1 \end{cases} \quad (5.95)$$

摆线 $C_2D_2E_2$ 的边界可由式（5.96）确定：

$$R_b^2 \leqslant x_2^2 + y_2^2 \leqslant R_m^2 \quad (5.96)$$

将式（5.95）代入式（5.96），化简整理可得

$$0 \leqslant \varphi_1 \leqslant \arccos \frac{1}{c} \tag{5.97}$$

与点 $A_1$ 共轭的摆线 $F_2G_2$，整理得

$$\begin{cases} x_2 = 2R\cos\varphi_1 - R\cos(2\varphi_1 + \theta_A) \\ y_2 = 2R\sin\varphi_1 - R\sin(2\varphi_1 + \theta_A) \end{cases} \tag{5.98}$$

摆线 $F_2G_2$ 的边界可由式（5.99）确定：

$$R^2 \leqslant x_2^2 + y_2^2 \leqslant R_m^2 \tag{5.99}$$

将式（5.98）代入式（5.99），化简整理可得

$$-\theta_A \leqslant \varphi_1 \leqslant -\theta_A + \arccos \frac{5-c^2}{4} \tag{5.100}$$

与圆弧 $B_1C_1$ 共轭的曲线 $E_2F_2$，其中 $r = R_b$，整理得

$$\begin{cases} x_2 = 2R\cos\varphi_1 + R_b \cos(2\varphi_1 + \theta) \\ y_2 = 2R\sin\varphi_1 + R_b \sin(2\varphi_1 + \theta) \\ 2R\sin(\theta + \varphi_1) = 0 \\ \theta_C \leqslant \theta \leqslant \theta_B \end{cases} \tag{5.101}$$

可以进一步整理为

$$\begin{cases} x_2 = R_m \cos\varphi_1 \\ y_2 = R_m \sin\varphi_1 \\ \pi - \theta_B \leqslant \theta \leqslant \pi - \theta_C \end{cases} \tag{5.102}$$

与圆弧 $E_1F_1$ 共轭的曲线 $B_2C_2$，其中 $r = R_m$，整理得

$$\begin{cases} x_2 = 2R\cos\varphi_1 + R_m \cos(2\varphi_1 + \theta) \\ y_2 = 2R\sin\varphi_1 + R_m \sin(2\varphi_1 + \theta) \\ 2R\sin(\theta + \varphi_1) = 0 \\ \theta_F \leqslant \theta \leqslant \theta_E \end{cases} \tag{5.103}$$

可以进一步整理为

$$\begin{cases} x_2 = R_b \cos\varphi_1 \\ y_2 = R_b \sin\varphi_1 \\ \pi - \theta_E \leqslant \theta \leqslant \pi - \theta_F \end{cases} \tag{5.104}$$

与圆弧 $G_1H_1A_1$ 共轭的曲线 $A_2H_2G_2$，其中 $r = R$，整理得

$$\begin{cases} x_2 = 2R\cos\varphi_1 + R\cos(2\varphi_1 + \theta) \\ y_2 = 2R\sin\varphi_1 + R\sin(2\varphi_1 + \theta) \\ 2R\sin(\theta + \varphi_1) = 0 \\ \theta_A \leqslant \theta \leqslant \theta_G \end{cases} \tag{5.105}$$

可以进一步整理为

$$\begin{cases} x_2 = R\cos\varphi_1 \\ y_2 = R\sin\varphi_1 \\ \pi - \theta_G \leqslant \theta \leqslant \pi - \theta_A \end{cases} \quad (5.106)$$

至此,六段式曲爪型转子的理论型线全部求出。两转子型线完全相同,由此可知,这是一种对称型爪型转子型线。在爪型转子型线上,$A_1B_1C_1D_1E_1F_1G_1$ 段称为一个特征爪曲线,它可以周期性地均匀分布在圆周上,构成多爪式曲爪型转子型线,如可以为单爪式,也可以为双爪式、三爪式、四爪式。它们的特征爪曲线均相同,爪与爪之间靠圆弧连接[15]。

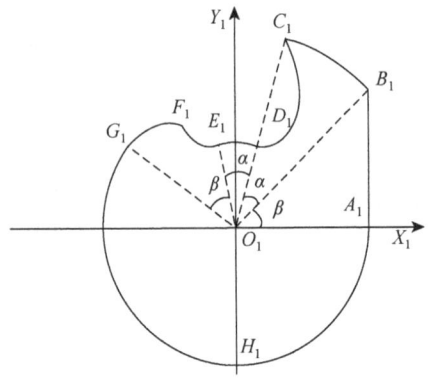

图 5.25 七段式直爪型转子的理论型线所示[14]。

**2. 直爪型转子型线**

图 5.25 为七段式直爪型转子的理论型线 $A_1B_1C_1D_1E_1F_1G_1H_1A_1$ 的轮廓,它共由七段曲线构成,即三段圆弧、两段摆线、一段直线和一段直线包络线。

图 5.25 中,圆弧 $G_1H_1A_1$ 的半径为节圆半径 $R$,圆弧 $B_1C_1$ 的半径为齿顶圆半径 $R_m$,圆弧 $D_1E_1$ 的半径为基圆半径 $R_b$。$A_1B_1$ 为一段直线;$C_1D_1$ 是一段摆线;$E_1F_1$ 也是一段摆线;$F_1G_1$ 为一段直线包络线。七段式直爪型转子的理论型线组成如表 5.2 所示。

表 5.2 七段式直爪型转子的理论型线组成

| 转子1 | | 转子2 | |
| --- | --- | --- | --- |
| 爪曲线 | 曲线性质 | 爪曲线 | 曲线性质 |
| $A_1B_1$ | 直线 | $F_2G_2$ | 直线包络线 |
| $B_1C_1$ | 圆弧 | $D_2E_2$ | 圆弧 |
| $C_1D_1$ | 摆线 | $C_2$ | 点 |
| $D_1E_1$ | 圆弧 | $B_2C_2$ | 圆弧 |
| $E_1F_1$ | 摆线 | $B_2$ | 点 |
| $F_1G_1$ | 直线包络线 | $A_2B_2$ | 直线 |
| $G_1H_1A_1$ | 圆弧 | $A_2H_2G_2$ | 圆弧 |

由于圆弧 $B_1C_1$ 与另一转子上的圆弧 $D_2E_2$ 共轭,而且两转子转速相等,因此圆弧 $B_1C_1$ 与圆弧 $D_2E_2$ 的圆心角相等,设两圆弧的圆心角均为 $\alpha$。两圆弧半径与节圆半径的关系为

$$R_m + R_b = 2R \quad (5.107)$$

令形状系数 $c = R_m/R$，则有

$$R_m = cR \tag{5.108}$$
$$R_b = (2-c)R \tag{5.109}$$

根据型线示意图，可对点坐标与曲线方程进行求解。

点 $A_1$ 坐标如下：

$$\begin{cases} x_1 = R \\ y_1 = 0 \end{cases} \tag{5.110}$$

点 $B_1$ 坐标如下：

$$\begin{cases} x_1 = R \\ y_1 = \sqrt{R_m^2 - R^2} \end{cases} \tag{5.111}$$

点 $C_1$ 坐标如下：

$$\begin{cases} x_1 = R_m \cos(\alpha + \beta) \\ y_1 = R_m \sin(\alpha + \beta) \end{cases} \tag{5.112}$$

直线 $A_1B_1$ 方程如下：

$$\begin{cases} x_1 = R \\ y_1 = \theta R \end{cases}, \quad 0 \leqslant \theta \leqslant \sqrt{c^2 - 1^2} \tag{5.113}$$

直线 $A_1B_1$ 的展开角为

$$\beta = \arctan\sqrt{c^2 - 1} \tag{5.114}$$

圆弧 $B_1C_1$ 方程如下：

$$\begin{cases} x_1 = R_m \cos\theta \\ y_1 = R_m \sin\theta \end{cases}, \quad \theta_B \leqslant \theta \leqslant \theta_C \tag{5.115}$$

式中，$\theta_B = \beta$；$\theta_C = \alpha + \beta$。

圆弧 $D_1E_1$ 方程如下：

$$\begin{cases} x_1 = R_b \cos\theta \\ y_1 = R_b \sin\theta \end{cases}, \quad \theta_D \leqslant \theta \leqslant \theta_E \tag{5.116}$$

式中，$\theta_D = \alpha + \beta$；$\theta_E = 2\alpha + \beta$。

圆弧 $G_1H_1A_1$ 方程如下：

$$\begin{cases} x_1 = R\cos\theta \\ y_1 = R\sin\theta \end{cases}, \quad \theta_G \leqslant \theta \leqslant \theta_A \tag{5.117}$$

式中，$\theta_G = 2(\alpha + \beta)$；$\theta_A = 2\pi$。

通过计算机模拟创成构成转子1做行星运动的型线簇，得到转子2的轮廓，如图5.26所示，外围为转子1的型线簇，内部形成转子2的轮廓。接下来，由啮合原理，可以求出转子2上与转子1上各段已知曲线共轭的曲线方程[15]。

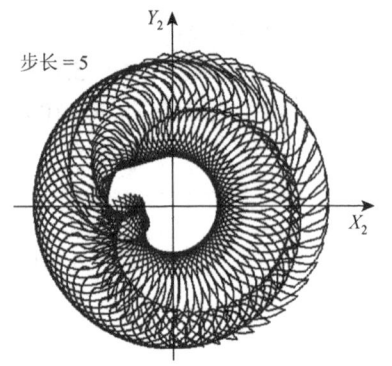

图 5.26 七段式直爪型转子的模拟创成示意图

与直线 $A_1B_1$ 共轭的曲线 $F_2G_2$，由于两转子转速相等，传动比 $i=1$，中心距 $A=2R$，整理得

$$\begin{cases} x_2 = R\cos 2\varphi_1 + 2R\cos\varphi_1 - R\sin\varphi_1 \sin 2\varphi_1 \\ y_2 = R\sin 2\varphi_1 + 2R\sin\varphi_1 + R\sin\varphi_1 \cos 2\varphi_1 \\ \pi - \left(\arcsin\sqrt{c^2-1}\right)/2 \leqslant \varphi_1 \leqslant \pi \end{cases} \quad (5.118)$$

由此可得

$$\varphi_{1F} = \pi - \frac{\arcsin\sqrt{c^2-1}}{2} \quad (5.119)$$

令 $O_2F_2 = R_F$，则有

$$R_F = \sqrt{x_2^2\varphi_{1F} + y_2^2\varphi_{1F}} \quad (5.120)$$

进一步可得

$$R_F = \left(2 + 4\cos\varphi_{1F} + 3\cos^2\varphi_{1F}\right)R \quad (5.121)$$

与点 $C_1$ 共轭的摆线 $C_2D_2$，整理得

$$\begin{cases} x_2 = -2R\cos\varphi_1 + R_m\cos 2\varphi_1 \\ y_2 = -2R\sin\varphi_1 + R_m\sin 2\varphi_1 \end{cases} \quad (5.122)$$

摆线 $C_2D_2$ 的边界可由式（5.123）确定：

$$R_b^2 \leqslant x_2^2 + y_2^2 \leqslant R_m^2 \quad (5.123)$$

将式（5.122）代入式（5.123），化简整理可得

$$0 \leqslant \varphi_1 \leqslant \arccos\frac{1}{c} \quad (5.124)$$

与点 $B_1$ 共轭的摆线 $E_2F_2$，整理得

$$\begin{cases} x_2 = 2R\cos\varphi_1 + R_m\cos(2\varphi_1 + \beta) \\ y_2 = 2R\sin\varphi_1 + R_m\sin(2\varphi_1 + \beta) \end{cases} \quad (5.125)$$

摆线 $E_2F_2$ 的边界可由式（5.126）确定：

$$R_b^2 \leqslant x_2^2 + y_2^2 \leqslant R_F^2 \quad (5.126)$$

将式（5.121）、式（5.125）代入式（5.126），化简整理可得

$$\pi + \alpha - \arccos\frac{c^2 + 2 - 4\cos\varphi_{1F} - 3\cos^2\varphi_{1F}}{4c} \leqslant \varphi_1 \leqslant \pi + \alpha \quad (5.127)$$

与圆弧 $B_1C_1$ 共轭的圆弧 $D_2E_2$ 因与圆弧 $D_1E_1$ 形状完全相同，故可通过坐标旋转求得。两转子相位差为

$$\varphi_{12} = 2(\alpha + \beta) + \pi \quad (5.128)$$

则圆弧 $D_2E_2$ 可由圆弧 $D_1E_1$ 顺时针旋转 $\varphi_{12}$ 获得。

与圆弧 $D_1E_1$ 共轭的圆弧 $B_2C_2$ 因与圆弧 $B_1C_1$ 形状完全相同，故可由圆弧 $B_1C_1$ 顺时针旋转 $\varphi_{12}$ 获得。

与直线包络线 $F_1G_1$ 共轭的直线 $A_2B_2$ 因与直线 $A_1B_1$ 形状完全相同,故可由直线 $A_1B_1$ 顺时针旋转 $\varphi_{12}$ 获得。

与圆弧 $G_1H_1A_1$ 共轭的曲线 $A_2H_2G_2$ 因与圆弧 $G_1H_1A_1$ 形状完全相同,故可由圆弧 $G_1H_1A_1$ 顺时针旋转 $\varphi_{12}$ 获得。

至此,七段式直爪型转子的理论型线全部求出。两转子型线完全相同,由此可知,这也是一种对称爪型转子型线。

3. 奇异双爪型转子型线

奇异双爪型转子型线是一种比较特殊的新式爪型转子型线,两啮合转子的理论型线不同,且具有两个特征爪曲线。其组成情况如表 5.3 所示[15]。

表 5.3 奇异双爪型转子的理论型线组成

| 转子 1 | | 转子 2 | |
| --- | --- | --- | --- |
| 爪曲线 | 曲线性质 | 爪曲线 | 曲线性质 |
| $A_1B_1$ | 摆线 | $A_2$ | 点 |
| $B_1$ | 点 | $A_2B_2$ | 摆线 |
| $B_1C_1$ | 圆弧 | $B_2C_2$ | 圆弧包络线 |
| $C_1D_1$ | 直线 | $C_2D_2$ | 直线包络线 |
| $D_1E_1$ | 圆弧 | $D_2E_2$ | 圆弧包络线 |
| $E_1F_1$ | 圆弧 | $E_2F_2$ | 圆弧包络线 |
| $F_1G_1$ | 圆弧 | $F_2G_2$ | 圆弧包络线 |
| $G_1H_1$ | 圆弧 | $G_2H_2$ | 圆弧包络线 |

从简单的转子 1 入手,通过计算机模拟创成法和啮合原理计算出转子 2 的理论型线。如图 5.27 所示,转子 1 的理论型线为 $A_1B_1C_1D_1E_1F_1G_1H_1A_1$ 组成的轮廓,它由七段曲线构成,即一段直线、一段摆线和五段圆弧。

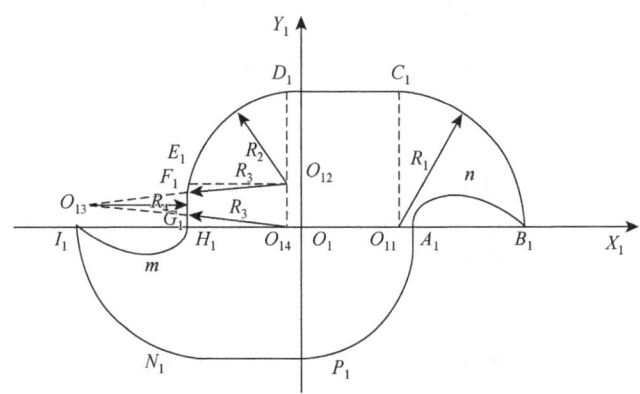

图 5.27 非对称奇异双爪型转子 1 的理论型线

对于转子 1，给出节圆半径 $R$、形状系数 $c$、爪顶形状系数 $c_1$、爪背形状系数 $c_2$ 和爪底形状系数 $c_3$，就可以求出转子 1 各段型线的方程。$c$、$c_1$、$c_2$、$c_3$ 分别为爪顶圆半径 $R_m$、爪顶弧半径 $R_1$、爪背弧半径 $R_2$、爪底弧半径 $R_3$ 与节圆半径 $R$ 的比值。$c_1$、$c_2$、$c_3$ 均与 $c$ 相关。经过优化计算，可以取 $c_1 = 1.5c - 1.6$，$c_2 = 1.75 - c$，$c_3 = 4.0 - 2c$。

$A_1B_1$ 同转子 2 上的 $A_2$ 点共轭，故其方程为

$$\begin{cases} x_1 = 2R\cos\theta - R_m \cos 2\theta \\ y_1 = -2R\sin\theta + R_m \sin 2\theta \end{cases}, \quad 0 \leqslant \theta \leqslant \arccos(1/2) \tag{5.129}$$

式中，$R_m = cR$。

$B_1$ 点同转子 2 上的摆线 $A_2B_2$ 共轭，其坐标为 $(2R - R_m, 0)$。

$B_1C_1$ 为圆心在 $(R_m - R_1, 0)$、半径为 $R_1$ 的一段圆弧，其方程为

$$\begin{cases} x_1 = R_m - R_1 + R_1 \cos\theta \\ y_1 = R_1 \sin\theta \end{cases} \tag{5.130}$$

式中，$R_1 = c_1 R$；$0 \leqslant \theta \leqslant \pi/2$。

$D_1E_1$ 为圆心在 $(R_2 - R_b, R_1 - R_2)$、半径为 $R_2$ 的一段圆弧，其方程为

$$\begin{cases} x_1 = R_2 - R_b + R_2 \cos\theta \\ y_1 = R_1 - R_2 + R_2 \sin\theta \end{cases}, \quad \frac{1}{2}\pi \leqslant \theta \leqslant \pi \tag{5.131}$$

式中，$R_2 = c_2 R$。

$E_1F_1$、$F_1G_1$、$G_1H_1$ 是三段依次外接的圆弧，其方程分别如下。

$E_1F_1$ 为圆心在 $(R_3 - R_b, R_1 - R_2)$、半径为 $R_3$ 的一段圆弧，其方程为

$$\begin{cases} x_1 = R_3 - R_b - R_3 \cos\theta \\ y_1 = R_1 - R_2 - R_3 \sin\theta \end{cases} \tag{5.132}$$

而且，

$$0 \leqslant \theta \leqslant \arctan\frac{c_1 - c_2}{4c_3} \tag{5.133}$$

式中，$R_3 = c_3 R$。

$F_1G_1$ 为圆心在 $(-R_3 - R_b, (R_1 - R_2)/2)$、半径为 $R_4$ 的一段圆弧，其方程为

$$\begin{cases} x_1 = -R_3 - R_b + R_4 \cos\theta \\ y_1 = \dfrac{1}{2}(R_1 - R_2) + R_4 \sin\theta \end{cases} \tag{5.134}$$

式中，

$$-\arctan\frac{c_1 - c_2}{4c_3} \leqslant \theta \leqslant \arctan\frac{c_1 - c_2}{4c_3} \tag{5.135}$$

$R_4$ 为爪底过渡圆弧半径，表示为

$$R_4 = \left[ \frac{2}{\cos\left(\arctan\dfrac{c_1 - c_2}{4c_3}\right)} - 1 \right] c_3 R \tag{5.136}$$

$G_1H_1$ 为圆心在 $(R_3 - R_b, 0)$、半径为 $R_3$ 的一段圆弧，其方程为

$$\begin{cases} x_1 = R_3 - R_b + R_3\cos\theta \\ y_1 = -R_3\sin\theta \end{cases} \quad (5.137)$$

而且，

$$-\arctan\frac{c_1 - c_2}{4c_3} \leqslant \theta \leqslant 0 \quad (5.138)$$

通过计算机模拟创成构成转子 1 的型线簇，得到转子 2 的轮廓，如图 5.28 所示。

根据啮合原理，通过坐标变换和包络条件，可以求出转子 2 的各段型线方程，如图 5.29 所示。

$A_2$ 点同转子 1 上的摆线 $A_1B_1$ 共轭，其坐标为 $(R_m, 0)$。

$A_2B_2$ 同转子 1 上的 $B_1$ 点共轭，故其方程为

$$\begin{cases} x_2 = 2R\cos\theta - R_m\cos 2\theta \\ y_2 = -2R\sin\theta + R_m\sin 2\theta \\ 0 \leqslant \theta \leqslant \arccos(1/c) \end{cases} \quad (5.139)$$

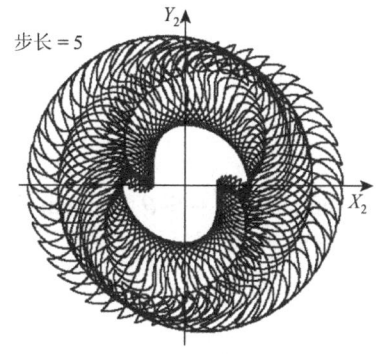

图 5.28 非对称奇异双爪型转子的模拟创成示意图

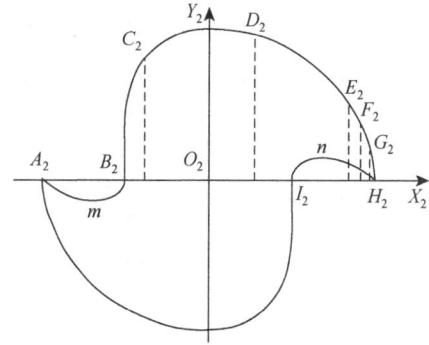

图 5.29 非对称奇异双爪型转子 2 的理论型线

$B_2C_2$ 为转子 1 上 $B_1C_1$ 对应的圆弧包络线，其方程为

$$\begin{cases} x_2 = (R_m - R_1)\cos 2\varphi + R_1\cos(\theta + 2\varphi) + 2R\cos\varphi \\ y_2 = (R_m - R_1)\sin 2\varphi + R_1\sin(\theta + 2\varphi) + 2R\sin\varphi, \quad 0 \leqslant \theta \leqslant \frac{\pi}{2} \\ \varphi = \pi - \theta + \arcsin[(c - c_1)\sin\theta] \end{cases} \quad (5.140)$$

$C_2D_2$ 为转子 1 上 $C_1D_1$ 对应的直线包络线，其方程为

$$\begin{cases} x_2 = R_1\dfrac{\cos(\theta + 2\varphi)}{\sin\theta} + 2R\cos\varphi \\ y_2 = R_1\dfrac{\sin(\theta + 2\varphi)}{\sin\theta} + 2R\sin\varphi \\ \varphi = \pi - \arccos(c_1\cot\theta) \end{cases} \quad (5.141)$$

而且，
$$\arctan\frac{c_1}{c-c_1} \leqslant \theta \leqslant \pi - \arctan\frac{c_1}{2-c-c_2} \quad (5.142)$$

$D_2E_2$ 为转子 1 上 $D_1E_1$ 对应的圆弧包络线，其方程为

$$\begin{cases} x_2 = (R_2 - R_b)\cos 2\varphi - (R_1 - R_2)\sin 2\varphi \\ \qquad + R_2\cos(\theta + 2\varphi) + 2R\cos\varphi \\ y_2 = (R_2 - R_b)\sin 2\varphi + (R_1 - R_2)\cos 2\varphi \\ \qquad + R_2\sin(\theta + 2\varphi) + 2R\sin\varphi \\ \varphi = \pi - \theta - \arcsin[(c_1 - c_2)\cos\theta - (c_2 + c - 2)\sin\theta] \end{cases}, \quad \frac{\pi}{2} \leqslant \theta \leqslant \pi \quad (5.143)$$

$E_2F_2$ 为转子 1 上 $E_1F_1$ 对应的圆弧包络线，其方程为

$$\begin{cases} x_2 = (R_3 - R_b)\cos 2\varphi - (R_1 - R_2)\sin 2\varphi \\ \qquad - R_3\cos(\theta + 2\varphi) + 2R\cos\varphi \\ y_2 = (R_3 - R_b)\sin 2\varphi + (R_1 - R_2)\cos 2\varphi \\ \qquad - R_3\sin(\theta + 2\varphi) + 2R\sin\varphi \\ \varphi = \arcsin[(c_1 - c_2)\cos\theta - (c_3 + c - 2)\sin\theta] - \theta \end{cases}, \quad 0 \leqslant \theta \leqslant \arctan\frac{c_1 - c_2}{4c_3} \quad (5.144)$$

$F_2G_2$ 为转子 1 上 $F_1G_1$ 对应的圆弧包络线，其方程为

$$\begin{cases} x_2 = -(R_3 + R_b)\cos 2\varphi - \dfrac{R_1 - R_2}{2}\sin 2\varphi \\ \qquad + R_4\cos(\theta + 2\varphi) + 2R\cos\varphi \\ y_2 = -(R_3 + R_b)\sin 2\varphi + \dfrac{R_1 - R_2}{2}\cos 2\varphi \\ \qquad + R_4\sin(\theta + 2\varphi) + 2R\sin\varphi \\ \varphi = \arcsin\left[\dfrac{1}{2}(c_1 - c_2)\cos\theta + (c_3 - c + 2)\sin\theta\right] - \theta \end{cases}, \quad -\arctan\frac{c_1 - c_2}{4c_3} \leqslant \theta \leqslant \arctan\frac{c_1 - c_2}{4c_3}$$

$$(5.145)$$

$G_2H_2$ 为转子 1 上 $G_1H_1$ 对应的圆弧包络线，其方程为

$$\begin{cases} x_2 = (R_3 - R_b)\cos 2\varphi - R_3\cos(\theta + 2\varphi) + 2R\cos\varphi \\ y_2 = (R_3 - R_b)\sin 2\varphi - R_3\sin(\theta + 2\varphi) + 2R\sin\varphi \\ \varphi = \arcsin[(2 - c - c_3)\sin\theta] - \theta \end{cases}, \quad -\arctan\frac{c_1 - c_2}{4c_3} \leqslant \theta \leqslant 0 \quad (5.146)$$

至此，奇异双爪型转子的理论型线全部被求出。

## 5.4　干式多级真空泵的结构特点与应用

### 5.4.1　干式多级罗茨真空泵的结构

1. 干式多级罗茨真空泵的结构特点

干式多级罗茨真空泵的传动方式多采用直联式，即转子主动轴与电机直接连接，小

型泵常采用电机轴与转子轴合一的紧凑式设计[16]，大型泵也会采用皮带传动。电机与传动齿轮多设置在转子轴的两侧，安装拆卸方便。主动轴传递的扭矩较大，要求轴有足够的强度和刚度，并与转子固结牢靠。干式多级罗茨真空泵的密封十分关键，在主动轴外伸端、两个转子的轴承与泵腔之间设有动密封，泵腔与各端盖之间设有静密封。

简单地说，干式多级罗茨真空泵就是由相应级数的单级罗茨真空泵组合而成的，但这种组合并非简单的罗列，而是通过对泵理论抽气能力的计算来选择相应功率、几何尺寸以及相关抽气参数的罗茨真空泵，再经合理地计算设计，最终确定各个罗茨真空泵应被布置的级数位置，其总体结构布置如图 5.30 所示。

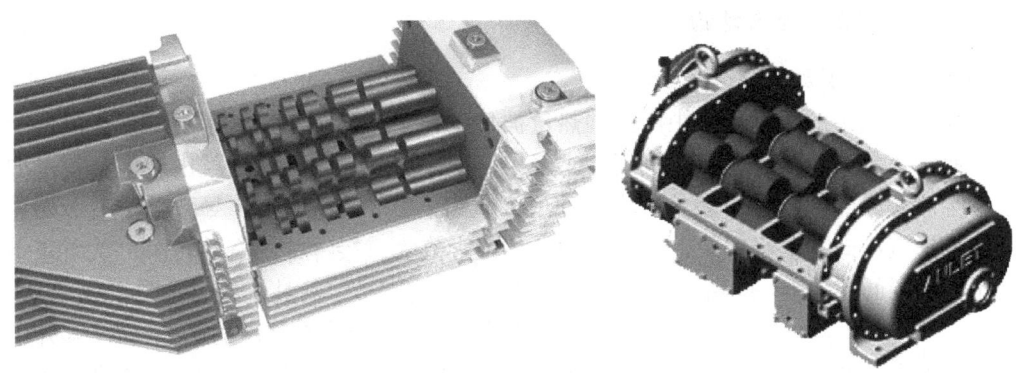

图 5.30　干式多级罗茨真空泵结构示意图

各级泵腔中同侧转子均布置安装在同侧的轴上，各级转子都依靠同步齿轮啮合驱动的两根转子轴来同步旋转。在多级转子的布置设计中，以各级转子均为两叶转子为例，考虑到各级泵腔吸气、排气过程要相互配合，因此通常将相邻两级转子的相位差设置为 90°。

干式多级罗茨真空泵通过多级转子的串联实现多个罗茨真空泵串联的效果。由于是串联结构，干式多级罗茨真空泵并不能比单级罗茨真空泵拥有更大的抽速，其理论抽速取决于第一级的理论抽速。但是，这种结构可以使罗茨真空泵达到很高的压缩比，因此干式多级罗茨真空泵可以作为主泵直排大气，而无须再配置前级泵，这样就可以避免前级泵环节给系统带来的油气污染。3~6 级的罗茨真空泵可以从大气压抽到极限压力 1Pa，如此大的压力差会使转子过热膨胀产生卡死现象，所以要在高压段对转子进行气冷，以控制转子的温度不超过其允许范围。一般的气冷方案是使从各级排气口排出的气体流经冷却器冷却，再返回到该级的工作腔中，利用冷却气体来冷却转子。当然，这种冷却方法要以损失罗茨真空泵的抽速为代价。为了防止轴承和齿轮的润滑油向泵腔内返流，将干式多级罗茨真空泵的泵腔和齿轮箱之间隔开或用迷宫式结构加以密封，从而提高无油的程度，齿轮箱也有另外用真空泵排气的情况。

一般来说，干式多级罗茨真空泵具有以下特点。

（1）工作压力范围宽，在较宽的压强范围内有较大的抽速；

（2）启动快，能立即工作；

(3) 对被抽气体中含有的灰尘和水蒸气不敏感;
(4) 泵腔无油,转子不必润滑;
(5) 振动小,转子动平衡条件较好;
(6) 驱动功率小,机械摩擦损失小;
(7) 结构紧凑,占地面积小;
(8) 运转维护费用低[17]。

单级罗茨真空泵具体可以分为带溢流阀和不带溢流阀的普通罗茨真空泵、气冷式罗茨真空泵、水冷式罗茨真空泵等[18]。多级罗茨真空泵大多基于普通罗茨真空泵的结构来设计。

2. 典型的罗茨真空泵结构

1) 气冷式罗茨真空泵

在罗茨真空泵的压缩过程中产生的热量被传到转子和泵体上,转子很难将热量传至泵外,而泵体的热量很容易散失到周围大气中。因而转子与泵体之间就出现了温差,加剧了转子热膨胀的影响。当泵负荷增大时,转子膨胀会令间隙消失,导致转子被卡死。因而出现了气冷式罗茨真空泵,用冷却的气体或大气去直接冷却热态的转子,从而减小了转子与泵壳间的温差,提高了罗茨真空泵的抗热能力[19, 20]。其具体结构如图 5.31 所示。

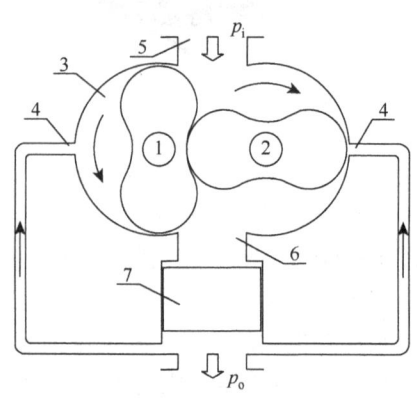

图 5.31 气冷式罗茨真空泵结构示意图

1、2-转子;3-泵腔;4-返冷气口;
5-吸气口;6-排气口;7-换热器

气冷式罗茨真空泵存在特殊的返冷气口,其外压缩是在工作腔与返冷气口连通的一瞬间,由高压气体向工作腔返流均压而实现的[21]。气冷式罗茨真空泵在返冷气时要阻断泵的吸气口与返冷气口,两叶及多叶转子均可满足气冷式罗茨真空泵的这个要求。

返冷气口的原理如下:当转子封闭吸气口后,泵腔先接通返冷气口,待返入的冷气在吸、排气口压差的作用下自动充满泵腔后再接通排气口。冷气由安装于排气口下方的换热器提供,这一设计使压缩所产生的热量被冷气平衡,而不会导致泵过热过载,从而使罗茨真空泵允许在高压差下运行,也可以直排大气。由于散热均匀,转子与泵体之间的间隙仍可以保持得很小,有利于提高真空泵的抽气效率[21]。

气冷式罗茨真空泵既可以作为单泵使用,也可以与其他泵组成机组,更存在多级设计的气冷式罗茨真空泵[22]。机组在粗抽阶段由气冷式罗茨真空泵直接向大气排气,这一特性使气冷式罗茨真空泵机组的抽速从大气压开始,即取决于气冷式罗茨真空泵,而不受前级机械真空泵或水环真空泵的抽速限制。这对大负载抽气以及需要缩短抽气时间以提高工作效率具有特殊意义。近年来,由于气冷式罗茨真空泵的技术已日趋成熟,其在大型空间模拟装置、汽轮机动平衡装置以及化工等领域得到广泛应用。气冷式罗茨真空泵在直排大气的工况下,小型泵的极限压力可达 $2\times 10^4 \text{Pa}$,大型泵可达 $10^4 \text{Pa}$,两台串联时极限压力可达 $2\times 10^3 \sim 3\times 10^3 \text{Pa}$。

2）湿式罗茨真空泵

为了防止泵腔内转子因膨胀而发生卡死事故，需要增大泵腔与转子之间的间隙，但会使抽气效率下降，且抽气效率下降会导致排气温度上升。为了解决这个问题，向泵腔内注水，利用高速旋转时形成的水膜实现水封，使内部间隙的泄漏量由于水封的作用明显降低，在提升泵的容积效率的同时，杜绝转子与泵腔间热接触现象的发生。在抽除气体或水蒸气的场合，这种利用水封的罗茨真空泵得到了广泛应用，通常称为湿式罗茨真空泵。

湿式罗茨真空泵中的水既有密封和冷却作用，又可以使湿式罗茨真空泵吸入少量的水和可凝性气体。需要注意的是，当水的吸入量过大时，要在泵吸气口前设置分离器，将水分离后，就能够保证泵的正常运行。湿式罗茨真空泵可直接向大气排气，但噪声远比其他罗茨真空泵大，故需加设消声器。由于会排出水，湿式罗茨真空泵使用的消声器需要单独设计。此外，泵腔随转子高速流动的水对粉尘、粘连物质也有一定的冲刷作用，使其在较为严苛的工作环境中也能运行。湿式罗茨真空泵在造纸行业、过滤机的真空脱水、煤矿的瓦斯排放以及化工行业都得到了广泛应用。

为了节省功率，可设置两级压缩，工作压力可延伸至 $0.5\times10^4 \sim 1.5\times10^4$ Pa 以下。通常两级湿式罗茨真空泵的理论抽速之比为 1.6~2.0。为了防止在低真空时发生过压缩现象，设有中间排气阀，一般不等腔的双级容积式泵多采用这种方法。湿式罗茨真空泵的极限压力与水环真空泵基本相同，受水蒸气压力的影响较大，两级压缩式的极限约为 $2\times10^3$ Pa。

3）带旁路溢流阀的罗茨真空泵

为了确保在运行过程中不会超出吸气口和排气口之间的最大许可压差而引起事故，大多数罗茨真空泵装有一个比较可靠的安全保护器，即在旁通管路上装有一个溢流阀，如图 5.32 所示。当排气口压力处于规定压力以下时，溢流阀是关闭的。当排气口压力超过规定压力时，溢流阀的阀门被自动顶开，使一部分气体从排气口回流到吸气口，令排气口压力降低。当排气口压力恢复正常后，溢流阀自动关闭。溢流阀能自动调节排气压力，也是泵的允许压差装置，因此溢流阀的主要作用是使罗茨真空泵能连同前级泵一起，在各种压力范围内连续运转。采用这种设计能使真空容器在粗真空阶段的抽气时间缩短 30%~50%。对于比较大的罗茨真空泵，溢流阀安装在泵体外边的旁通管路上，而小型罗茨真空泵的溢流阀安装在泵壳内。

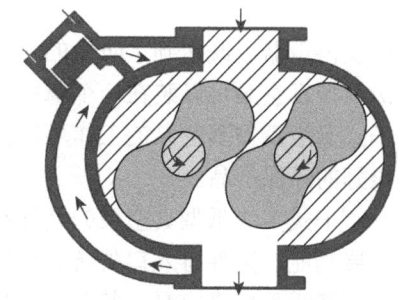

图 5.32 带旁路溢流阀的罗茨真空泵

## 5.4.2 干式多级爪型真空泵的结构

经过长期的发展，目前多爪型真空泵的结构多种多样。根据转子轴上各级转子的类型、转子的布置方式、泵体的布置方向、泵体的结构等方面，干式多级爪型真空泵可以细化为众多类别。本节以几种典型结构为例，介绍干式多级爪型真空泵的结构组成与特点。

### 1. 干式多级爪型真空泵的结构特点

干式多级爪型真空泵主要是为半导体工业的发展而研制的。半导体工业因其制造工艺的要求，需要创造一个无污染的清洁真空环境，而许多传统真空泵因自身条件受限，不能很好地满足半导体工业的要求。干式多级爪型真空泵虽然制造成本和加工精度较高，但是其具有外压缩和内压缩过程，在提高抽速的同时保证了较高的极限压力。

干式多级爪型真空泵的整体结构比较简单，主要包括电机、电机联结架、齿轮箱、泵腔、隔板、吸气口、排气口、冷却水进出口等。干式多级爪型真空泵通过隔板将泵腔分隔成多个串联的泵腔，如图5.33所示，相应地，将转子轴安装上后，各级转子刚好置于被分隔出来的各级泵腔中。靠近吸气口的为第一级泵腔，接下来依次为第二级、第三级泵腔，直到排气口。

图5.33 干式多级爪型真空泵内部结构示意图

本质上干式多级爪型真空泵的设计逻辑与干式多级罗茨真空泵一样，也是将多个爪型转子串联在一个转子轴上，将两个转子轴平行布置反向啮合旋转实现抽气作用。有所不同的是，干式多级罗茨真空泵的吸、排气口方向为径向，使级间气体通道较长；而干式多级爪型真空泵的吸、排气口方向为轴向，可以通过设计方法大幅缩短甚至消除气体通道。此外，在干式多级爪型真空泵的运转过程中存在内压缩，多级设计会进一步提高整泵的内压缩比，进而提高极限压力。

干式多级爪型真空泵属于干式泵，即在泵的抽气流道中，不用任何油类和密封液体，因此在抽气过程中不存在油污染，并且干式多级爪型真空泵有配套功能的附件，在泵的吸气口处可设置过滤网、灰尘收集器及消声器，既达到了防尘的目的，又降低了噪声，不会产生噪声污染。同时，干式多级爪型真空泵可以装在一个罩内，有效防止了被抽气体的外泄，既方便又可靠，可以说干式多级爪型真空泵的工作环境洁净、噪声低，几乎不会对周围环境产生污染，是一种很好的环保产品。

干式多级爪型真空泵的具体结构形式多样，也可通过安装各类附件和气体净化设备扩展功能。附件有入口处防返流的阀门、出口处的节流阀、电器监控及报警装置。对于干式多级爪型真空泵，其后几级均有净化气体的入口，以改善被抽介质的性质，使其顺利通过泵腔。根据需要选择是否通净化气体，净化气体用三个流量计分别调节，利用三个电磁阀可微调其流量，且相互之间独立，以保证节约惰性气体。入口防返流的阀门能将被抽容器与泵腔隔断，出口处节流阀能将泵的排气口封闭起来，这些阀可自动开关，使真空系统有可靠的保护，杜绝了泵内气体向真空室的返流。

### 2. 多级爪型转子的结构

干式多级爪型真空泵的转子根据各级转子在转子轴上串联方式的不同，主要分为螺旋式、反爪式和螺旋反爪式等类型。螺旋式多级爪型真空泵是最早被设计生产的干式多级爪型真空泵，在20世纪80年代由欧洲几家企业生产，得到了市场上的广泛积极反馈。目前国内最常见的干式多级爪型真空泵转子也是参照这种方式设计的。螺旋式各级转子在同一轴上布置为同一方向，后一级转子相对前一级转子落后一定相位，最终形成螺旋式布局。为了分割各级转子，在各级间会设计隔板。气体先从顶盖进入第一级泵体内，经过单级的工作过程后排入第一级隔板内，通过预先设计的吸、排气口，陆续进入第二级泵腔、第三级泵腔和第四级泵腔，最后排出泵外。在整个吸、排气过程中，气体进行了比较漫长而又复杂的运动[23]。

经过长期的市场反馈，螺旋式多级爪型真空泵在加工和制造方面有如下缺点。

（1）各级隔板中间的气体通道长，难以加工；

（2）加工完成后的气体通道需要密封，容易泄漏；

（3）隔板较厚，导致泵的长度较长，相比于其他种类的干式多级真空泵有同样级数下最长的长度；

（4）隔板内存在死空间，容易残留有害物质。

从性能和使用方面，还具有以下特点。

（1）由于充分利用了爪型真空泵的原理优势，转子压缩过程中能自动关闭吸气口和排气口，因此很容易做到较高的极限真空；

（2）气体通道流导往往由于结构的制约，容易形成较大的气体流动阻力，所以泵吸气口压力增加到一定值后，电机电流将大幅度上升，并且不呈线性变化，气体过压缩的现象特别突出，使抽气效率降低。

为了改善螺旋式多级爪型真空泵的缺点，研发了相邻级间转子反向布置的反爪式多级爪型真空泵，如图5.34所示。反爪式设计的各级转子布置在同一相位，相邻转子反向布置。这种设计使前一级的排气口与后一级的吸气口处于同一位置，隔板上无须加工横向的气体通道，有效缩短了泵的整体长度。然而，这种设计不能保证前一级的排气过程与后一级的吸气过程同步，即不能保证在前一级开始排气的同时下一级开始吸气，前一级排气结束时后一级吸气结束。因此，反爪式多级爪型真空泵仍需在隔板上加工出台阶型气体通道保证吸、排气的同步，且为了不影响气体流量，隔板保留了一定的厚度。

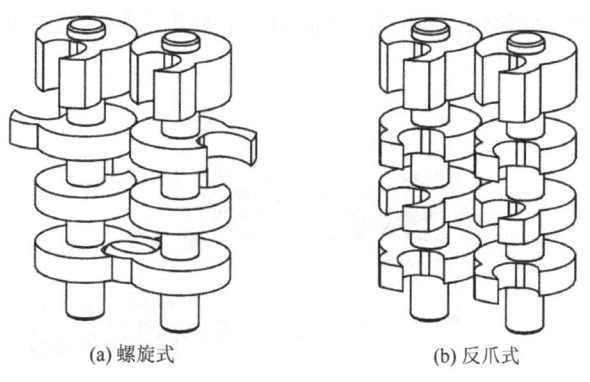

(a) 螺旋式　　　　　　　(b) 反爪式

图5.34　两种多级爪型转子结构

与螺旋式转子相比，反爪式转子存在以下问题。

（1）隔板仍有一定的厚度，泵体依然过长；

（2）转子的动平衡精度要求更高；

（3）由于级间吸、排气口处于同一位置，级间返流更大，对设备抽速有一定影响。

为了进一步解决反爪式转子的问题，又出现了螺旋反爪式多级爪型转子。这种转子仍然保持相邻两级转子反向布置的设计，同时后一级转子与前一级转子间存在相位差，各级转子反向交错排列，同时具有螺旋式转子和反爪式转子的结构特点。

观察图 5.35 可以发现，由于两级间转子存在交错，两级间的吸、排气口并非沿轴向直接连通，有效减少了返流作用。同时，预先确定的相位差使相邻两级的吸、排气时间恰好同步，无须通过隔板上的台阶通道来使前一级排气与后一级吸气一致。

总体来说，螺旋反爪式多级爪型转子具有以下优点。

（1）使隔板从理论上可以为无限薄，大幅缩短了泵体的长度，减小了整机的体积和重量；

（2）转子长度变短，降低了加工难度，保证了加工精度；

（3）由于没有气体通道，可以避免真空泵抽速受内部流导的限制。

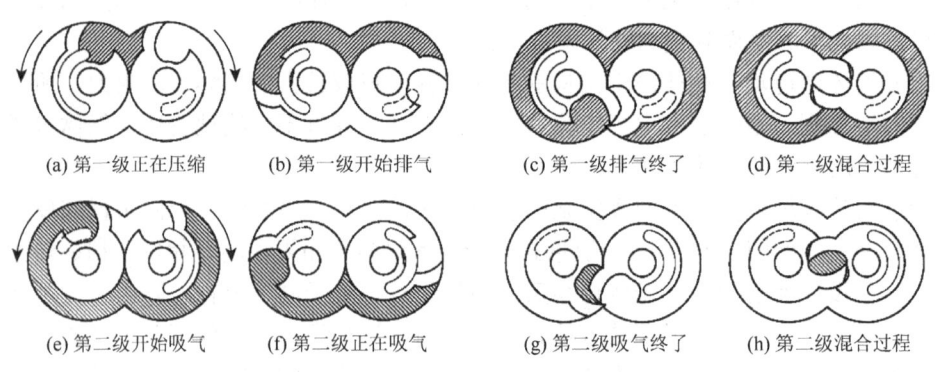

图 5.35　反爪式多级爪型真空泵工作原理图

### 3. 多级泵体的布置方向

干式多级真空泵根据泵体的布置方向可以分为卧式和立式两种结构，如图 5.36 和图 5.37 所示。

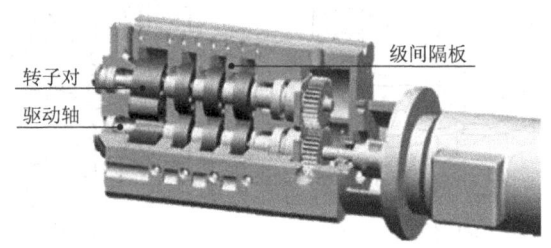

图 5.36　卧式布置爪型真空泵

# 第 5 章 干式多级真空泵

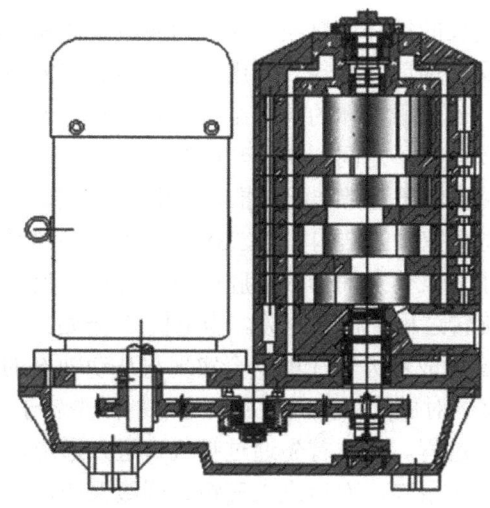

图 5.37 立式布置爪型真空泵[24]

卧式是指两个转子的轴线沿水平方向安装,两个转子轴线构成的平面与水平面平行。一般吸气口位于泵吸气侧的上方,排气口位于泵排气侧的下方,或从水平方向引出,吸、排气方向一致或相互垂直。排气口通过三通接头流向两端,一端接排气管道,另一端作为盲端或在接旁通阀时使用。卧式结构的特点是重心低,高速运转时稳定性好。国内外大中型真空泵多采用此种形式。

总结来说,卧式结构具有以下特点。

(1) 轴承可布置在转子轴两端,受力合理;
(2) 重心较低,高速运转时的回转稳定性好;
(3) 结构简单,维护方便,设计与制造技术成熟;
(4) 管路连接方便,易于加装配件及集成到真空系统中。

立式是指两个转子的轴线沿垂直方向安装,两个转子轴线构成的平面与水平面垂直。泵的吸、排气口从水平方向引出,装配和连接管道都比较方便。但缺点是泵的重心太高,在高速运转时稳定性差,而且传动结构复杂,所以除小规格的泵外,采用这种形式的不多。

与卧式结构相比,立式结构具有如下特点。

(1) 尺寸紧凑,电机布置合理,占地面积小,便于使用和运输;
(2) 安装方便,轴向定位简单,便于调整径向和轴向间隙;
(3) 气体传输方向垂直于地面,利于吸气和排气,易于抽除颗粒粉尘;
(4) 泵的重心较高,高速运转时可能使转子回转稳定性差;
(5) 泵下部轴承承受的轴向力较大,容易损坏;
(6) 润滑结构相对复杂,设计难度大。

4. 多级泵体的结构形式

多级爪型真空泵的泵体结构形式一般有两种,即整体式和拼接式。拼接式泵体是将各级泵体和隔板用一根较长的螺杆连接在一起，而各级泵体和隔板以及上、下轴承座之间通过涂胶或采用密封圈来保证其密封。采用部分拼接成整体的结构方式，主要是从便于装配的角度来考虑的。若采用整体的泵腔结构，则转子将无法实现装配。即使能够实现装配，也无法调整转子与转子之间、转子与隔板之间以及转子与泵腔之间所必须保证的工作间隙。因此，为保证转子正常装配，推荐采用部分拼接成整体的结构方式。

一种拼接式多级爪型真空泵的结构如图5.38所示[25]。各级转子由中间壁来隔离，形成各级的泵腔。两个转子与泵体之间形成泵腔的吸气容积。吸气口和排气口固定在上下端盖的侧面上，在转子旋转过程中自动开关。当电机1开始工作时，电机主轴直接连到主动轴4上，主动轴4通过成对齿轮3的啮合实现与从动轴5的连续转动，四级泵腔依次串联。每级泵腔内各有一对做同步异向双回转运动的爪型转子8共轭啮合。实现吸气、压缩、排气、混合的连续过程。气体首先通过吸气口进入通道，在一级转子的作用下，一级泵腔内的气体进入二级泵腔，而后进入三级、四级泵腔，最后气体经过排气道进入冷凝区。气体液化后流向排液口，经收集处理可循环利用。同时，残存气体通过消声器排入大气。多级爪型真空泵可以起到抽真空以及气液分离的作用。为了防止轴承和齿轮的润滑油向泵腔内返流，将泵腔和齿轮箱之间隔开或用机械式结构加以密封。为了提高无油的程度，齿轮箱也有另外用真空泵排气的情况。

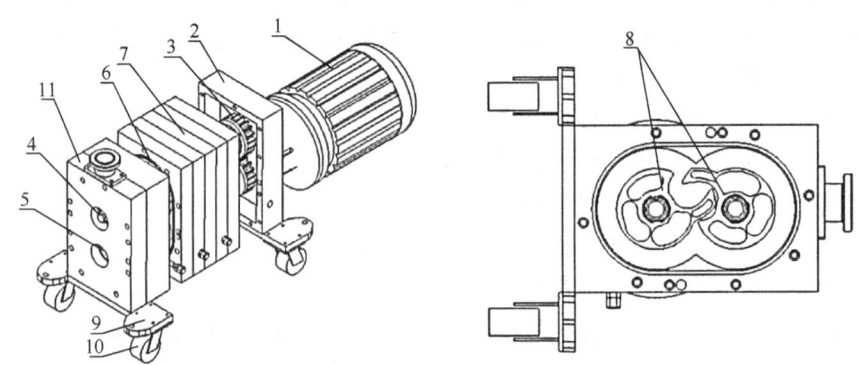

图5.38 拼接式多级爪型真空泵

1-电机；2-泵腔；3-齿轮；4-主动轴；5-从动轴；6-泵腔；7-泵板；8-转子；9-脚轮座；10-脚轮；11-顶盖

### 5.4.3 干式多级复合型真空泵的结构

每种真空泵都有其适合的吸气口压力范围，一些真空泵甚至无法直接在大气下运行，需要和其他种类的真空泵组成真空泵机组来满足实际需要。然而，真空泵机组需要通过管道将各个泵连接起来，且单一真空泵本身就会占用大量空间，导致真空机组体积和重量庞大，不方便安装、移动和运输。此外，干式真空泵大多属于容积式泵，吸、排气具有周期性，而真空机组很难保证多个真空泵的吸、排气周期完全匹配，导致两泵之间会产生较大脉冲振动，产生大量噪声。因此，专门设计一种能够独立完成工作、体积和重量小的真空泵是目前重要的研究方向。对于不同原理组合构成的真空泵，可称为复合型真空泵。由于罗茨真空泵具有结构简单、在中低压力工况下抽速较大的优点，现有的复合型真空泵大多采用罗茨转子和其他种类的转子复合的形式，将两种不同的转子集成到一个腔体中，如旋片-罗茨复合型真空泵、罗茨-螺杆复合型真空泵[26]和罗茨-爪型复合型真空泵[27,28]等。

1. 旋片-罗茨复合型真空泵

旋片-罗茨复合型真空泵是一种获得粗、低真空的复合泵，是较为常用的前级真空泵。大多数情况下旋片真空泵和罗茨真空泵构成机组使用，因而催生了这种复合泵的出现。旋片-罗茨复合型真空泵由两级泵腔组成，一级泵腔内为旋片转子，二级泵腔内为罗茨转子。这种真空泵性价比高，应用广泛。但极限压力较低，不能满足中高真空的要求。此外，旋片真空泵属于湿式真空泵，串联的罗茨真空泵也为湿式真空泵，导致这种真空泵存在返油的问题，无法获得清洁真空。

2. 罗茨-螺杆复合型真空泵

罗茨-螺杆复合型真空泵是一种结构紧凑、抽速和真空度较高的真空泵，它同样由两级泵腔组成，一级泵腔内为罗茨转子，二级泵腔内为螺杆转子。螺杆真空泵本身属于干式真空泵，且抽速较大，与罗茨转子串联后能有效提高整体的抽速和极限压力。然而，螺杆转子加工困难，长度较长，使这种复合型真空泵难以制造，体积较大，因此应用不太广泛。

3. 罗茨-爪型复合型真空泵

爪型转子与罗茨转子相比，其压缩比更大但面积利用系数更低，使其极限压力更低而抽速更小。此外，干式多级罗茨真空泵使用多级罗茨转子串联，虽然也获得了较高的压缩比，但是气路设计复杂，真空腔体体积较大。干式多级爪型真空泵使用多级爪型转子串联，虽然气路设计简单，可减小真空泵体积，但是在低真空下抽气效率比罗茨真空泵低[29]。

为了同时利用罗茨转子和爪型转子的优势，出现了罗茨-爪型复合结构的多级转子。由于干式多级真空泵的抽速由靠近吸气侧的第一级转子决定，因此多级复合型真空泵的第一级是罗茨转子，其他级为了提高压缩比而采用爪型转子。与常规的干式多级罗茨真空泵和干式多级爪型真空泵相比，罗茨-爪型复合型真空泵简化了气路设计，使真空泵体积减小，并保证了较高的抽气效率。

图 5.39 为某种罗茨-爪型复合结构转子[30]。整个转子共有五级，轴上的转子呈轴对称布置。两个两叶罗茨转子分别热胀装配于轴上，第一级和第五级转子为罗茨转子，第二级、第三级和第四级转子为爪型转子，且第二级与第四级爪型转子的相位相同，第三级爪型转子相对于第二级、第四级反向布置。在吸气级选用罗茨转子的目的是保证较高的抽速，在排气级选用罗茨转子的目的是尽可能减少死区容积的影响。第二级、第三级、第四级呈反爪式布置，因而具有反爪式转子气体通道短、转子长度短、抽速更大的优势。

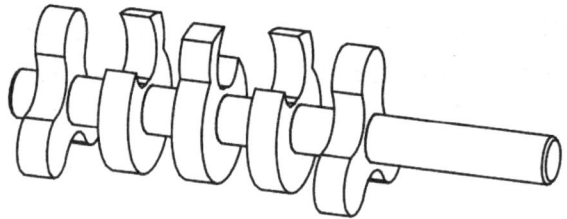

图 5.39　罗茨-爪型复合结构转子

### 5.4.4　干式多级真空泵的产品与应用

1. 干式多级真空泵产品

1）德国 Pfeiffer（普发）公司系列产品

Pfeiffer 公司为不同应用场景开发了数个多级罗茨真空泵产品。

ACP 系列风冷方式的干式多级罗茨真空泵维护需求少，性能稳定，用于工业或粒子加速器以及半导体生产的清洁工艺。

A100L 和 A200L 紧凑型干式多级罗茨真空泵尺寸较小，可以集成到系统中。半导体的装载互锁与传输室是这种泵的典型应用领域。

ACP120 系列水冷方式的干式多级罗茨真空泵用于抽速需求较高的科研、真空喷涂和冶金领域。

A3P 到 A4XN 系列干式多级罗茨真空泵是为半导体和光伏生产的侵蚀性工艺而开发的，在此类应用中，必须传输少量的腐蚀性气体或冷凝物。A3P 和 A3XN 系列干式多级罗茨真空泵结构紧凑且能效较高，噪声和振动较小。A4 系列干式多级罗茨真空泵的抽速可达 3000$m^3$/h，采用防腐材料制成。

ADH 系列专门为太阳能、半导体和 LED 市场的低分子质量气体及高流量应用工艺而开发，抗静态和动态内应力能力较强，安全性好。其外观与抽速曲线见图 5.40。

(a) 外观

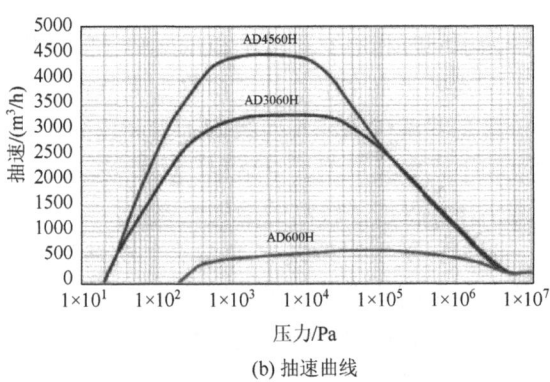

(b) 抽速曲线

图 5.40　ADH 系列多级罗茨真空泵外观与抽速曲线

2）德国 Busch（普旭）公司系列产品

Busch 公司推出了多种干式真空泵产品，其中包括 TORRI 系列多级罗茨真空泵和 MINK 系列爪型真空泵。

TORRI 多级罗茨真空泵适合抽空装载-锁定腔体，实现结构紧凑、高效节能的解决方案，具有极限压力低和抽真空时间短等特点。其转子由直接耦合连接的同步水冷型电机驱动。如表 5.4 所示，TORRI 多级罗茨真空泵最高可提供 600$m^3$/h 的抽速、0.1Pa 的极限压力，以应对各种工作情况。

表 5.4 TORRI 多级罗茨真空泵技术参数表

| 技术参数 | TORRI BD 0100 A | TORRI BD 0300 A | TORRI BD 0600 A |
| --- | --- | --- | --- |
| 额定抽速/($m^3$/h) | 100 | 300 | 600 |
| 极限压力/Pa | 1.0 | 0.1 | 0.1 |
| 额定转速/(r/min) | — | 3500 | 7000 |
| 电机额定功率/kW | — | 2.2 | 2.2 |
| 极限压力功耗/kW | 0.4 | 0.5 | 0.6 |

3）德国 Leybold（莱宝）公司系列产品

Leybold 公司在其小型干泵产品线中推出了 ECODRY plus 系列多级罗茨真空泵，外观与抽速曲线如图 5.41、图 5.42 所示。ECODRY plus 小型干泵可在 25~55$m^3$/h 的抽速下提供洁净的真空，同时保持低噪声级别，无须维护即可多年提供稳定的真空性能，适合分析和科研场景的应用。泵腔内集成了有效的隔声装置，以减少残余噪声的影响。排气管中集成的消声器进一步降低了噪声，甚至是在高气体流速下也有良好的消声效果。这些功能使该泵实现小于 52dB（A）的低噪声级别。此外，ECODRY plus 加装了气镇阀，使其可高速抽吸蒸气，而不会出现内部冷凝现象。

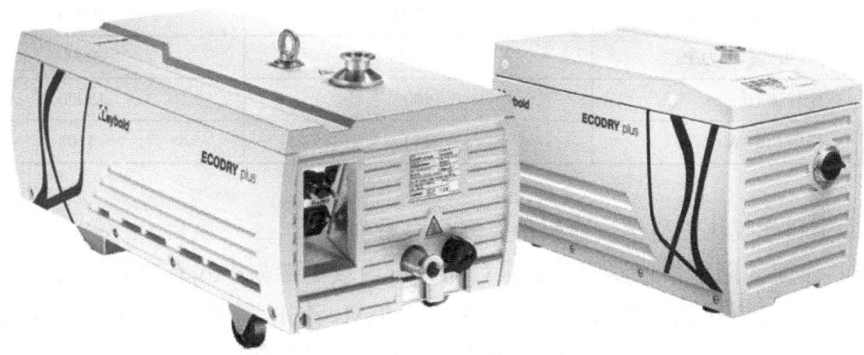

图 5.41 ECODRY plus 多级罗茨真空泵外观

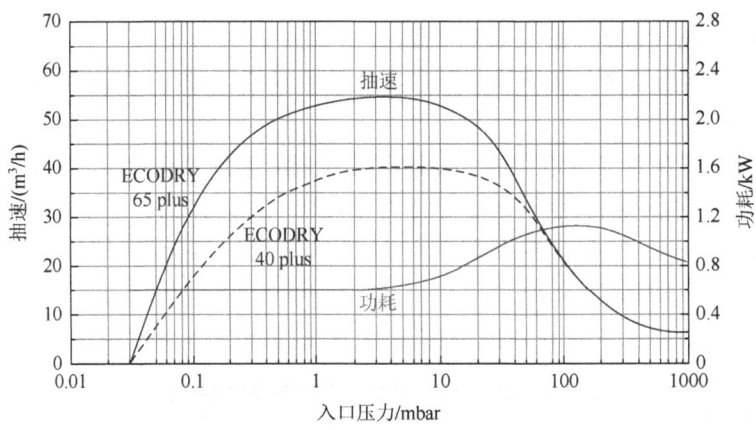

图 5.42  ECODRY plus 多级罗茨真空泵抽速曲线

1mbar = $10^2$Pa

4)英国 Edwards（爱德华）公司系列产品

Edwards 公司是最早设计制造多级罗茨真空泵的企业之一，多级罗茨真空泵也是该公司的主要产品。目前 Edwards 公司推出了两个系列，即 nXRi 系列多级罗茨真空泵和 nXLi 系列多级罗茨真空泵。

其中，nXRi 系列是一款高性能、紧凑型的多级罗茨真空泵，参数见表 5.5。与同类型的罗茨真空泵相比，它以较小的重量提供更高的抽速，并在 100~600Pa 的压力范围内达到峰值抽速（图 5.43）。nXRi 系列具有输入功率较低、无须维护、应用成本低等优势。分析仪器的原始设备制造商（original equipment manufacturer，OEM）可以将紧凑型 nXRi 集成到大多数真空系统中，因而非常适用于质谱、电子显微镜和检漏等的应用。

表 5.5  nXRi 系列多级罗茨真空泵技术参数表

| 技术参数 | nXR30i~nXR90i | nXR120i |
| --- | --- | --- |
| 最大抽速/(m³/h) | 30~90 | 120 |
| 极限压力/Pa | 3 | 3 |
| 最大允许排气口压力/Pa | 20000 | 20000 |
| 最大允许吸气口压力/Pa | 101325 | 20000 |
| 额定转速/(r/min) | 15000 | 15000 |
| 极限功率/W | 450 | 450 |

5)中国科学院沈阳科学仪器股份有限公司系列产品

中国科学院沈阳科学仪器股份有限公司是国内较早参与干式真空泵研发制造的企业之一，针对不同工艺推出了 SGL、SGM、SGH、JGM、JGH 等多个系列的干式多级真空泵产品。产品多采用了如图 5.44 所示的罗茨转子与爪型转子组合的结构，充分利用了罗茨转子在低压区抽气高效、爪型转子在高压区抽气高效的特点，同时融合了爪型转子抽气通道短、压缩气体产生热量高的特点，其性能相对于传统爪型或纯罗茨真空泵更具优势。

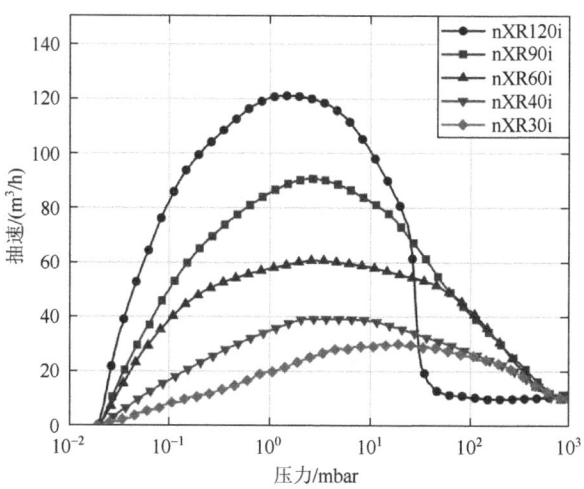

图 5.43　nXRi 系列多级罗茨真空泵抽速曲线

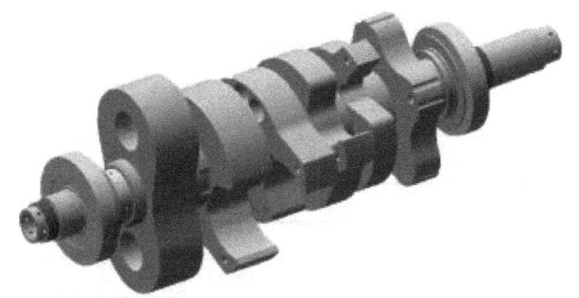

图 5.44　罗茨-爪型复合结构转子

SGL 系列的性能参数见表 5.6 和图 5.45。该系列为多级罗茨转子结构，具有转速高、体积小、泵体结构紧凑、运行能耗低、可靠性高、运行成本低等特点，适用于装载、传输等半导体清洁工艺中。

表 5.6　SGL 系列技术参数表

| 技术参数 | SGL-120A | SGL-600A | SGL-1000A |
| --- | --- | --- | --- |
| 最大抽速/(m³/h) | 110 | 600 | 930 |
| 无气镇极限压力/Pa | 1.3 | 0.2 | 0.2 |
| 有气镇极限压力/Pa | — | ≤1 | ≤1 |
| 电机额定功率/kW | 1.5 | 3.4 | 3.4 |
| 实际耗电量/kW | 0.65 | 1.1 | 1.1 |

JGM 系列的性能参数见表 5.7 和图 5.46。该系列为罗茨-爪型复合结构转子，具有转速高、体积小、泵体结构紧凑、泵体温度可控、能适应不同工艺需求、可靠性高、运行成本低等特点，适用于装载、传输、刻蚀等半导体工艺中。

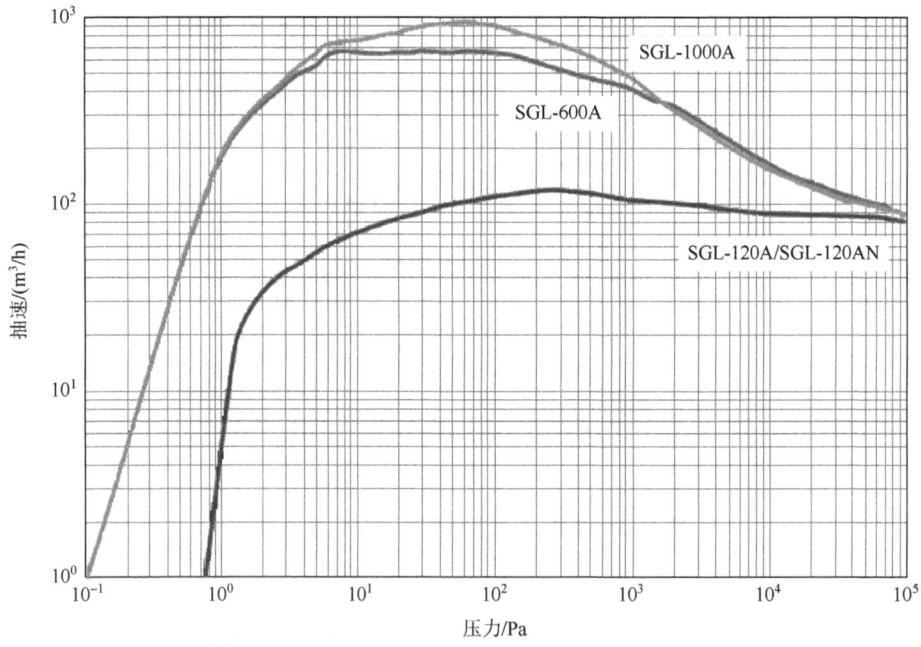

图 5.45　SGL 系列抽速曲线

表 5.7　JGM 系列技术参数表

| 技术参数 | JGM-600A | JGM-1000A |
|---|---|---|
| 最大抽速/(m³/h) | 600 | 950 |
| 无气镇极限压力/Pa | 0.2 | 0.2 |
| 电机额定功率/kW | 3.8 | 3.8 |

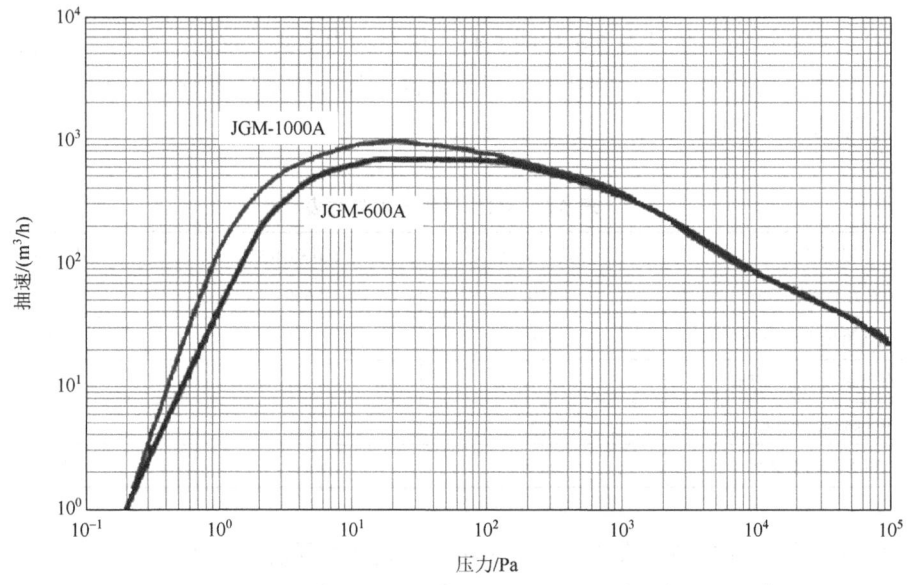

图 5.46　JGM 系列抽速曲线

## 2. 应用工艺场景

1）锂电池制造工艺

锂电池制造过程中的每步工艺对干式多级真空泵提出了不同的需求，具体有以下几个方面。

（1）在电池正、负极浆料制作工艺中，低真空能够有效地避免浆料大黏度搅拌混合时空气的卷入，并清除已卷入气体所引起的浆料气泡。

（2）在电极和电芯真空干燥工艺中，能够在相对较低的温度下，有效防止干燥物料中水分内部扩散、内部蒸发及表面蒸发，有利于水分或溶剂在低温下蒸发，从而使干燥后的物料达到良好的均匀性。

（3）在电解液填注和脱气工艺中，可用于防止微气泡的形成，以及用于去除水汽，从而确保获得高效的充电和放电循环，确保电池高性能、可靠地运行。

2）PECVD 应用

PECVD 在半导体、光伏、平板显示器等工艺生产中均得到了广泛的应用。某光伏厂家管式 PECVD 生产线的干式真空泵实验参数如表 5.8 所示。

表 5.8 PECVD 应用下干式真空泵的实验参数

| 设备信息 | 应用工艺/设备 | 管式 PECVD |
|---|---|---|
| 吸入气体 | 工艺气体种类 | 氨气、硅烷、氧化亚氮、氮气、磷烷 |
|  | 工艺气体流量/(L/min) | 0~12 |
|  | 工艺温度/℃ | 25~550（工艺温度约 500） |
|  | 尾气主要成分的状态 | 气体 |
| 压力需求 | 起始压力/Pa | 101325（1 标准大气压） |
|  | 工艺压力/Pa | 0~300 |
|  | 极限压力/Pa | 0~3 |
|  | 尾气排放方式 | 负压管道 |
| 结构尺寸 | 真空室容积/L | 716.4 |
|  | 真空室材料 | 石英玻璃 |
|  | 炉体直径/mm | 520 |
|  | 炉体长度/mm | 3375 |
|  | 吸气口管道直径/mm | 97.4 |
|  | 吸气口管道长度/mm | 6500 |
| 工艺要求 | 抽气时间/s | <90 |

可见 PECVD 应用下有大量的工艺气体，对干式多级真空泵处理各类气体的能力有较高要求。同时，极限压力要求高，真空室容积大，真空泵需要有良好的综合性能。

3）化工制药工艺

以化工蒸馏工艺为例，进泵介质含有烃类混合物并夹杂液体，有聚合、焦化、燃爆、腐蚀、冷凝、结晶风险，吸气压力范围宽。

设计时需根据热力学原理，同时兼顾总压缩比和级间压缩比。若总压缩比过大，则系统总抽气能力弱、吸气压力上限低、耐受工艺气体波动能力差、抽空时间长、各级过热故障概率高。一般遵循从一级到四级逐级降低的类似漏斗压缩比，级间压缩热分布相对均匀，避免因为热量积累而发生真空泵的故障。

整个抽气系统的变频控制是运行的关键，现代变频技术使智能控制成为可能，在传统的压力、压缩比、压差、温度、振动控制系统之上，加入矢量变频新技术，根据矢量智能变频控制，使系统在安全运行的前提下，最大限度地发挥出各级泵的效能，对时间、热量积累、装机功率、变频器输出功率、电机输出功率、泵轴输入功率、压缩功、机械功等各个指标进行平衡，这是传统控制方式无法比拟的。

任何生产的实际过程都不是完全理想化的，特别是大型流程化工这样的传统行业，必须考虑现场实际情况的多发性。例如，一旦发生大的气体波动冲击，联锁控制系统会自动调整阀门开度等，防止真空泵损坏；变频拖动系统内因为加入矢量识别功能，一旦发生压力冲击、压力升高、压缩比变大、负载变大的情况，变频器会自动降频运行，使真空泵可以耐受更高的压差而防止损坏。

## 参 考 文 献

[1] 杨乃恒. 真空获得设备[M]. 2版. 北京：冶金工业出版社，2001.

[2] 王晓冬，巴德纯，张世伟，等. 真空技术[M]. 北京：冶金工业出版社，2006.

[3] 张以忱. 真空系统设计[M]. 北京：冶金工业出版社，2013.

[4] Wycliffe H. Mechanical high-vacuum pumps with an oil-free swept volume[J]. Journal of Vacuum Science and Technology A，1987，5（4）：2608-2611.

[5] Troup A P, Dennis N T M. Six years of "dry pumping": A review of experience and issues[J]. Journal of Vacuum Science and Technology A，1991，9（3）：2048-2052.

[6] Bruce S, Cheetham V, Legge G. Recent operating experience with dry running vacuum pumps on vacuum degassing and vacuum oxygen decarburising systems[C]. ISS TECH International Technology Conference Proceedings，2003：895-909.

[7] 杨乃恒. 干式真空泵的原理、特征及其应用[J]. 真空，2000，37（3）：1-9.

[8] 姚民生，平功长，邓勇. 爪型泵的抽速计算及其平衡的研究[J]. 真空，1989，26（6）：14-19.

[9] 段启惠. 多级真空干泵不同叶型罗茨转子抽气性能及其测试方法的研究[D]. 沈阳：东北大学，2019.

[10] 秦丽秋，刘玉岱. 罗茨泵圆弧转子型线研究[J]. 真空，1990，27（1）：32-39.

[11] 李玉龙，孙付春，张宸赫. 泵用转子型线的摆线构造方法研究[J]. 真空科学与技术学报，2018，38（12）：1025-1028.

[12] 叶仲和，林守锋，魏彪. 各种形状的两叶圆弧型转子罗茨鼓风机的比较[J]. 风机技术，1998，40（5）：10-12.

[13] 刘林林，初嘉鹏，胡建中. 罗茨真空泵转子型线的研究[J]. 机械设计，2007，24（3）：64-67.

[14] 姚民生，平功长. 爪型泵型线的研究[J]. 真空，1989，26（3）：9-13，53.

[15] 刘坤. 爪型转子的理论型线研究及其CAD/CAM[D]. 沈阳：东北大学，2004.

[16] Berges H P, Götz D. Oil-free vacuum pumps of compact design[J]. Vacuum，1988，38（8-10）：761-763.

[17] 陈超. 多级罗茨干式真空泵的流动特性研究[D]. 沈阳：东北大学，2012.

[18] 张宝夫. 我国罗茨真空泵的现状及发展趋势[C]. 中国真空学会真空技术学术交流会，新乡，2007：44-47.

[19] Henning J, Lang H. Roots pumps for high difference pressures with cooling by gas circulation[J]. Vacuum，1976，26（7）：273-276.

[20] Henning J, Lang H. Abstract: WGK-C pumps: Gas-cooled roots pumps—chemical series[J]. Journal of Vacuum Science and Technology, 1978, 15 (2): 784.

[21] 戴映红. 气冷式罗茨真空泵的转子型线设计及流场分析[D]. 杭州: 浙江工业大学, 2010.

[22] Higuchi T, Kambe S. Multi-section roots vacuum pump of reverse flow cooling type with internal flow division arrangement: US4789314[P]. 1988-12-06.

[23] 唐琳, 徐曦, 朱红梅. 多级爪型干式真空泵原理分析[J]. 真空, 2013, 50 (4): 30-33.

[24] 宋东方. 立式联排结构爪形干式真空泵: CN204299876U[P]. 2015-04-29.

[25] 朱卿凯. 爪型干式真空泵: CN204755307U[P]. 2015-11-11.

[26] Lim M G. Composite dry vacuum pump having roots rotor and screw rotor: US20060083651[P]. 2006-04-20.

[27] Troup A P. Vacuum pumps with claw-type rotor and roots-type rotor near the outlet: US5846066[P]. 1998-12-08.

[28] 雷震霖, 王光玉, 刘在行. 一种罗茨和爪式转子组合多级干式真空泵: CN201120446772.X[P]. 2012-07-11.

[29] 蔡浩. 基于直爪双爪转子的复合真空泵设计及性能分析[D]. 太原: 中北大学, 2021.

[30] 张振厚, 王光玉, 孔祥玲. 一种多级干式真空泵转子与轴结构: CN201763609U[P]. 2011-03-16.